知識人の時代と丸山眞男

知識人の時代と丸山眞男

比較20世紀思想史の試み

松本礼二

Matsumoto Reiji

岩波書店

プロローグ　知識人の歴史としての二〇世紀思想史

サルトルが来日して知識人の責任を論じたのはもう四半世紀以上も前になろうか。[1] 六八年の興奮が過ぎ、「新しい哲学者」が前世代の知識人に清算的批判を加え、「知識人の終焉」の声が聞こえてきたのはそれから程なくであった。「収容所列島」や文化大革命の現実が左翼知識人にも広く認識され、カンボジアの「虐殺」が明らかとなり、そしてソ連・東欧の社会主義が崩壊したこの二〇年の激変は、西欧のどこにも増してフランスの知識界の様相を一変させた。今、パリではカール・ポッパーが盛んに読まれているという。

共産主義の「同伴者」の言論責任の追及というだけならば、なにも戦後フランスに限らない。サルトルやムニエの政治的立場に対しては、カミュ、モリアック、そして誰よりもレイモン・アロンと、批判者は同時代にも少なくなかった。サルトルを含めてたいていの左翼知識人自身、ソ連の体制や共産党に対しては遅くとも六〇年代後半には明瞭に批判的になっていた。しかし、一九八九年以後の事態は、社会主義に関して理念によって現実を批判すること自体を無意味にした。社会主義の崩壊が思想に与えた衝撃は、「ダイハード・コミュニスト」の息の根を止めたことより、漠然とではあれ社会主義に未来を見る歴史の方向性の感覚、非マルクス主義者にも広く共有されていたある種の歴史への信仰を掘り崩した点に見るべきであろう。そうした歴史信仰がもっとも強固に残ったフランスで、これにスキャンダラスに挑戦したフランソワ・フュレがヒーローとなり、「歴史主義の貧困」が今になって実感されるのは当然かもしれない。その知的光景は、ポッパーをとうに卒業して、ヘーゲルとニーチェを再発見したアメリカの論壇で「歴史の終わり」が話題になったのと奇妙にすれ違っている。

マルクス主義者、実存主義者、カトリック思想家の別を問わず、戦後フランスの知識人はなんらかの形で歴史の方向性への信仰を共有していたから、歴史信仰の崩壊はあれこれの知識人、特定の思想流派の権威失墜にとどまらず、知識人の政治的言説空間それ自体を消滅せしめた。アロンは晩年のインタビューで、フランスに根強い「政治における文学的精神」(トクヴィル)を一貫して批判してきた自分も、実はそれを共有し、楽しんでいたのかもしれぬと述べたことがある。彼のような醒めた批判者を含めて成り立っていた知的コミュニティー、一八世紀哲学者の「文芸の共和国」の伝統を受け継いだ戦後知識人の世界が消え去ったとすれば、フランスの知的文化はたしかに一つの転換点を迎えているのかもしれない。

戦後フランスの知識人の言説を全体として対象化し、文化的背景に踏み込んでこれを理解しようとする試みは、一九八〇年ごろから新しい世代のフランスの歴史家によって積み重ねられてきたが、最近では、これに唱和する英語作品も目立つ(2)。

この種の作品はどうしても現在の有利な地点から過去を裁くことになりがちであり、対象との距離が近い場合には、一種の「父親殺し」の雰囲気が漂うので、読後の印象は爽快とは言い難い。英国人の研究には「フランス人もやっとまともになったか」とでも言いたげな口吻が鼻につくこともある。

とはいえ、指摘されている問題自体にはやはり考えさせられる。戦後左翼知識人の「政治参加」の姿勢がアクション・フランセーズの右翼知識人のそれと共通性をもつとか、ペタン政権初期における彼らの曖昧な態度、対独協力者の粛清(エピュラシオン)に際しての道義上の問題など過去の負債がその後に影を投げているといった指摘には重いものがある。

一時代前の知識人の熱っぽい政治的言論を、一変した政治気候の中で歴史に繰り入れる作業としては、戦後フランス以前に英米の例がある。特に一九三〇年代アメリカの左翼知識人の研究は、アメリカで盛んな intellectual history の格好の主題として種々の角度からとりあげられてきた。むろんアメリカとフランスでは知識人のおかれた状況はずいぶん違う。ドレフュス事件を通じて左右両派の知識人の政治化が進行し、「教授たちの共和国」が形成されていった国と、コモン・マンの「反知性主義」がデモクラシーの進展と不可分に結びついていた国とでは、文化的背景は正反対に近い。革新主義がかきたて、三〇年代マルクス主義において頂点に達したアメリカ知識人の急進化は、東部エスタブリッシュメント出身の「ニュー・インテレクチュアルズ」であれ、ユダヤ系移民二世を主体とする「ニューヨーク・インテレクチュアルズ」であれ、メインストリーム(あるいはメインストリート)のアメリカ文化からの疎外意識を心理的基礎としていた。スターリニズムとマッカーシズムへの対応をめぐって動揺、分裂し、ときに深刻な悲劇を経験してアメリカ自由主義へと回帰していった彼らの軌跡は、知識人がアメリカ文化の中にそれなりの位置を見出すまでの苦難の道程であった。

とはいえ、文化的背景の違いを超えて、アメリカの知識人とフランスの知識人が二〇世紀の共通の歴史を生きた面も否定できない。ウィリアム・ジェームズはヨーロッパでドレフュス事件の衝撃を受けて知識人の社会的責任に目覚めたというが、革新主義の運動がドレフュス事件とほぼ時を同じくして起こったことは偶然と言い切れない。そして、ジェームズの内省的哲学はデューイの道具主義とは別の意味で、若い知的エリートに社会改革への精神的エネルギーを提供したという。ロシア革命の勃発、ファッシズムの興隆、大恐慌と続く「危機の時代」が多くの知識人を政治に巻き込み、マルクス主義に引き寄せたこと、第二次大戦後は冷戦下の「自由主義」と「全体主義」との対立が同時に「植民地解放戦争」と複雑に絡んで知識人に深刻な態度決定を迫ったこと、こうした事情はフランスとアメリカ、いや欧米の知識人一般が相当程度共通にたどった歴史的経験である。「大衆の噴出」を一つの特徴とする二〇世紀は、またドレフュス事件から「東欧革命」まで知識人の栄光と挫折の時代であり、知識人の歴史としての二〇世紀思想史を書くべき時が来ているのではないか。

日本の知識人の歴史もまたその一部である。むろん、これは日本思想史の独自の文脈を否定することではない。西洋の衝撃の下での近代化という東アジアの共通の課題に直面した日本はある時期まで「開発途上国」であったから、明治の知識人と比較すべきは欧米の同時代人ではなく、今日の「第三世界」の知識人かもしれない。二〇世紀に入り、「インテリ」の教養がすっかり洋風になってからも、日本語の壁のために交流は一方通行であって、日本の知識人が欧米知識人の文化運動や政治運動に直接加わり貢献した例は、藤田嗣治のような少数の芸術家と国際共産主義運動の末端を除いてまずなかった。にもかかわらず、ロシア革命以後のイデオロギーの時代を日本の知識人もまた欧米の知識人と同じようにくぐってきたことは否定できない。

「戦後啓蒙」を担った知識人の軌跡がある程度フランスの戦後左翼知識人のそれと並行していること

とも確かである。「進歩的文化人」の総退場という現況も似通ったところがある。「戦後知識人の責任を問う」式の攻撃が盛んなのもそれなりに理由はあり、水谷三公『ラスキとその仲間』(中央公論社、一九九四年)のように、三〇年代英国の左翼知識人のソ連礼賛を検証しつつ、敵は本能寺、戦後日本におけるその「仲間」の中国観を衝く本も出た。この種の批判が間違っているとか無意味だというのではない。考えるべき材料があるのはフランスの場合と同様である。しかし、他のあらゆる条件を捨象して、ソ連なり中国なりの「現存社会主義」への評価だけをとりあげ、それも体制間競争の勝負のついた現在のイメージを多分に過去に投影して誤謬をあげつらうのはとうてい歴史的な理解とは言い難い。戦後知識人の中国観を問題にするならば、竹内好を正面から論じなければ嘘である。そして毛沢東の中国についての竹内の評価に今日の目でどんなに批判の余地があるとしても、彼の中国論全体が近代日本について日本人がもちえたもっとも深い批判や洞察と背中合わせであったことの意味は消えない。

一九三〇年代以後の日本の知識人の思想と行動を同時代の西欧知識人のそれと比較することは、「同伴」知識人の悲喜劇の日本版を描くというだけに尽きぬ意味をもつはずである。マルクス主義や共産主義体制への見方という点に限らず、より広い二〇世紀思想の文脈においての歴史的検証が今ほど必要な時はない。ルカーチやサルトルへの論駁ではなく、その思想史的検討が欧米でようやく盛んだとすれば、林達夫から丸山眞男まで、日本の知識人の思想を歴史的に対象化することは、彼らの知的遺産を糧にものを考え始めた世代の歴史家の義務であろう。たしかに「知識人の時代」は終わったとしても、これを「啓蒙のポストスクリプト」として完了形で語るのか、それともなおそこに未完の

「啓蒙のプロジェクト」を見出すのか、結論を出すのはその後である。

（1）　サルトルの来日は、一九六六年九月のことである。

（2）　Tony Judt, *Past Imperfect: French Intellectuals, 1944-1956* (University of California Press, 1992); Sunil Khilnani, *Arguing Revolution: The Intellectual Left in Postwar France* (Yale University Press, 1993).

（「思想のことば」、『思想』八四四号、一九九四年一〇月）

知識人の時代と丸山眞男

目次

第 I 部

知識人の時代と日本

第一章　知識人の時代と日本

一

知識人の問題がこのところあらためて関心を集めている。ルソー、マルクスからラッセル、サルトルまで、近代の代表的知識人をこきおろしたポール・ジョンソンの本(Johnson, 1988)が広く読まれる一方、エドワード・サイードのＢＢＣ講演（サイード　一九九五）は、西欧知的世界を内側から批判する非西欧人として、バンダ（バンダ　一九九〇）やサルトル（サルトル　一九六七）の問題提起を受けて、今日の状況における知識人の使命を説いている。一九三〇年代以後の西欧知識人の共産主義への接近の批判的検証は、冷戦期の知的雰囲気を背景に、英米の学界に多くの研究蓄積があるが、東欧・ソ連の社会主義の崩壊は問題の再考を促した。

この点では、英米の「同伴」知識人の多くが反共に転じた後なお「進歩派《プログレシスト》」が言論界をリードした戦後フランスの知的状況がわけても俎上に載せられている(Judt, 1992; Khilnani, 1993)。知識人に対する、あるいは知識人によるイデオロギー工作は左翼の専売特許ではなく、反共自由主義の側からする対抗情報戦略についての学問的研究も現れてきた(Coleman, 1989; Grémion, 1995)。

日本でも、三〇年代英国の知識人の誤謬が戦後日本の論壇に「プレイバック」されたさまをシニカルに描いた研究(水谷 一九九四)や「進歩的文化人」を正面切って「悪魔の祭司」呼ばわりするヒステリックな糾弾(稲垣 一九九四)があれば、これに抗して戦後知識人の遺産を継承する決意表明(加藤節 一九九五)もなされた。戦後知識人の社会主義信仰やソ連・中国認識の盲点を現在の安全地帯に身を置いて暴きたてるのは、それ自体が一昔前の英米の論調のプレイバックとも言えるが、パリサイ的批判の中にも汲むべき教訓はなしとしない。特定の知識人の言説を戦前、戦後の日本政治史の文脈において評価する試みも本格化しつつある(竹中 一九九五)。「戦後啓蒙」の知識人の活動については、これを担った代表的人物による「悔恨共同体」(丸山 一九八二)という自己規定が広く知られているが、彼らの言論の直接の聴衆より若い世代に属する研究者によって、距離を置いた、しかし内在的な検討が加えられている(都築 一九九五)。社会学者や教育学者は知識人の言説の中身はひとまずおき、知識人という社会集団の歴史的形成や知識人を知識人たらしめる教養の質の面から日本の知識人の特質を探っている(筒井 一九九五)。

対象との距離の取り方も視角の設定もさまざまだが、二〇世紀の知識人が欧米でも日本でもこれだけ広く論じられるという事態には、むろんそれなりの背景が考えられる。直接のきっかけとしては、やはり社会主義体制の崩壊が二〇世紀の政治と思想を彩ったイデオロギー対決に決着をつけたという意識が、少なくとも欧米において一般化したことがあげられよう。むろん、第一次大戦が決定づけた旧秩序の解体とロシア革命の実験に始まった歴史が一九八九年に一巡し終えたということだけで二〇世紀を語るとすれば、それはヨーロッパ中心に過ぎる見方だという批判を免れないであろう。それにしても、コミュニズムやファッシズムの挑戦に対する自由民主主義の応戦としてこの世紀の歴史をとらえるとき、イデオロギーないし政治的神話の宣伝を担い、その犠牲ともなった知識人の役割がクローズアップされるのは自然である。フランソワ・フュレのようなエクス・コミュニストの歴史家にとって、二〇世紀は共産主義の幻想に知識人がふりまわされた歴史である(Furet, 1995)。

しかしながら、冷戦の終結と自由民主主義の勝利は問題を顕在化させた直接のきっかけに過ぎない。もしそれだけならば、ことは左翼知識人の問題に限られ、二〇世紀における知識人一般のあり方がこうまで広く議論される必然性はないはずである。実際、「イデオロギーの終焉」とか「知識人の終焉」という予測ないし現状認識は、西欧知的世界では冷戦の終わる前から馴染みのテーマであった(Bell, 1961; Jacoby, 1987; リオタール 一九八八)。それだけに、東欧革命、とくにチェコの「ビロード革命」に知識人の果した役割は西欧の一部の知識人の注目を引き、かつてネイミアが否定的に描いた一八四八年の「知識人の革命」との並行関係さえ指摘された(Joll, 1992)。そして、一九八九年が一時的にかきたてた幸福感情が沈静した後に残ったのは、特定の立場、特定のイデオロギーに立つ知識人の退場だけでなく、知識人の普遍的姿勢そのものの困難の意識であった。ここにみられるある種の喪失感は、批判的知識人のみならず、フランシス・フクヤマの「歴史の終わり」のような、体制にとって「有機的な」立場に自覚的に身を置いた立論にさえ共有されているといってよい。

冷戦が実際に終結する以前に、冷戦期、さらには広く二〇世紀のイデオロギー対決の主役を担った知識人の多くは実質上舞台から姿を消していた。そして、彼らのイデーを継承しようとする意志はともかく、彼らに代わる存在は次の世代に見当らない。コミュニストや同伴知識人が批判にさらされただけでなく、彼らに対する批判者も含めて知識人の活躍した舞台そのものが反転したのではないか。サルトルは誤っていて、アロンが正しかったというより、両者が同じ次元で論戦した地平そのものがいまや消え去ったのではないか。今日知識人の問題があらためて関心を集めている背景にはおそらくこのような認識があるように思われる。冷戦の短期的文脈を離れて、ロシア革命以後の二〇世紀の歴史を一面で「知識人の時代」ととらえ、社会集団としての知識人の成立の社会学的条件、その政治化の歴史的背景などが広い視野から検討される所以である。

このようにみるとき、一九八〇年前後からフランスで蓄積されてきた一連の知識人の研究は、方法の点でもそれがもたらした実質的知見の点でも注目に値する。これを推進しているのは、一方ではブルデュー門下の社会学者、他方ではジャン=フランソワ・シリネリ、パスカル・オリ、クリストフ・シャルルのような政治史ないし政治思想史の研究者であるが、彼らの間には問題を取り上げる視角や接近方法においてある程度共通の傾向が認められる。簡単に言えば、それはドレフュス事件から第二次大戦後までフランスの知的世界に活躍した知識人たちを一つの社会集団として把握し、彼らの言説をまさに「知識人の言説」として成り立たしめた歴史社会学的な条件を明らかにしようとする関心である。こうした歴史社会学的な接近は、なんらかの超越的な立場から知識人の使命を説いたり、逆にこれを批判したりするのを避け、知識人の言説を一方でフランス固有の知的文化の中に位置づけ、他方では第三共和政確立以後のフランス政治社会の発展と関連づけてとらえようとする。知識人自身がしばしば強調する普遍主義的な姿勢はこれらの研究においても留意されるが、そうした言明の是非をそれ自体として問うよりも、これをひとまずは歴史の文脈におき、知識人という表象が成立し、社会に受け容れられていった社会的背景と歴史的条件の解明を課題とする。そして、ほぼ同世代に属するこれらの研究者たち自身、教育や知的形成において前代の知識人の後継者の位置にあると自覚しつつ、少なくとも従来と同じ形態では知識人として活動する条件は今日失われているという認識が広く共有されている。どんな立場に立つにせよ、知識人論はなんらかの意味で「自己言及的」になることを免れないが、これらの研究者の場合、対象である知識人と、歴史家ないし社会学者としての自らを区別し、知識人の時代の終わりを強く意識する点に、それが逆説的に表れているといえよう。「大思想家の秋は知識人を扱う歴史家の春である」(Sirinelli, 1990, p. 11)という命題は彼らの共通の姿勢を示している。

本章は、㈠近年のフランスにおける研究成果に照らして二〇世紀フランスの知識人像を簡潔に描き、㈡それに対応する日本の知識人像を特定し、㈢両者の比較から浮かび上がる日本の知識人の特質を指摘しようとするものである。目的は比較によって日本の知識人を理解することにあるので、フランスの研究への引照はこの目的に有意な範囲に限定される。この作業は、二〇世紀のある時期以後の日本の知識人をフランスの同時代の知識人と共通の歴史的文脈において考察することに一定の意味があるという認識を前提にしている。フランスの歴史家や社会学者の研究は、比較の対象として成果を利用し得るだけでなく、接近方法についても日本の対象を考えるのに有効だという含意も否定しない。ただし、フランスの事例を「手本」として、それとの落差で日本の知識人を評価しようとするものではない。参照するフランスの近年の歴史社会学的研究自体、フランス固有の文化的伝統を強調し、フランスの知識人をもってただちに知識人一般として論じないところに新しさがあるともいえるのである。

かつて小田実は、日本の知識人と違ってフランスの知識人には「フランスの」という自覚なしに、自分を語ることがそのまま知識人一般を論じることになると思い込んでいる節があると述べた（小田 一九六四）が、そうした素朴な普遍主義が影をひそめ、歴史社会学的研究が隆盛を極めること自体、フランスの知的気候の変化の表れといってよい。

要するに、比較の対象は目的次第でいかようにも設定し得るのであって、知識人の問題についてフランスの事例がなんらか特権的な位置を自動的に占めるわけではない。ただ、「知識人」ということばが（ロシア語のインテリゲンチアでなくインテレクチュアルの訳語とすれば）フランス語出自である事実が示すように、従来フランスの知識人がある種の典型と考えられることが少なくなく、したがって研究蓄積も多いというだけである。同時代の欧米との比較の中でも、イタリアの知識人との比較はある意味でフランス以上に興味深いと思われるが、筆者の守備範囲からして、これを試みるのは不可能であった。明治の知識人の比較の対象としては欧米よりも第三世界の知識人の方が有意味である場合があろうし、さらに時間、空間の軸を延長すれば、小田実が試みたように（小田、前掲）、インドや古代ギリシャの知識人をもちだすのもけっして無意味とは言えない。本章は、考えられるさまざまな比較の中の一つの試みに過ぎない。

二

では、近年のフランスにおける研究は、一九世紀末に生まれ、二〇世紀を通じて活躍した独特の社会集団としての知識人の存在条件について、どのようなことを明らかにしているか。

まず、第三共和政下の議会制、政党政治の定着と、他方におけるフランス独特の中高等教育制度の完成とによって、「名士(les notables)」と呼ばれた旧支配層からメリトクラシーに基づく新しい体制エリートへの交替が進むという社会の構造変化が「知識人の誕生」の背景として確認される。一九世紀のブルジョワ的フランスが「勤勉と節約によって金持ちになれ」というギゾーの標語を掲げたとすれば、二〇世紀の体制エリートは「勤勉と節約によって教育を身につける」ことで上昇していった(Charle, 1990, p. 71)。これは身分や家柄でなく才能と努力による選抜という点でデモクラシーの平等原理の一つの帰結と考えられるが、同時に近代民主政は社会的分業を前提するので、エリートの分化、政治・行政・経済のエリートと、知的、文化的エリートたる知識人との区別を明確にもする。知的営為自体、教育の普及と社会全体の商業化を背景にさまざまに分化し、「哲学者」「文人」「作家」など、一八世紀以来知性と文化の領域全体に対応していたいくつかの観念が普遍的意味合いを失い、「教師」とか「ジャーナリスト」のような個別の職業名と同じ次元で理解されるようになる。「知識人」という新しい表象の出現は、一九世紀末の社会の構造変化とそれに対応する在来の社会表象のこのような意味喪失ないし意味転換を背景にはじめて理解される。すなわち、それは一方で政治や経済からの知的領域の自立を求め、他方で知的営為内部の専門分化や商業化の圧力に抗して、知性と文化の普遍性を確認するという二重の要請に応えるものであった。

周知のように、この新しい表象はドレフュス事件を通じて定着、流通していったから、社会史ないし社会表象の歴史の文脈に加えて伝統的な政治史の文脈も無視できない。そして、ここでも、革命以来のフランスの政治文化の継承、連続の面と、それからの断絶、二〇世紀の新しい政治現象の出発点という別の面が同時に認められる。

権力に抗する知識人の自由と自立のための戦いは少なくとも啓蒙以来の先例を有し、ドレフュス派の知識人自身、啓蒙と革命の伝統に引照して自らを正統化した。反ドレフュス派の反撃も、「社会は論理に基づくべきだと信じて、それが実際は個人の理性以前の、多分それと無縁のもろもろの必要の上に基礎をおいていることを無視する個人」という、モーリス・バレスの有名な知識人の定義が示すように、バークやド・メストルの啓蒙哲学者批判を正確になぞるものであった。だが、一九世紀前半の自由主義者や共和主義者の場合、ポスト革命期の反動体制への抵抗が国民的基盤をもつ限り、知的エリートの立場と「護民官」ないし反体制的政治運動の指導者としての活動とは矛盾なく結びついていた。だからこそ、ギゾーやクザンのような一八二〇年代ソルボンヌのグールーは、七月王政という「教授たちの王国」(ルネ・レモン)が現出すると、その中で学者と政治家と官僚の三機能を一身に担い得たのである。彼らと違って、体制の指導的地位につく幸運に恵まれなかった社会主義者たちはさまざまな予言的構想に耽ったが、サン゠シモニアンやコントに顕著なように、そこには知識人の専制支配の色彩が濃厚であった。

これに対して、ドレフュス事件における知識人の政治参加は、議会制と政党政治が職業政治家の運営する民意表出の公的制度として確立したことを前提に、その機能不全への批判を含んで制度の外からこれに働きかけたものであった。報道機関を通じて声明を発し、請願やデモを組織する政治スタイルは、民主政治の諸制度を職業政治家の独占から開放して民衆の政治的関心を喚起する「民主的戦略」の面と、普遍的精神と「護民官」意識に裏づけられた知識人のノブレス・オブリージュに訴え、彼らの社会的威信を通じて世論を動かそうとする「エリート主義戦略」という別の面とを同時に有していた(Charle, 1990, p. 142)。ドレフュス事件が拡大し、「国民的記憶」に座を占めるにつれて、知識人が民衆と手を組んで、ブルジョワの利己主義に奉仕する既成の政治家や官僚の手から「真のデモクラシー」を奪回するという政治参加の新しいスタイルが正統性をもって定着する。重要なことは、それが決してドレフュス派、左翼知識人だけでなく、反ドレフュス派の右翼知識人にも次第に浸透していったことである(Charle, 1996, p. 264)。一九二〇年代に頂点を極めたアクション・フランセーズの活動が示すように、ロシア革命後の知識人の政治化は、フランスに関する限り、右翼が左翼に先行しており、それはまさにドレフュス事件の遺産をおいて理解できない。フランスのファッシズム運動は政治的成果ではイタリア、ドイツの後塵を拝したが、イデオロギーや知的レベルでは先頭を切っていたといわれるのも、こうした伝統に由来している(Sternhell, 1983)。

いずれにしろ、ドレフュス事件のゾラから第二次大戦後のサルトルまで、「異議申し立て」や「政治参加」はフランスの知識人の著しい特徴だが、それらはあくまで本来政治を職業としないものの政治関与である。サルトルが戦後試みた知識人政党の組織化はすぐに失敗した。知識人の社会批判は既存の価値体系、体制の受益者に向けられ、しばしば虐げられた民衆や個人の救済を訴える「護民官」の役割を果すが、彼ら自身は民衆そのものではない。出自が民衆的であっても、いったん知識人の仲間に入ってしまえば、社会の尊敬を集め、ある程度は支配者の敬意と保護をさえ受ける存在である。サルトルを拘束しないのかと聞かれて、ド・ゴールが「フランスはヴォルテールを捕えない」と答えた話は日本にも伝えられた。

要するに、社会集団としての知識人が誕生し、政治と文化に重要な役割を果す事象は、社会の平等化、民主化の進展途上のある段階に結びついている。エリートへの道が開かれ、その分化が前提になるという意味では、ある程度の平等化を条件とするが、知識人は対抗エリートではあっても、エリートには違いない。知識人、とくに左翼知識人は人間の平等を唱え、労働者の解放運動にコミットするが、政治的にも、知的、文化的にも大衆化が本格的に進むと知識人の存在基盤それ自体に影響する。大筋でこういう見方がフランスにおける近年の知識人研究に共有されている。その観点から、一方では教育制度、とくに高等師範学校《エコール・ノルマル・スペリウール》のようなエリート教育機関の意味が強調され、他方では知的な雑誌や高級紙のような活字メディア、またサロンやキャッフェ、クラブなどフランス独特の知的カルチュアを形成する知識人の sociabilités の諸形態が検討される。理論的には、いうまでもなく、ブルデューの「文化資本」や「教育資本」の概念がキー・コンセプトとして用いられる。そして一九六〇年代以後、高等教育の大衆化が本格的に進み、他方では情報化社会によって活字メディアの重要性が低下したことは、少なくともこれまでのような形での知識人の生存環境を悪化させたといわれる。いまや知識人は「絶滅寸前の種」、少数の生き残りは「最後のモヒカン族」だ、というものさえいる(Rieffel, 1993)。だから保護の手を加えねばならぬと考えるか、レジス・ドブレのように自然淘汰に任せるべきだとするかは、意見が分かれるだろうが(Debray, 1979; ドブレ/ジーグラー 一九九六)。

むろん細かい点ではフランス固有の歴史や文化に関わるところは少なくないが、大筋において、このような見方は社会集団としての知識人を一般的に考える基礎になるであろう。その意味で、ある時期の日本の知識人、さらには二〇世紀の知識人一般を考えるのにも、国によって時間的ずれはあっても、ある程度まで有効な観点と思われる。

三

ここで、ドレフュス事件を通じて顕在化し、サルトル、アロンに及ぶ（知識人の死亡宣告を下した知識人としてフーコーを最終ランナーにあげるべきか）二〇世紀フランスの知識人の対応物として以下に論ずる日本の知識人が何をさすか、具体的な人名を例示してはっきりさせておこう。

以下に知識人の時代の日本の知識人として論ずる対象は、西田幾多郎、柳田国男、河上肇などほぼ一八七〇年代に生まれ、明治の末から大正期にかけて日本のアカデミズムを確立した世代を先頭に、戦前の高等教育を受けた最後の世代で、いわゆる「戦後啓蒙」を担った清水幾太郎、丸山眞男といった人々までを含む。福沢諭吉はもとより、内村鑑三、夏目漱石といった明治の知識人（むろんこれらは個人としては文句なしに第一級の知識人であるが）は除き、彼らの弟子の世代に始まり、後は、教育それ自体が戦後に属する世代を排除する。いわゆる大正デモクラシーから六〇年安保までがこれらの知識人の活躍した時期である。学者の名前を多くあげたが、むろん作家や芸術家もたくさん含まれる。

もう少し微視的に世代を区別すると、これらの知識人はさらに三つの世代に分けて考えられよう。これまで比較的広く使われてきた呼称を用いるならば、第一は「大正教養主義」ないし「オールド・

リベラリスト」世代と呼べる。一八七〇年代からだいたい九〇年代前半生まれまでで、日本のアカデミズムの基礎を築いた学者たち、また漱石門下の文学者や白樺派の作家、芸術家が含まれる。これは日本思想史の研究者がいう「制度通過型インテリ」の最初の世代であり、同時に政治や行政のエリートと、知的、文化的エリートの道が明確に分かれてくる世代でもある。この世代の知識人の中には柳田国男や南原繁のように、若い時に高級官僚として相当の仕事をし、後に方向転換した例が必ずしも珍しくないが、先行世代の新渡戸稲造のように学者としての活動と官僚としての役割が同一人格の中に同居することはもはや不可能になっている。他方、高等教育の普及を背景に大正期に文壇や論壇が確立したことは知的生産物の消費市場の成立を意味し、それが作家や芸術家を職業として成り立たしめ、大学教授に専門領域を超えた聴衆に語りかける機会を提供した。岩波茂雄や菊池寛のような出版人の役割は、その意味で見逃し得ない。前者は同世代の学者や作家と広く親交を結び、後者は自身作家でもあったから、彼ら自身知識人の仲間であった。よく知られているように、この二人が動員した執筆者集団、したがって読者層も互いに異質な面があったが、出版人としての文化史上の役割には同時代人として共通性が高い。ただし、大正期から第二次大戦後のある時期まで、知的生産者と消費者との距離はなお近く、やがて市場の拡大とメディアの技術的高度化によって聴衆が巨大化、抽象化するとともに、知識人のあり方自体が変質しだすのは日本でもフランスでも同じである。

政治的には、この世代の知識人は概ね自由主義的な立場、明治憲法の枠内での改良主義を堅持し、軍部ファッシズムに積極的に抵抗はしないまでも、迎合もせず、美濃部達吉、河合栄治郎、津田左右吉のように言論弾圧の対象となったものも少なくない。ただし、マルクス主義を全面的に受け容れ、政治的実践に飛び込んでいった河上肇や大山郁夫の例はこの世代の中では少数派である。戦時中時局に便乗せず、多少とも軍国主義への抵抗感を胸に秘めて過ごしたこの世代の知識人で第二次大戦後まで生き残ったものは、「大正デモクラシーの時代に戻る」という期待をもってこれを迎えた。「オールド・リベラリスト」と呼ばれた所以だが、戦争と軍国主義に有効な抵抗をなし得なかったことへの反省が生きている限り、より急進的な立場、より若い世代と手を結び、戦後啓蒙の一翼を担った人々も、とくに戦後初期には多かった。しかし、冷戦の文脈が国際的にも国内的にも明らかになるにつれて、「進歩的文化人」とこれを批判する「保守リベラル」への分極があらわとなる。雑誌『世界』の創刊に関わった「オールド・リベラリスト」の多くが、彼らの同人誌『心』に活動の比重を移すのはその一つの表れである(久野・鶴見・藤田 一九九五)。

第二の世代は「一九〇〇年―マルクス主義の世代」と言えよう。文字どおり一九〇〇年の前後七、八年の間に生まれた人たちで構成され、マルクス主義に圧倒的な影響を受け、これを受容するか、でなければ小林秀雄のように、これと全面的に対決するかを迫られた世代である。しかも、一九三〇年代におけるマルクス主義の受容は書斎に留まることを許さず、政治的実践、それも多くの場合、非合法活動への参加を強いた。小林多喜二、野呂栄太郎、尾崎秀実、戸坂潤、三木清など、獄死ないし刑死した知識人はこの世代に少なくない。こうした苛酷な条件が一方で英雄物語を生むと同時に、他方で「転向」という日本の知識人に独特の思想的問題をもたらした。英雄的な抵抗者や犠牲者を多く出した反面、軍部ファッシズムに迎合、協力した知識人も、転向者を含めてこの世代に多く属する。ついでに言うと、この世代はまた「昭和天皇の世代」でもある。

第三は「戦後啓蒙の世代」。戦前からジャーナリズムで活躍していた清水幾太郎を最年長とし、多くは戦前戦中には自己の学問や文学の世界に沈潜し、戦後一斉に言論活動を開始していわゆる戦後啓蒙を担った知識人である。下限は、戦前の高等教育を受けた最後という意味で一九二〇年前後の生まれのあたりに引けよう。フーコーとは違う意味で知識人の立場に当初からある種の疑問符を付していた知識人として、梅棹忠夫と鶴見俊輔の二人を次の世代への橋渡しと考えることができる。この世代の知識人は専門的学問の世界では「大正教養主義」世代の学者たちの弟子に当り、その自由主義をも継承しているが、同時にアカデミズムの外で展開されたマルクス主義者の学問的業績、講座派や労農派の日本資本主義分析に深く影響され、これを自分の学問に生かしている。文学者でいえば、『近代文学』の同人、荒正人が「第二の青春」で呼びかけた対象がこの世代に当り、より広くは、いわゆる戦後文学を担った作家たちのすべてではないにしても、多くを含めることができよう。

＊　以下に具体的人名を生没年を付して例示する。

大正教養主義ないしオールド・リベラリスト世代

西田幾多郎（一八七〇―一九四五）　津田左右吉（一八七三―一九六一）　柳田国男（一八七五―一九六二）　長谷川如是閑（一八七五―一九六九）　吉野作造（一八七八―一九三三）　河上肇（一八七九―一九四六）　山川均（一八八〇―一九五八）　大山郁夫（一八八〇―一九五五）　安倍能成（一八八三―一九六六）　田辺元（一八八五―一九六二）　小泉信三（一八八八―一九六六）　大内兵衛（一八八八―一九八〇）　南原繁（一八八九―一九七四）　和辻哲郎（一八八九―一九六〇）　田中耕太郎（一八九〇―一九七四）　河合栄治郎（一八

九一―一九四四）　末川博（一八九二―一九七七）　大塚金之助（一八九二―一九七七）　矢内原忠雄（一八九三―一九六一）

一九〇〇年―マルクス主義の世代

福本和夫（一八九四―一九八三）　蠟山政道（一八九五―一九八〇）　林達夫（一八九六―一九八四）　三木清（一八九七―一九四五）　平野義太郎（一八九七―一九八〇）　吉野源三郎（一八九九―一九八一）　野呂栄太郎（一九〇〇―一九三四）　戸坂潤（一九〇〇―一九四五）　羽仁五郎（一九〇一―一九八三）　古在由重（一九〇一―一九九〇）　尾崎秀実（一九〇一―一九四四）　渡辺一夫（一九〇一―一九七五）　小林秀雄（一九〇二―一九八三）　田中美知太郎（一九〇二―一九八五）　矢部貞治（一九〇二―一九六七）　中野好夫（一九〇三―一九八五）　竹山道雄（一九〇三―一九八四）　桑原武夫（一九〇四―一九八八）

戦後啓蒙の世代

清水幾太郎（一九〇七―一九八八）　大塚久雄（一九〇七―一九九六）　川島武宜（一九〇九―一九九二）　久野収（一九一〇―一九九九）　竹内好（一九一〇―一九七七）　武谷三男（一九一一―二〇〇〇）　都留重人（一九一二―二〇〇六）　福田恆存（一九一二―一九九四）　林健太郎（一九一三―二〇〇四）　家永三郎（一九一三―二〇〇二）　丸山眞男（一九一四―一九九六）　日高六郎（一九一七―二〇一八）　加藤周一（一九一九―二〇〇八）　梅棹忠夫（一九二〇―二〇一〇）　鶴見俊輔（一九二二―二〇一五）

＊＊　この人名リストはむろん例示的であって、網羅的ではない。作家や芸術家をあげることも可能であるが、ここでは主として学者、評論家に限った。世代の境界はもちろんあいまいで、はっきり何年生まれで分かれると線を引けるものではない。人選も各世代の特徴を浮き上がらせるのを優先しているので、図式にあまりに外れる知識人はどんなに大物でもあげていない。ただし、ここに女性の名が一つもあがっていない点については、一言弁明しておきたい。

筆者は女性史や女性学の立場からする知識人の問題の位置づけについてまったく不案内であるが、少なくとも本章が直接に扱う時代の日本について、ジェンダーを超えた知識人の共同体を論ずるのは難しいように思う。学者や大学教師を中心に見ればとくにそうである。文学や芸術の世界ではいわゆる「女流作家」の活躍は戦前から目立ち、たとえば、野上弥生子と宮本百合子とがそれぞれ「大正教養主義」世代と「マルクス主義」世代に対応するというような例は考えられるにしても、全体として女性知識人を男性知識人と同じ文脈で論ずるのは困難であろう。そのこと自体を日本の知的カルチュアや知識人の世界の「社交」のあり方の特徴ないし偏向として論ずる意味は否定しないが。

＊＊＊ liberalist という名詞は英語にないわけではないが、「自由主義者」はふつうは"a liberal"だろうから、「オールド・リベラリスト」は英語の音訳としては不自然である。しかし、戦後広く流通したのは「オールド・リベラリスト」という表現で「オールド・リベラル」ではなかったようである。これは筆者の想像だが、言葉としてはドイツ語から入った「リベラリスト」に英語の形容詞がついて、論壇用語として定着したのではなかろうか。もし、そうだとすると、そのこと自体が、日本の自由主義の教養の質を象徴していると言えなくもない。さらに想像を逞しくすれば、貶称として用いられる「リベラリスト」には、藤田省三が「民主主義」主義者と揶揄したのと同じ意味で、「自由主義」主義者のニュアンスがこめられているようでもある。というようなことも考慮して、本章では「オールド・リベラリスト」という戦後のある時期に広く使われた呼称を用いることとする。

四

知識人論に世代論はつきもので、この点はシリネリの研究(Sirinelli, 1988)も示すように、フランスでもまったく同様である。日本の知識人論の中でもこれまでさまざまな世代区分が提案されており、本章の採用する世代区分もとりたてて独創性を主張するものではない。そして、いうまでもなく、世代の区切りは観点次第でいかようにも動き、客観的、絶対的なものではもともとない。ただ、ほぼ同じ対象を扱った一、二の先行研究との対比で本章の視座をいくらか敷衍しておこう。

第一に、都築勉が、丸山眞男を中心に戦後知識人を論じた近著において、内田義彦の論文「知識青年の諸類型」（内田・塩田 一九五九）に依拠して提案している「市民社会青年」という規定がある（都築、前掲）。都築が扱っている戦後知識人は本章にいう「戦後啓蒙の世代」の知識人とほぼ重なる。ただ「市民社会」というある時期まで特定の理論的立場と結びつけて理解されてきた概念を用いることは、一つの世代全体の特徴づけとしては限定的に過ぎる嫌いがあるのではないか。内田のいう「市民社会青年」は前代の「社会青年」と対比されており、後者は本章の「マルクス主義の世代」に照応する。しかし、この場合にも「市民社会青年」という内田自身の自己意識が働いて、マルクス主義の影響が講座派に限定されるとすれば問題であろう。マルクス主義がその内部の諸流派の理論や政治的含意にとどまらず、さらに個別の学問分野の領域を超えて、日本の思想と学問全体に決定的な衝撃を与えた点については、それこそ「市民社会青年」の代表選手である丸山眞男の古典的な指摘がある（丸山 一九六一・一九八二）。もちろん、マルクス主義も一つの立場、一つのイデオロギーには違いないが、近代日本思想史における決定的な意義のゆえに、「マルクス主義の世代」という規定は小林秀雄のような反マルクス主義者を含めて有効なのである。同様の意味で、「戦後啓蒙の世代」も清水幾太郎や丸山眞男だけでなく、進歩派の啓蒙的姿勢を批判、揶揄することに自己の役割を見出した福田恆存のような存在を含めて用いられている。

内田義彦自身の構想は、「市民社会青年」と「社会青年」との対比だけでなく、明治、大正の異なる類型に遡り、とくに明治の「政治青年」との比較を意図していた。内田が徳富蘇峰の「新日本の青年」から問題を説き起こしているのは、近代日本の知識青年の世代意識の発生という点では、通説的見解に立つものといってよく(岡和田 一九六七)、青年意識における明治と昭和の対比も意味のある問題設定であろう。ただし、本章は、社会集団としての知識人の発生、知識人表象の成立の社会史的条件に関するフランスの研究を参照し、日本においてはこれを明治末から大正期以後とみる視点に立っている。この視点からは、明治期は知的エリートが政治や経済のエリートからいまだ明瞭に分離せず、知識集団内部の専門分化も進行していない時期として、本章にいう「知識人の時代」と全体として対比されるのである。

次に、これは必ずしも学問的精密化を意図したものではないが、小田実の「一代目」「二代目」「三代目」という分け方がある(小田 一九六二)。これは近代日本の知識人が全体として西洋文明の摂取を課題としたことを前提に、西洋文明への対し方における世代差に注目した区分である。後の行論が示すように、異質な西洋文明の摂取という課題が日本の知識人を規定しているという見方を本章も共有している。この観点からすると、大正教養主義から戦後啓蒙まで、本章の扱う知識人の世代は全体として「二代目」に相当するであろう。明治の知識人が予備知識なしに西洋文明に対し、日本の近代化のためにとりあえず必要な知識や技術を学んだのとも、「三代目」が西洋化を既定の事実として、西洋対日本というこだわり自体から自由だと、少なくとも自分では考えるのとも異なり、「二代目」は西洋を全体として内側から理解することを課題とし、したがって日本の知識人としての深刻なアイデンティティー・クライシスに直面する。こうした側面は程度の差はあれ、本章の対象とする知識人に共通に認められよう。ただし、小田自身、漱石と森有正という本章の視点からは異なる時代に属する知識人を同列に論じているように、「二代目」的な西洋への対し方は必ずしも特定の世代に限らず、ミクロのレベルでは繰り返し生じよう。個別にみれば、本章の対象とする世代の中にも、家庭環境や育ち方などの理由からなお「一代目」的な知識人もいれば、「三代目」の姿勢を先取りしているとみなし得るものもある。

　知識人の世代区分については方法的にも内容的にも論ずべきことがらは多いが、これ以上は立ち入らない。いずれにせよ、細かくみれば三つの世代に分けられるとはいえ、第一次世界大戦頃から一九六〇年代までに活躍した日本の知識人を全体として知識社会学的に同質の集団と考え、その存在条件をフランスの知識人のそれと比較することには意味があるというのが、本章の基本的視点である。フランスにおけると同様に、高等教育によるエリート養成の定着とともに、明治の近代日本の建国期と違って、政治・行政・経済のエリートと区別された知的エリートとして知識人ないしその候補生が集団として生まれる（戦前の旧制高校、とくに一高や三高は高等師範学校《エコール・ノルマル・スペリウール》ほどの徹底した少数エリート教育ではないにしても、ある程度それに近い対応物とみなし得る）。大正期に開花した日本型市民社会は知識人に活躍の場を与え、一九三〇年代以後の軍国主義はこれを狭めたが、第二次大戦後、戦争とファッシズムを阻止しえなかったことへの反省が広く知識人をとらえ、「悔恨共同体」（丸山眞男）が形成され、「進歩的知識人」の言論活動が世論をある程度動かした。戦後の教育改革はこうした知識人の言論の聴衆を広げたが、高等教育の大衆化、一般に大衆社会化が本格的に進むと、知識人自体のあり方が影響を受ける。一九六〇年の安保闘争に果した知識人の役割は、その端境期に生じた最後の高揚といえよう。以後、「戦後啓蒙の知識人」はさまざまに分極し、政治的発言を行なう場合にも知識人としてというより、「一市民として」の姿勢を強調するようになる。これがおおよその見取り図である。

五

では、日本の知識人がフランス、ないし欧米の知識人と違う点はどこにあるだろうか。この点についても、すでに丸山眞男「近代日本の知識人」をはじめとするすぐれた研究があり、以下は本章の視点からいくつかの論点を整理する試みに過ぎない。

第一は、何よりも知識人の存在証明である知識そのもののあり方に関わる。高等教育を通じての知識の制度的獲得が重要になり、その中身も基本的に近代西洋の思想と学問であるという点は共通だが、そうした知識が日本の社会でもつ意味はヨーロッパと同じではない。ヨーロッパではなんといっても近代の教育制度以前に知識そのものの体系が成立している。キリスト教とギリシャ、ローマの知的遺産を基礎に、近代哲学と近代自然科学を加えた人文主義的教養が、ルネッサンスから啓蒙思想に至るまで長い時間をかけて体系化され、これが近代の教育制度に受け継がれる。そうした知識を担った、ドイツ人のいわゆる「教養市民層」も近代国家以前の長い伝統を有し、高等教育制度が知識層の出身母体を拡大したとしても、なおそれ以前との連続性は高い。ある意味では政治や経済のエリート以上に連続性があるといえよう。

日本の近代の教育制度は、ロナルド・ドーアなども言うように（ドーア 一九七八）、近代化の後発国の共通の課題、先進国の技術の組織的移転を効率的に行なうためのシステムであり、その最初にしておそらくもっとも成功した例である。したがって、ヨーロッパの最新の学問を実用目的に従って輸入することが基本になる。ここから、日本の学問は共通の基盤ぬきに専門分化した個別領域ごとに発展し、近代日本の知識人は初めから専門エリートとして出発したという、丸山眞男の周知の指摘（丸山 一九六二）がなされる。大正期に教養ということが盛んに言われるのは、ある程度そうした事態への反省を示すが、逆に言うと、基盤となる教養を含めて知性全体が学校で身につける洋風のものになったことを意味しよう。明治の知識人との断絶がそこにある。福沢や兆民はもとより、明治の知識人としてはいちばん若い世代に属する漱石の場合でさえ、東大で学んだ英文学の素養と少なくとも同じ比重で、俳諧精神とか漢籍や江戸文学の素養が教養の血肉となっている。むろん、断絶といっても、はっきりどこかに線が引けるわけではなく、「大正教養主義」世代には、漢詩を創り四書五経に子供の時から親しんでいた学者も少なくないが、時代を下るにつれて、意識して努力したり、東洋思想や日本文学を専攻した場合を除いて、伝統的教養が薄れていく傾向は争えない。

日本語で育ち日本語で考える文化の中で、洋式舶来の知識、教養を身につけることが知識人社会に入る切符になるという事実は、日本の知識人のアイデンティティーに独特の問題をなげかけた。洋式舶来の学問は原則として学校で学ぶもので、家庭で代々伝えられるものではないから、知識人の資格を得るのに高等教育の比重が決定的に大きい。そして、明治以来日本の社会は少なくともヨーロッパに比べれば社会的流動性が高いから、出身階層にかかわらず、学校秀才が比較的簡単に一代で知識人の仲間に入れることになる。「文化資本」が家庭ないしそこから広がる限られた交際範囲の中で蓄積、継承される度合いが小さく、学校制度を通じて努力と才能によって個人で獲得する部分が大きいといえよう。ストックが貧弱でフローは豊かだという日本経済についてよく言われる特質が、文化にも表れていると言ってもよい。いずれにせよ、日本の知識人の供給源が特定の社会層に偏らず、比較的開かれてきたのは、社会的流動性の高さとか、エリート選抜機構としての学校制度の比重の大きさというような一般的事実に加えて、和漢の伝統的教養から洋式舶来の教養への転換がもたらした断絶と関係している。もちろん、時代が進むと輸入文化もそれなりに蓄積され、これを享受する教養層もある程度の厚みをもってくるので、日本の知識人の中にも二代目、三代目が次第に増えてくる。それにしても、たとえばトーマス・マンとかバートランド・ラッセルというような二〇世紀ヨーロッパの代表的知識人が背負っている伝統に比較すると、日本の知識人の教養が何世代にもわたる積み重ねを背景にもたないことは否定できない。

知識や教養が基本的に学校で習得される洋学であるということは、親が無学、無教養でも、高等教育さえ受ければ知的エリートの世界に簡単に入れるという意味では、知識階級と大衆との間の垣根を低くした。反面、知識層の教養の中身が大衆の生活文化から遊離しているという感覚を双方に生じさせる面もあった。よく、少年時の読書調査などに基づいて、日本の知識人は欧米の知識人と違って、高級文化だけでなく庶民の文化をも糧として育っているので、知識人と大衆との断絶は言われるほどでないという指摘がなされることがある（筒井、前掲）。しかし、幼少時の知的形成について言えば、欧米の知識人にしても庶民文化とどれほど切れているかには疑問の余地があり、高級文化と庶民文化との連続・断絶の度合いを客観的に測定し、国際比較する物差しはまだ発見されていない。たしかに、「出世民主主義」が国民全体に行き渡った明治末年にさまざまな形で生じた「修養」への関心と、大正知識人の「教養主義」との連続性を認める筒井清忠の指摘に説得力はある。だが、知識層と国民一般とのもともとの同質性が、逆に学歴メリトクラシーを通じて知的エリートに上昇した知識層の自意識を強化した面もあったのではないか。知識人が大衆との違いを意識するのはどこの国でも同じだが、日本の知識人の場合、もともと階層としてたいした違いはなく、親の代はみな同じで、いわば誰もが「成り上がり知識人」だから、一層の意識過剰とその裏返しの「大衆コンプレックス」が背中合わせに存在するのである。高踏的文化と大衆文化の対立軸が、洋式と和風、外来と固有というもう一つの対立軸と重なる日本の特殊事情がこれを増幅した。都会の学校を出た「インテリ」息子と田舎の純朴な父親との対照は、中野重治の「村の家」をはじめ、日本の近代小説に繰り返し現れるシーンである。

知識人の教養が代々受け継がれ自然に身についたものでなく、習い覚えた横文字を使ってのガリ勉の成果だということは、大衆との関係だけでなく、知識人自身の内面、その精神生活にも影を落す。ガリ勉の成果はいつ剝げ落ちるかしれず、どんなに頭でヨーロッパの学問、思想を理解しても、感性や生活感覚はなかなかついていかない。日本で暮らし、日本語で考えている限り、生活全体を洋式にすることは不可能である。そこから、カール・レーヴィットの指摘以来よく言われる日本の知識人の精神的二重生活、二階は洋式、一階は和風で、梯子を掛けて上がり下りしているという事態が生ずる

（レーヴィット 一九七四）。また、若いうちの西洋一辺倒が年をとるとなにかのきっかけで日本に回帰するという転向現象もよく指摘される。学生時代ベートーヴェンだワグナーだと騒いでいたのが、中年になるとカラオケで演歌ばかりうなるというのはなにも知識人に限らないが、知識人の場合は西洋の文化、芸術への傾倒が本格的なだけに目立つ。

もちろん、これらの点もある程度は時間の関数で、洋式舶来の文化も次第に定着し、他方で「伝統の再発見」が洋学知識人の側でもさまざまな形で試みられるから、両者は次第に融合してくる。加藤周一のいわゆる「雑種文化」の成立である（加藤周一 一九七四）。輸入文化の方も、最初のうちこそ高級文化中心でも、教育とメディアの大衆化が進めば、欧米の大衆文化の流入は避けがたい。ゲーテとベートーヴェンからディズニーとビートルズへ。高級文化と大衆文化の軸にしろ、洋式と和風の軸にしろ、今日では対照はあまり鮮明ではない。

戦前の日本の知識人の一部がいだいた国民一般からの孤立感には、少なくともヨーロッパに比べれば、アメリカの知識人の意識に近いところがあるかもしれない。国の成り立ちからいっても平等意識が強く、知識や学問についても実用主義が幅をきかすアメリカでは、知識のための知識を軽蔑し、知識人を敵視する傾向が一九世紀以来大衆の間に根強いといわれる（Hofstadter, 1963）。こうした「反知性主義」にとり囲まれているので、知識人の方も勢いアメリカの文化を通俗、低級とみて、ヨーロッパの高踏的文化に憧れることになる。日本の事情に似たところもなくはないが、なんといってもアメリカ文明はヨーロッパを母体として、そこから飛び出てきたものである。もともと同根だから、ヨーロッパの階級社会や権力政治、その腐敗、堕落と手を切りたいというのがアメリカ人の孤立主義で、日本はまったく逆に、異質だからこそ西洋文明の摂取に血眼になったのである。欧米に学んだのはなにも知識人だけでなく、近代日本の国策であったから、知識人の西洋かぶれに大衆が反発しても、攻撃的な反知性主義はそれほど力をもたない。知識人の側について言えば、なによりアメリカの知識人の場合には、祖国に徹底して絶望すれば（別に絶望しなくとも）ヨーロッパに移住するという手があった。ワシントン・アーヴィングからＴ・Ｓ・エリオットまでその例は多い。日本の知識人で外国に移住し、その国の文化に貢献した例は、藤田嗣治や佐野碩のような少数の芸術家に限られる。これはなんといっても言語の障壁が大きいからで、日本の知識人の西洋理解が相当の水準に達してからも、欧米の知識人と日常的に交流する経験が乏しかったことは、やはりその活動の制約となった。

六

明治以来、日本は西洋文明を積極的、全面的に摂取し、実際、それに目覚ましい成功を収めたが、にもかかわらず、あるいはそれゆえに、西洋人との人的交流自体は、極端に言うと、ごく最近に至るまで「岩倉使節団」と「お雇い外国人」の時代のレベルを大きく超えることがなかった。ここには、知識人論を超えて近代日本全体に関わる問題がある。日本列島の地理的位置、日本語の（日本以外では使われず、しかし日本国内ではほぼどこでも通じるという）特殊性、開国期における世界の交通・情報技術の発達段階その他の客観条件に恵まれ、なにより幕末、明治の日本人自身の主体的努力によって、日本は領土を失わず、大量の外国人の流入もなしに、鎖国の閉鎖社会から洋式近代国家へ自力で変貌することに短期間で成功した。

この成功の鍵は、西洋近代の生んだ知識の体系の摂取と普及にあり、知識人は近代日本のこのナショナル・プロジェクトにとってなくてはならぬ存在であった。しかし、小田実の議論に関連して指摘したように、同じ知識人といっても明治の知識人と大正期以後のそれとの間には無視しえぬ相違がある。前者が「一代目」知識人として、予備知識なしに西洋文明、いや西洋人とじかに相対することを余儀なくされたのに対して、大正期以後の「二代目」知識人は基本的に日本人が日本語で洋学を教授する教育システムの完成によって生み出され、かつそのシステムを頂点において再生産する役割を担ったからである。政治や経済のエリートと区別された固有の意味での知識人の成立がこの時期に求められるとすれば、それが日本における知識人のあり方を規定したことは否定できない。

すなわち、日本の知識人の教養の中身が本格的に西洋化し、当面する政治や社会の諸問題も第一次大戦以後欧米との共通性があらわになるにつれて、同時代の欧米の学問、思想の摂取と紹介はますます迅速で精緻になるが、そうであればあるほど、知識人の社会における外国人の活躍の余地が狭まるという逆説的な事態も進行する。この点は、明治の「お雇い外国人」の中に、クラークやベルツからケーベルまで、日本の学問、思想に直接刺激を与えた人物が少なくないのに対して、大正、昭和のアカデミズムにおける外国人教師の役割がつまるところ「語学教師」のそれに限定されていく傾向に端的に表れている。もちろん、この事態は輸入学問の土着化の反面でもあり、近代日本の文化的発展のある段階における避けがたい帰結であったから、歴史的条件を無視してその是非を論じてみても始まらない。ただ、知識人という表象の一面として民族文化を超える普遍性の要請があるだけに、日本の知識人の拘束条件の一つに数えないわけにはいかないであろう。

二〇世紀の苛酷な政治状況の下で、ヨーロッパと日本の知識人の存在条件におけるこの相違を集約的に表現するのは、いうまでもなく亡命の問題である。政治的理由による知識人の大量の国境移動が、異質な文化との接触を通じて思考の惰性を揺るがし、思想や学問の新たな展開のきっかけとなることは、フランス革命戦争においてすでに確認され(Baldensperger, 1924)、一九世紀の革命的知識人は、マルクスに限らず、しばしば半生を亡命生活の中に送った。ロシア革命と第三帝国が生んだ大量の知識人の移住がヨーロッパとアメリカの思想と学問のあり方を一変させた「大変貌《シー・チェンジ》」(ヒューズ 一九七八)については、幾多の研究がある。

日本の知識人は文献を通じて西洋の思想と学問をよく知り、一九三〇年代以降は恐慌と全体主義という共通の脅威にさらされたこともあって、欧米の政治的動向にも通じていたが、亡命とはほとんど無縁であった。自身日本を離れることも、欧米の亡命学者を迎えてじかに接する機会もほとんどなかった。カール・レーヴィットや大山郁夫は限られた例外とみなさざるを得ない。レーヴィットの『ヨーロッパのニヒリズム』が日本で書かれ、「日本の読者に与える跋」を付して最初に日本語で発表されたのは、時期も時期だけに重要な事実である。しかし、日本の学界との接触は限られた範囲にとどまっており、日本での経験が彼の哲学になんらかの本質的変化をもたらした形跡はなく、程なく彼は日本を立ち去らねばならなかった(レーヴィット 一九九〇)。大山の孤独な滞米生活は、大山個人がそこで何を学んだかという点で興味を引くとしても、彼の存在がアメリカの知識社会に受け容れられ、そこに積極的に参与したとは言いがたい。

共産主義者の抵抗はむろん国際共産主義の組織につながっていたが、徹底した弾圧下の地下活動であったから、国籍を異にする「同志」間の連帯はあったとしても闇に閉ざされていた。それどころか、権力が意図的にその活動を国民の目にさらしたとき、獄中の指導者は、党の最高指導者の立場のままで、民族の名においてプロレタリア国際主義を否定する「転向声明」を発して権力に協力したのである(藤田 一九七五)。国外の組織との連絡もほとんど断たれ、抵抗が絶対少数者による文字どおり「見えざる教会」の営みとなった段階における、ニュージーランド出身の左翼知識人との交わりを古在由重が回想しているが(古在 一九七四)、これもことの性質上、戦後相当の年月を経て初めて公にされたものであった。まして、日本を脱出してコミンテルンの活動に身を投じた何人かの知識人のたどった苛酷な運命は最近に至るまで封印されたままであった(加藤哲郎 一九九四)。

戦時下の極限的な状況になれば、ゾルゲ事件のような諜報活動以外に抵抗が国際的つながりをもち得ないのは当然で、ことは日本社会の閉鎖性の問題というより、警察国家の思想統制の問題であろう。戦前の日本に定着したヨーロッパ系外国人中の最大集団である白系ロシア人の中に、舞踏や音楽芸術、食文化について日本社会に大きな貢献をなしたものがあるのをみても、非政治的な文化領域では亡命外国人の活躍する余地は皆無ではなかった。しかし、思想と学問の領域で日本の知識人と中身のある交流を続け、知的刺激を与えた在留外国人が、明治期に比べ少ないことは否定できない。そうした知的交流が戦時下までありえた例外はキリスト教徒、とくにカトリック知識人の社会と思われるが(半澤 一九九三)、なんといっても、日本社会全体にとっては周辺的であった。戦時中、戸坂潤や古在由重のようなマルクス主義哲学者がドイツ人神父の庇護の下、『カトリック大辞典』の翻訳、編纂に協力したのは興味を引く挿話であるが(古在 一九六七)。

知識人の移入も移出も稀であったのと裏腹に、近代日本の「知識の制度」(京極純一)の頂点に組み込まれてきたのが「洋行」や「留学」である。むろん、洋行や留学も時代とともに意味が大きく変わっている。幕府や薩長が送った「夷情探索」を本来の目的とした公式使節や留学生、新島襄のような幕末の密航者はもとより、明治以後の「官費留学生」にとっても、しばらくの間は、西洋体験は見るもの聞くものすべてが新しい「未知との遭遇」であった。それだけに、西洋文明という異質な他者とのトータルな接触はものの見方の根本的な見直しを促し、精神の冒険を強いるものであった(松沢 一九九三、宮村 一九九六)。

これに対して、本章が直接に扱う時期になると、留学は、国内の教育制度の中で専門諸学の習得に抜群の成績を修めた優秀者に対し、学者の養成課程の最終段階として本場で「斯学の権威」の謦咳に接する機会を与える特典として制度化されたものとなる。数年間の滞在の後には、「新帰朝者」として最新の学説を紹介、解説することがなによりも期待された。もちろん、どんなに事前の文献知識が豊富になっても、現地で外国の知的社会の空気を吸い、学問的営為の基盤となっている文化や生活の実際に触れることの意味は大きいから、実際には留学体験といってもさまざまであり、本人および周囲の当初の期待とは隔たった結果をもたらすことも珍しくない。田中耕太郎のように、社会的非難を覚悟して、自分の専門から遠いヨーロッパ芸術巡礼に耽溺した(半澤、前掲)ものもあれば、帰朝せず、アメリカの大学に職を得て、日本研究者を育てつつ日米間の交渉に役割を果した朝河貫一のような例もある。しかし、全体として、幕末、明治初期の開国体験と比較するとき、大正期以後の知識人の留学が、学者養成の最終段階の制度として定着したことは否定できない。それにつれて、留学が個別の学説や新しい学問業績に触れるという意味を超えて、従来のものの見方をトータルに反省させるような異文化体験にまで昇華される例は次第に減ってくる。

ところで、よく言われることだが、この点で逆説的なのは、戦前に自己の学問の基礎を築いた最後の世代である「戦後啓蒙」の世代は、戦争のために本来留学すべき時期にその機会を奪われた世代だという事実である。(日本の高等教育をパスしてアメリカの大学に学び、戦争のために送り返された都留重人や鶴見俊輔はこの点例外だが、彼らの留学はここでいう定型と異なる。戦後思想史に独自の位置を占め、本章にいう「日本における知識人の時代」の最後を飾ると同時にその幕を引く役割を担った雑誌『思想の科学』の発足時の同人が、その種のアメリカ帰りと、同世代だが日本のアカデミズムで育って留学の機会を奪われた人々とで構成されていた事実は象徴的である。)

それ以上に逆説的なのは、それにもかかわらず、この世代の知識人こそ、近代ヨーロッパの思想と学問を深く理解し、これを方法的に鍛えあげ、日本社会の学問的分析に独創的な形で生かしたという事実である。むろんこの世代の学者の仕事が例外なくすぐれ、それ以前のものは無価値だというわけではない。学問的業績の価値は結局は学者個人、個々の作品に即して測るべきものであろう。にもかかわらず、ヨーロッパから学んだ歴史や社会科学の方法が真に根づき、日本の現実それ自体を分析する道具として定着したのは、公平にみてこの世代の学者の戦中の蓄積を通じてのことであった。大塚久雄や丸山眞男の業績に代表される戦時下の蓄積こそ戦後知識人に共通の思考枠組を提供したのである。

真に独創的な学問的業績や思想的作品の創造の鍵は究極的には作者個人の力量にあり、大塚や丸山の仕事を内容に即して評価することはここでの課題ではない。それにしても、戦時下の情報遮断、一時的鎖国状態において初めて真に日本の社会科学といいうるものの基礎がおかれたという事実は、明治以来の西洋文明摂取のあり方の再考を促す。大塚や丸山が学問の世界に入ったとき、近代ヨーロッパの思想と学問の大方はマルクス主義を含めて日本の知識人の教養にすでに含まれていた。他方で、そうした教養は満州事変以後日本がたどりつつあった破局への道を防ぐことはむろん、事態の学問的分析にも無力であり、それどころか、知識人の一部は「近代の超克」というそれこそヨーロッパの最新流行の言説をもてあそんで現実を合理化しさえした。この二つの事実を見据えるとき、近代日本の知性と学問のあり方に深刻な反省が加えられるのは当然である。明治以来の洋学知識の蓄積を糧としつつ、丸山が繰り返し福沢に帰ったことが示唆するように、ある意味で幕末、明治の状況に立ち戻って、西洋文明という「異質な他者」との対話があらためてなされたといってよい。そのとき、西洋文明は安易な採長補短を拒む総体として意識され、近代ヨーロッパの思想や学問は現れては消える「さまざまな意匠」とは次元を異にする深さで内面化される。「戦後啓蒙」の世代に属する知識人の中の最良の人々は、それぞれの仕方でこうした知的営為を戦時下に営んでいた。だからこそ、彼らが戦後の知的世界に提供した認識枠組は、復活したオールド・リベラリストやマルクス主義者のそれと次元を異にする新鮮味と深さを有していたのである。「超国家主義の論理と心理」や「近代的人間類型の創出」の意味はそこにあった。問題の本質は最新の学説や情報に通じることでなく、知性のあり方、自己省察を含む認識の方法の自覚にある。

周知のように、大塚久雄や丸山眞男が戦前、戦中に築いたこうした立場から、戦後、日本社会の「封建性」や「前近代性」を衝いた点を「近代主義」と呼ぶ批判がある。このレッテルは元来は正統マルクス主義者が貼りつけた貶称であったが、今日ではむしろ、ヨーロッパ近代を理想化し、ありもしない近代の理念に立って日本の現実を必要以上に厳しく裁いたという意味合いで、日本の文化や社会を肯定的にみる立場から言われることが多い。戦後知識人の言説の中に、こうした批判に値するものがないとは言えないであろう。しかし、丸山眞男のように、江戸の儒教や国学の展開の中に近代的思考の自生的発展の契機を検出することから出発し、「開国」や「忠誠と反逆」に至った日本思想史研究者にこうした非難を向けることがどんなに的外れであるかは贅言を要しない。丸山こそはまさにレーヴィットが言った意味で、自己を自己から切り離す操作を通じてヨーロッパ精神という他者を真に理解し、その批判精神を自己認識に生かすこと、すなわち「即自的に他なるものを対自的に学ぶ」(レーヴィット 一九七四、一一六頁)範型を示したのである。

敗戦は幕末、維新に比較される「第二の開国」の知的開放と知的混乱を生ぜしめた反面、維新後と違って、占領のため日本人が海外に出る機会はある時期厳しく制限された。占領の終了後、留学が再開された最初の一時期、留学生は漱石の時代に戻ったような緊張、異文化体験による自我の崩壊の危機に直面することがあった。遠藤周作が小説『留学』に描き、森有正が身をもって示したとおりである。ただし、それはごく短期間のことで、経済の回復、教育と文化の大衆化、交通、伝達手段の発達が一挙に進むと、留学や洋行はかつての意味を急速に失い、多くの人の日常的体験になっていった。磯田光一のいわゆる「留学の終焉」であり、そのターニング・ポイントをなす作品が小田実の『何でも見てやろう』である(磯田 一九八三)。

実際、この著作は、「美術館から共同便所まで」外国のすべてを見ようとする意志、西洋と日本の落差に悩むことから自由に西洋自身の悩みを悩むという「三代目」の態度表明、西洋文明だけでなくエジプトからインドに至る東洋、正確には梅棹忠夫のいう「中洋」の文明をも同じ次元で比較の視野に入れて日本の位置を測定しようとした視座の設定などさまざまな点で、留学の終焉を画するのみならず、日本の知識人の対外認識の姿勢における決定的な転換点を示している。帰国後の小田が「戦後民主主義」の理念を継承しつつ、前代の知識人のそれとは異なる政治参加のスタイルをあみだす一方で、『日本の知識人』を著したのは偶然ではない。

以上、日本の知識人が西洋文明を全面的に摂取しつつ、西洋人との日常的接触にはある偏りがあったという点に着目して、亡命と留学の論点を整理してみたが、いうまでもなく、これは基本的に対欧米の問題であって、アジア、とくに中国や朝鮮など東アジアの知識人との交渉は別に論ずべき事柄である。孫文や魯迅、逆の立場では中江丑吉のような例を思い浮かべるだけでも、戦前の日本の知識人と中国や朝鮮の知識人との接触の意味が欧米人との交流と異なることははっきりしている。むろん、それは地理的な近さと知的交流の歴史的経験が欧米の場合と比較にならないという理由だけでなく、東アジアにおいてはまさに日本自体が植民地帝国を築いたという事実の反映でもあったが。戦後は、その条件が失われ、しかも、大陸中国および朝鮮半島との接触が一時断たれたために、戦前日本のアジア認識との断絶が生じ、これを正しく批判した上で継承しなかったところに問題を残している。

七

本章はある時期の日本の知識人の社会的存在条件とそこからくる知識人の自己意識に焦点を合わせているので、彼らの思想の中身、政治や社会の諸問題に対する態度決定を直接論ずることは本来の主題ではない。ただ、日本社会における知識人の存在条件に関わる特徴的な論点としてナショナリズムの問題についてだけ、若干の考察を加えておこう。

ナショナリズムや愛国心の問題が知識人の普遍主義にとって躓きの石になりがちなことは、ヨーロッパでも第一次大戦に際してみられたところであり、ジュリアン・バンダが「知識人の裏切り」を難じたのもまさにこの点に関わっている。他方、近代国家の建国期、とくに後発国の知識人はまず例外なくナショナリストである。マッツィーニのようなヨーロッパの先例をみてもそうだし、今日の第三世界の知識人は時の権力の迫害を受けている場合を含めてほとんどすべてナショナリストといえよう。

日本でも福沢を初めとして幕末、明治の重要な知識人でナショナリストならざるものはない。漱石の時代になると明治国家がほぼ安定し、ナショナリズムの圧力もやや緩み、「余計者」意識が知識人の一部に広がる。大正期にはトルストイが流行ったり、ある種のコスモポリタニズムが出てくる。「大正教養主義」世代の知識人の多くは昭和のファッシズム期の超国家主義に反発し、これに痛めつけられてもいる。にもかかわらず、彼らが本当の意味でコスモポリタンかというと、決してそうではない。キリスト教の信仰は近代日本で国家の呪縛を逃れる有力な拠りどころであり、矢内原忠雄はその意味で神に選ばれたという確信を疑うことなく抵抗を貫いた、日本のクリスチャンの中でも稀有な存在である。その矢内原が戦時中繰り返し「私ほどの愛国者はいないのに」と言っている。

「戦後啓蒙」の知識人の間には、近代西欧の生んだ普遍的理念をあらためて学ぶという姿勢が強く、あらゆる形のパティキュラリズムに警戒的である。天皇や天皇制に対する見方をみれば、彼らの教師に当る「オールド・リベラリスト」世代との対照ははっきりしている。にもかかわらず、彼らが日本の知識人として絶えず伝統や民族の問題を正面から論じているのも確かである。戦前日本のナショナリズムをもっとも鋭く批判し、分析した丸山眞男が、自身の戦後の言論について「ナショナリズムぬきで語ったことはない」と自認しているのをみても、ナショナリズムが如何に彼らにとってさし迫った課題であったかは分かる。要するに、「大正教養主義」から「戦後啓蒙」まで、日本の知識人の多くは大衆の素朴な愛国主義や日本的精神主義から距離をとり、国家によるナショナリズムの操作、まして超国家主義には抵抗したとしても、さればといって日本国家を否定し、民族文化の外に出てしまおうという決断をした例はほとんどないのではないか。本物の無政府主義者や首尾一貫したコスモポリタンは非常に少ない。

むろん、ヨーロッパでも知識人の普遍主義がつねにナショナリズムと対立するわけではなく、真性のアナーキストやコスモポリタンはやはり少数である。ただ、何度も言うようにヨーロッパの知識人は近代国家とその教育制度以前の伝統とつながっている。一八世紀の啓蒙思想家はその直接の先駆者である。そして、ヴォルテール研究の大家、ルネ・ポモーの『啓蒙のヨーロッパ』(Pomeau, 1991)の表現を借りれば、「紳士のインターナショナル」を形成するコスモポリタニズムは啓蒙の知識人の本質的属性であった。

日本の知識人のナショナリズムに対する態度は、国民社会からの離脱という選択肢が事実上ありえなかったという消極的条件だけでなく、近代知識人の誕生を画する明治の啓蒙それ自体が、近代国家の確立という国民的課題と不可分であった事情によって規定されている。と同時に、本章の扱う時期、とりわけ一九三〇年代以後の日本の状況は、時代に流されず、普遍的知性の立場を守ろうとする限り、権力の強圧に直面するのみならず、大衆の意識からの疎隔と緊張を覚悟せざるをえない状況に知識人を追いこんだ。丸山眞男の日本ファッシズム論にはその意味で、この時期における日本の知識人の痛切な体験を学問の言葉で論理化したという一面がある。それを集約的に示すのが「擬似インテリ」という有名な議論である。

これは日本ファッシズムの担い手を論ずる中で、民衆の意識をファッシズムの方向へキャナライズするのにいちばん貢献したのは、民衆のすぐ近くにいるオピニオン・リーダー、小学校の教師や神官、僧侶、村役場の吏員等々の「擬似インテリ」であって、大学出の「本物のインテリ」は大衆から浮き上がっていたので、ファッショ化に抵抗しないまでも積極的ではなかったという議論である(丸山 一九六四)。これは丸山眞男の数多い言説の中でももっとも評判の悪いものの一つで、世に行なわれている丸山批判は例外なくこの議論に嚙みついている。民衆蔑視のとんでもない思い上がりだというわけである。「擬似インテリ」という命名からして悪意が秘められていることは事実である。感情的反発を別にしても、この議論が「本物のインテリ」の中にたしかにあった戦争協力を看過させる方向に働いたという批判(ダワー 一九九五)は、丸山自身の意図とは別に考えるべき論点を含んでいる。ただ、ここに示された大衆からの孤立感、そしてその奥に垣間みえる被害者意識が、戦前、戦中の体験に由来する実感に裏づけられていることは紛れもなく、そうした経験、実感は決して丸山一人のものではなかった。軍隊に徴集されて初めて大衆との距離を骨身にしみて痛感させられたという点も、大岡昇平の俘虜記ものをはじめ、戦後文学の軍隊ものに繰り返し出てくるテーマである。

それにしても、半世紀も前に日本ファッシズムの社会学的分析のための一視角として提出されただけの論点をとらえて、それがなにか丸山眞男自身の思想の本質に関わるかのように飽きもせずにあげつらう論者が絶えないのをみると、そのこと自体が日本のある種の知識人の知的硬直性を暴露しているというほかない。丸山自身は、日本ファッシズム論の問題としてはこの論点をその後まったく発展させていないし、知識人としての彼が戦後の状況の中で「本物のインテリ」の立場にこもって、「擬似インテリ」を侮蔑し続けたなどとはとうていいえない。一九七七年に初めて発表された「近代日本の知識人」をみるだけでもそれは明瞭である。

丸山はこの作品においては、近代日本の知識人のかかえる問題をいろいろ論じたあげく、近代知識人の原型として古典落語に出てくる横丁の御隠居のような「ものしり」をあげている。近代以前にモデルを求めているのがみそだが、社会学的にみればどうみてもこれは「擬似インテリ」の原型というべきであろう。他方、「本物のインテリ」の江戸時代における対応物である儒者や国学者の方も、幕府や藩への帰属意識から自由な、学者としての共属意識に基づく知的共同体を形成していたと積極的に評価されている。そこで問題は、明治以後の日本の知識人のうちに特権的集団への帰属意識と区別された普遍的知性への共属の意識が育たなかったのはなぜか、江戸の「学者先生」のような大衆的広がりをもちえなかったのはなぜか、ということになろう。それを問うことは、近代日本の国民社会全体の質を問うことに他ならない。

参照文献

磯田光一『戦後史の空間』(新潮社、一九八三年)
稲垣武『「悪魔祓い」の戦後史』(文藝春秋、一九九四年)
内田義彦・塩田庄兵衛「知識青年の諸類型」『近代日本思想史講座』第四巻(筑摩書房、一九五九年)所収
岡和田常忠「青年論と世代論――明治期におけるその政治的特質」『思想』五一四号、一九六七年四月
小田実『何でも見てやろう』(河出書房新社、一九六一年)
――『日本の知識人』(筑摩書房、一九六四年)
加藤周一『雑種文化』(講談社文庫、一九七四年)
加藤節「戦後五〇年と知識人」『世界』一九九五年一月号
加藤哲郎『モスクワで粛清された日本人』(青木書店、一九九四年)
久野収・鶴見俊輔・藤田省三『戦後日本の思想』(岩波書店、同時代ライブラリー、一九九五年)
古在由重「クラウス神父のこと」『古在由重著作集』第六巻(勁草書房、一九六七年)
――『人間讃歌』(岩波書店、一九七四年)
竹中佳彦『日本政治史の中の知識人』上・下(木鐸社、一九九五年)
筒井清忠『日本型「教養」の運命――歴史社会学的考察』(岩波書店、一九九五年)
都築勉『戦後日本の知識人――丸山眞男とその時代』(世織書房、一九九五年)
半澤孝麿『近代日本のカトリシズム』(みすず書房、一九九三年)

藤田省三『転向の思想史的研究――その一側面』(岩波書店、一九七五年)

松沢弘陽『近代日本の形成と西洋経験』(岩波書店、一九九三年)

丸山眞男『日本の思想』(岩波新書、一九六一年)

――「日本ファシズムの思想と運動」『増補版　現代政治の思想と行動』(未來社、一九六四年)所収

――「近代日本の知識人」『後衛の位置から』(未來社、一九八二年)所収

水谷三公『ラスキとその仲間――「赤い三〇年代」の知識人』(中央公論社、一九九四年)

宮村治雄『開国経験の思想史――兆民と時代精神』(東京大学出版会、一九九六年)

サイード、エドワード・W、大橋洋一訳『知識人とは何か』(平凡社、一九九五年)

サルトル、ジャン＝ポール、佐藤朔他訳『知識人の擁護』(人文書院、一九六七年)

ダワー、ジョン、梅森直之訳「日本を測る――英語圏における日本研究の歴史叙述」下、『思想』八五六号、一九九五年一〇月

ドーア、ロナルド・P、松居弘道訳『学歴社会――新しい文明病』(岩波書店、一九七八年)

ドブレ、レジス／ジーグラー、ジャン「知識人はなんの役に立つか?――屈服しないこと4」『みすず』四二二号、一九九六年五月

バンダ、ジュリアン、宇京頼三訳『知識人の裏切り』(未來社、一九九〇年)

ヒューズ、スチュアート、荒川幾男・生松敬三訳『大変貌』(みすず書房、一九七八年)

リオタール、ジャン＝フランソワ、原田佳彦・清水正訳『知識人の終焉』(法政大学出版局、一九八八年)

レーヴィット、カール、柴田治三郎訳『ヨーロッパのニヒリズム』(筑摩書房、一九七四年)

――、秋間実訳『ナチズムと私の生活――仙台からの告発』(法政大学出版局、一九九〇年)

Baldensperger, Fernand, *Le Mouvement des idées dans l'émigration française 1789-1815* (Plon, 1924)

Bell, Daniel, *The End of Ideology*(Collier, 1961)

Charle, Christophe, *Naissance des «intellectuels»: 1880-1900*(Minuits, 1990)

——, *Les Intellectuels en Europe au XIXe siècle*(Seuil, 1996)

Coleman, Peter, *The Liberal Conspiracy: The Congress for Cultural Freedom and the Struggle for the Mind of Post War Europe*(Free Press, 1989)

Debray, Régis, *Le Pouvoir intellectuel en France*(Ramsay, 1979)

Furet, François, *Le passé d'une illusion: essai sur l'idée communiste au XXe siècle* (Robert Laffont & Calmann-Lévy, 1995)

Grémion, Pierre, *Intelligence de l'anticommunisme: Le Congrès pour la liberté de la culture à Paris, 1950-1975*(Fayard, 1995)

Hofstadter, Richard, *Anti-intellectualism in American Life*(Vintage Books, 1963)

Jacoby, Russel, *The Last Intellectuals: American Culture in the Age of Academe*(Basic Books, 1987)

Johnson, Paul, *Intellectuals*(Weidenfeld and Nicholson, 1988)

Joll, James, "Introduction", Namier, Lewis, *1848: The Revolution of the Intellectuals*(Oxford University Press, 1992)

Judt, Tony, *Past Imperfect: French Intellectuals, 1944-1956*(University of California Press, 1992)

Khilnani, Sunil, *Arguing Revolution: The Intellectual Left in Postwar France*(Yale University Press, 1993)

Pomeau, René, *L'Europe des lumières*(Stock, 1991)

Rieffel, Rémy, *La Tribu des clercs: Les intellectuels sous la Ve République*(Calmann-Lévy, 1993)

Sirinelli, Jean-François, *Génération intellectuelle: Khâgneux et Normaliens dans l'entre-deux-guerres*(Fayard,

1988)
——, *Intellectuels et passions françaises: Manifestes et pétitions au XXe siècle* (Fayard, 1990)
Sternhell, Zeev, *Ni droite ni gauche: L'idéologie fasciste en France* (1983)

（『思想』八七二号、一九九七年二月）

第二章　知識人と政治——アメリカの場合

はじめに——二〇世紀の政治と知識人

知識人が政治にいろいろな形でかかわり、そのこと自体がまた政治的な意味を帯びて、権力による意図的な動員、時には弾圧や迫害がこれに対してなされたのは二〇世紀の政治の一つの特徴である。ただ、一口に知識人といってもその中身はさまざまであり、政治へのかかわり方も一様ではない。複雑で組織化された社会の運営には各種の専門知識が不可欠であり、専門知識人が専門家としての役割を果たすうちに、それに飽き足らなくなって、より広い視野から政治的・社会的発言を行なうというのが一つの形である。他方、作家や芸術家、ある種の学者やジャーナリストが、専門を超え、あるいは専門以前の幅広い教養で結びついた知的コミュニティーを形成する場合もある。狭い意味での知識人とはこの種の教養人をさすことが多い。彼らは非政治的な文化の領域で活動するのが普通で、状況によっては自覚的に実社会と縁を切ってボヘミアンとなったり、亡命して海外にコスモポリタンな文化共同体を求めたりもする。しかし政治が社会生活の全領域になんらかの形で関係する現代にあって、文化を非政治的領域としてその中にたてこもるのはなかなかむずかしい。正義、人道、人権や差別にかかわる政治問題が深刻化すると、声明を発し、ジャーナリズムで発言して政府を批判し、世論に訴え、さらには積極的に政治運動に加わる人たちもでてくる。

この種の「政治参加する」知識人のイメージは、ドレフュス事件のゾラから第二次世界大戦後のサルトルまで、フランスの知識人に典型的に付着するイメージだが、類似の現象はヨーロッパの他の諸国にも、アメリカや日本でもある時期広く見られた。ロシア革命以後、多くの知識人をひきつけたマルクス主義は党派性の教義によってこうした傾向を増幅し、恐慌と全体主義の危機にさらされた一九三〇年代、知識人の政治化は左右どちらの側でも最高潮に達した。「二つの世界」の冷戦はどちらの側の知識人にも、国家ないし体制への忠誠と知識人の立場との相克という難題をつきつけ、マッカーシズムの犠牲者や社会主義国の反体制知識人の悲劇をも生んだ。

アメリカの知識人の政治とのかかわりも、以上に述べた二〇世紀の政治の共通の文脈を有するが、他方で歴史的に形成されたアメリカ固有のカルチュアがアメリカの知識人の立場に独特の制約を加えてきた面も無視できない。本章ではアメリカ文化の中で知識人が置かれた状況を少しく歴史的に回顧した上で、アメリカ政治における知識人の役割を検討してみよう。

一　アメリカ文化の形成と知識人

アメリカの文化と知識人　アメリカ建国の父たちは概してなかなかの知識人であった。フランクリンやジェファソンはヨーロッパの啓蒙思想家と親しく交わり、フランスのフィロゾーフの尊敬をかちえた当代一流の学者であり、ジョン・アダムズやジェームズ・マディソンも古典から同時代の啓蒙思想まで幅広い教養を身につけた思想家であった。マディソン、アレグザンダー・ハミルトン、ジョン・ジェイの三者が書いた『ザ・フェデラリスト』(*The Federalist*)は実践的叡知が古典の教養に裏づけられた政治理論と有機的に結びついている点で、政治思想史上他にあまり例のない著作である。彼らと論争したアンタイ・フェデラリスツの中にもジョージ・メーソンのような論敵に劣らぬ教養人が含まれており、憲法論争は当時のオピニオン・リーダーの「理論水準」の高さを示している。要するに建国期のアメリカではある程度まで知的指導者が同時に政治指導者だったのであり、フランスの啓蒙哲学者がこの新しい共和国に熱狂した理由の一つはそこにあった。自国の政治の実際から疎外されていた彼らの間には、極端な話、アメリカにプラトンの哲人政治の実現を見るようなイメージさえあったのである。

ところが、建国期のこうしたイメージは、今日アメリカの政治や政治家についてふつう言われるところとはだいぶ違う。政治エリートと知的エリートとの距離は、ヨーロッパの方がはるかに近いというのが通説であろう。フランスの例を引くならば、レオン・ブルムやエドアール・エリオのような高等師範学校《エコール・ノルマル・スペリウール》出の文人政治家を輩出した第三共和政は「教授たちの共和国」と言われたくらいだし、第五共和政の大統領も、ド・ゴールは別格としても、ポンピドゥー、ジスカルデスタン、ミッテラン、いずれも最高の教育を受けた学者、官僚、文人という背景をもっている。今日でも、国民議会の議員には教師や医者のような知的職業の出身者が多い。官僚の世界を国立行政学院《エナ》や高等工科学校《エコール・ポリテクニック》のような超難関校出身の秀才たちが牛耳っていることはよく知られている。文人政治家の伝統とメリトクラシーの点でフランスは極端だとしても、他のヨーロッパ諸国でも政治エリートと知的エリートはある程度重なりあっている。

アメリカの大統領にもウッドロー・ウィルソンのような正真正銘の学者はおり、シオドア・ローズヴェルト、タフト、ケネディなど東部の名門大学出身者も二〇世紀には少なくないが、彼らの場合にも学校出の教養人というイメージが大衆をひきつけたとは必ずしも言えない。アドレイ・スティーヴンソンがアイゼンハワーに二度挑戦して敗れたのは、当代随一の知的政治家が第二次世界大戦の英雄の庶民的人気の敵でなかった例であり、このパターンはアンドルー・ジャクソンがジョン・クィンジー・アダムズを破った一八二八年の大統領選挙にまで遡る。上下両院の議員や州政治のレベルでも、むろん地域による違いはあるが、概して知的教養人のイメージは票を集める要素ではないことが多い。

その他多くの公職についても、官僚制の比重が低く、公選ないし政治的任命のものが多いから、メリット・システムは採用されにくい。国務省や国防総省に「ザ・ベスト・アンド・ザ・ブライテスト」が集まり、大統領補佐官に専門家が動員されるようになったのは比較的最近のことである。上級ポストの政治的任命はケネディがガルブレイスやライシャワーを大使に任命したように、学者の動員を可能にする場合もあるが、選挙キャンペーンの露骨な論功行賞に利用されることも少なくない。アイゼンハワー政権の下で素人大使となったある実業家は、上院の公聴会で任地の首都の名も答えられなかったという話が残っている。

このように、職業政治家は概して知的人間とは別の類型に属し、知識層は政治文化の中で孤立しているという建国当時とは対照的なイメージが成り立ったのは、一九世紀の政治発展がアメリカ固有のカルチュアの形成に決定的な意味をもったからである。二〇世紀における知識人の政治への関与はある意味で一九世紀に形成された「反知性主義(anti-intellectualism)」のカルチュアに抗し、かつその不断の制約の下になされたと言ってよい。

一九世紀の政治発展と反知性主義　憲法上の制度に大きな変更がなく、思想的にもたえず「建国の理念」が引照されるという点では、アメリカは世界でもめずらしいほど歴史の継続性の高い国である。反面、政治社会の中身、いわばそのボディ・ポリティックとしては、今日のアメリカ合衆国は建国時とはまったく別の国と言ってよい。大西洋岸の一三州、人口四〇〇万足らずの辺境国から、ハワイ、アラスカを含む五〇州、人口三億を超える超大国への規模の拡大はもとより、人種、宗教構成の点でも今日の多民族国家アメリカはクレヴクールが「新しい人種」と呼んだものからかけ離れている。世界史にも稀なこの急激な拡大・発展はルイジアナ買収から米西戦争まで、ほぼ一九世紀を通じて起こったことであり、アメリカ固有のカルチュアや国民性と言われるものもこの時期に形成された部分が大きい。

旧世界から相対的に隔絶し、アメリカ社会の独自の特質が形成されたこの時期の発展を規定した決定的な要因は、ターナーが述べたように西漸運動であり、またこれを間接的に促したヨーロッパからの移民の不断の流入であった。「丸太小屋からホワイトハウスへ」というコモン・マンのデモクラシー、「成功の夢」が万人をとらえた経済発展はこの二つの人口学的要因の上に成り立った。

厳しい自然環境の中で野獣や先住民と戦いながら未開の地を開くのは、気力と体力だけでなく、ある種の実際生活上の知恵、また独立自尊の精神と同時に仲間と協力する社会性を必要としよう。ただ、その種の知恵や社会性は書斎や学校で得られる教養、上流社会の社交とは別物であり、デヴィー・クロケットを英雄視するような西部の開拓者たちが東部の教養階級を異物のように見るのは自然の成り行きであった。また、ニューイングランドに典型的なように、植民地時代の移住者が中産階級出身の宗教的少数者で比較的教育もあったのに対して、一九世紀のヨーロッパからの移民は多くが新大陸に成功の夢を追う貧困層で、英語を母語としない人々の比率も大きかった。世紀後半の飛躍的な工業化と都市化の中で、大都市のスラムに集積したこれら新移民をアメリカの政治社会に統合していったマシーン政治家は、知的にも道徳的にもあまり上等なイメージをもたれなかった。

要するに、一九世紀に進んだ政治的平等化は、西部の自営農民や開拓農民、東部の都市民衆といった新しい社会層を基盤にした政治勢力が、ニューイングランドの知的エリートや南部のプランターといった伝統的支配層にとって代わる過程であった。この趨勢の中で、名門出の教養人がノブレス・オブリージュから政治を導くという観念は次第に薄れていった。

コモン・マンの進出の前に伝統的な支配層が地歩を失っていくプロセスは、ジェファソン政権の成立にすでに始まるとも言えるが、その趨勢を決定的にしたのはジャクソンの時代である。「戦える男(the man who can fight)」が「ものを書ける男(the man who can write)」に勝ったと言われたジャクソンのジョン・クィンジー・アダムズに対する勝利はこの変化を象徴するものであり、ジャクソン政権下に定着した猟官制は、多くの公職を伝統的な名望家層、教養層の独占から開放した。この時代のアメリカを旅したフランスの貴族アレクシ・ド・トクヴィルがアメリカ社会を「境遇の平等」の一語で特徴づけたことはよく知られているが、その場合、彼はアメリカにもともと貴族制、封建制が欠如しているという歴史的条件だけでなく、建国時に存在したニューイングランドやヴァージニアの「知的アリストクラシー」がもはや崩壊したという変化をも指摘していた。

南北戦争後の「金ぴか時代」の急速な工業化、都市化の進行とともに、ジャクソン時代の素朴な平等主義は過去のものとなる。しかし、新興の成金階級が羽振りをきかし、都市にマシーン型の政治が定着し、思想的には社会進化論が猛威をふるった一九世紀後半の趨勢は、伝統的な知的エリートをますます政治の舞台から遠のかせた。ジョン・クィンジー・アダムズの孫、ジョン・アダムズの曽孫に当るヘンリー・アダムズが、一国の指導者たるべき教育を受け、事実政治に志しながら、ついにワシントンに所を得ず、歴史家として生涯を終えた事実は、一九世紀におけるアメリカの政治文化の変化を象徴するものとしてよく語られる。

二　専門知識人の政治関与

革新主義の運動　一九世紀を通じて進行した知的エリートと政治との乖離の傾向を逆転させ、新しい世代の知識層を政治的・社会的改革運動に立ち上がらせたのが、革新主義(Progressivism)の運動であった。革新主義の歴史的解釈にはさまざまな考え方があるが、それが既成政党間の優劣の逆転のような狭義の政治的変化にとどまらず、政治のシステムそのものを旧来の職業政治家の外に広げ、広範な市民を巻き込む改革運動であったことは事実であり、その中で知識層や専門家の政治への関与が広がるのは自然であった。

革新主義の運動が知識人、あるいは知的な専門家を政治に広くかかわらしめた背景にはいくつかの理由が考えられる。まず、急激な都市化、工業化のもたらした社会問題それ自体が、旧来のマシーン政治や上流階級の慈善活動では解決できない複雑さ、深刻さを増していたことが挙げられよう。一八八〇年代からシカゴでセツルメント活動を続けてきたジェーン・アダムズのような社会改良家たちは、革新主義の改革運動の有力な推進者となってゆく。ジャーナリズムの政治批判が政治変動の先ぶれとなるのはよくあることだが、リンカン・ステフェンズはじめ、「マクレーカー(Muckrakers)」と呼ばれた記者たちによる都市の腐敗や企業の暗部に対する告発、暴露記事はその古典的な例である。ハーバート・クローリーの『ニュー・リパブリック』(*The New Republic*)は革新主義の改革を支持する知識人の発言の場として代表的な雑誌となった。

労働問題にしろ都市問題にしろ、革新主義の運動が取り組んだ政治的・社会的諸問題は、資本主義の高度組織化とアメリカ社会の構造的変化に由来するだけに、既得権益や支配層を攻撃するだけではすまず、専門知識を動員し、新しい社会戦略に立って問題の解決にあたらねばならなかった。革新主義の運動は、政治や行政にそうした形で専門家が積極的にかかわった点でも、二〇世紀の一つの傾向の出発点である。政治学者のチャールズ・メリアムが、自身、市会議員としてシカゴの市政にかかわったのはよく知られた事例だが、専門家の組織的動員としてとくに注目されるのは、ラ・フォレットの下におけるウィスコンシン州政治の場合である。革新主義の代表的政治家として二〇世紀初頭のウィスコンシン州の政治に君臨したラ・フォレットは、マディソン市のウィスコンシン州立大学の教授たちを中心とする専門家を政策の立案に組織的に起用し、後のニューディール期のフランクリン・D・ローズヴェルトによる「ブレイン・トラスト」の積極的活用の先駆けとなった。

プラグマティズム――革新主義の哲学　政治や行政の要請に応えて専門家が積極的に政治にかかわったということは、そうした要請に応えられる専門家が育っていたことを意味する。この点でアメリカの大学がかつての紳士養成機関から、大学院を充実させた専門家養成の研究機関に転換していた事実は見逃せない。ドイツの大学を模した大学院教育への転換は一八七〇年代のジョンズ・ホプキンズ大学に始まるが、一九世紀末には同様の変化が東部の名門大学の多くにいきわたり、さらにスタンフォードやシカゴのような新興大学もその後を追った。

大学教育の充実を背景に世紀転換期のアメリカは、社会学、政治学、心理学等種々の分野でヨーロッパ追随を脱したアメリカ独自の学問を確立しつつあった。そして、アメリカの社会学の一つの源泉が移民社会の実証的研究にあり、この時期の政治学が革新主義の改革運動と密接につながっていたように、これらアメリカ独自の社会諸科学は実用的・応用科学的性格が一様に強かった。そして、まさにこの時期に完成された真にアメリカ的な哲学、プラグマティズムは個別科学を超えて、アメリカの学問一般の実用主義的性格を基礎づけた。とくに真理の有用性を強調するデューイの「道具主義」が理想に燃えた若い知的エリートを刺激し、社会改良に立ち上がらせたことは疑いない。

一九三〇年代になると、デューイの改良主義は階級支配の現実を直視せず、個人の理性と教育にのみ訴え、科学にすべてを委ねる楽観主義だという批判(たとえばラインホールド・ニーバー『道徳的人間と非道徳的社会』〔Reinhold Niebuhr, *Moral Man and Immoral Society*, 1932〕）がなされるが、革新主義の哲学としてその影響は決定的である。アメリカ人が権威に頼らず、個人の理性ですべてを判断し、抽象理論に目もくれず、学問の実用を重んじることはすでにトクヴィルが鋭く見抜いていたところだが、プラグマティズムはこうしたアメリカ人の独自の思考様式に哲学的表現を与えたものと言えよう。知識人の政治参加は二〇世紀の世界的傾向だが、知識をそれ自体として重んじる人文主義的伝統の強いヨーロッパの知識人と違って、アメリカの知識人に専門知識を具体的に社会の改良に役立てようとする志向が強いのは、哲学の違いのためであろう。

知識人の政治化　以上は政治にかかわる知識人の側の主体的な条件だが、政治の側が知識人に政治への回路を開いたことも事実である。一つには革新主義が旧来の代表制、政党制のシステムを一般有権者に開放する直接民主主義の運動を伴っていたこともあるが、全国レベルの有力政治家の中に自身、知的背景をもち、また専門知識人を周辺に集める魅力をもった政治家が輩出したことも見逃せない。シオドア・ローズヴェルトは東部の名門に生まれ、ハーバード大学を卒業した「しゃれ者」（デュード）でありながら、同時に牧場主としての力のイメージを米西戦争において如何なく発揮し、知性と政治との背反という一九世紀的偏見を断ち切った。プリンストン大学学長を務めたウッドロー・ウィルソン、イェール出の法律家でのちに最高裁首席判事となった前大統領ウィリアム・タフト、そして革新（進歩）党のシオドア・ローズヴェルトの三人が争った一九一二年の大統領選挙は、革新主義の時代の知識人の政治化の頂点と言えよう。

革新主義の運動はアメリカの知識層の理想主義と政治的関心を覚醒し、そこに見られた知識階級のさまざまな形の政治への関与は、狭義の革新主義時代を超え、ニューディール期やケネディ政権の時代にも繰り返されるパターンの原型をなしている。その意味で、革新主義の時代に出発し、知識人としてその後も政治に一貫して発言した人々の中でも、もっともアメリカ的な知識人を求めるならば、おそらくウォルター・リップマンを挙げることができよう。富裕なドイツ系ユダヤ人の家系(三世)に生まれ、ハーバード大学を優秀な成績で卒業したリップマンを同級のジョン・リードが「未来の大統領」と紹介したという挿話は、革新主義時代の知的雰囲気を伝えるものとしてよく知られている。しかし、リンカン・ステフェンズやハーバート・クローリーに導かれてジャーナリストの道を選んだリップマンは、情報理論の古典となった名著『世論』(*Public Opinion*, 1922)をはじめ、社会哲学の高度な著作を次々に世に問うかたわら、独立のコラムニストとして『ワシントン・ポスト』、『ニューヨーク・ヘラルド・トリビューン』等の高級紙に論陣を張り、日々の問題を論じた。ワシントンの政界上層部に通じ、正確な情報と確固たる理論的立場に立って世論に方向を与えようとする彼の健筆は、晩年のベトナム戦争批判にいたるまで、アメリカの知識層に多大な影響を及ぼした。一貫して政治の中枢近くに位置し、政策決定に影響を及ぼすこともあった反面、ケナンとの封じ込め政策をめぐる論争やベトナム戦争批判のように、必要とあらば権力への批判も辞さなかった。その言論活動は、テレビ時代の「コメンテーター」にいたるまで、アメリカのジャーナリストに一つのモデルを示したと言ってよい。

ニューディール以後の政治と専門知識人の動員　革新主義の運動は資本の独占・集中、産業社会の組織化、都市化といった社会の構造変化に由来する深刻な経済的・社会的問題に対して、アメリカ民主主義を活性化することで対応しようとした改革運動であった。この時期に活性化した知識人の政治への関与、社会改革の姿勢は、「平常への復帰」が叫ばれた一九二〇年代に一時行き場を失うが、三〇年代にはより大規模に復活する。国内にあふれた貧困と失業、国外にはファッシズムの脅威という二つの挑戦に立ち向かったニューディールを通じて、専門知識人の政治へのかかわりはより組織的になり、いわばアメリカ政治のシステムに構造化されたと言えよう。

レクスフォード・タグウェルやハリー・ホプキンズのような大統領側近の活躍は「ブレイン・トラスト」の新語を生み、以後、大統領や州知事にとってすぐれた専門家を動員することは決定的に重要となった。ケネディ政権におけるアーサー・シュレジンガー二世、マクジョージ・バンディのように大統領の演説草稿を書き、政権の新しい方向を示すのに大きな役割を演じた学者、専門家は数多い。レーガン政権は、従来民主党リベラル派の政権に著しかった学者、知識人の動員を保守の側から行ない、サプライサイダーの経済学者を登用し、「新保守主義者」(ネオ・コンサーヴァティヴ)のリベラリズム批判を力づけた。

ニューディールが新たに起こした社会福祉や公共事業は、トップレベルの政策助言者にとどまらず、行政機関に多くの若い知的エリートを参加させることになった。実際、ニューディールはアメリカの連邦レベルの行政機構を飛躍的に拡大する契機となり、この傾向は戦時体制においてさらに増幅される。戦時中の「戦略情報局(OSS)」は戦後CIAとしてアメリカの世界戦略の不可欠の要素となり、冷戦の継続は国務省や国防総省の充実にとどまらず、ホワイトハウスに国家安全保障会議や経済諮問委員会を常設させることとなった。キッシンジャーの活躍によって広く知られるにいたった大統領補佐官の制度を含めて、これらホワイトハウス直属のポストは省庁の官僚機構を超えた専門的人材の登用に道を開いた。

政策科学とシンクタンク　政治や行政の側に専門家への需要が高まるのに呼応して、大学や研究機関の側にこれに応える変化があったのは当然である。革新主義時代以来アメリカの社会科学が応用科学、政策科学を志向していたことはすでに述べたが、ニューディールの社会改革はこの傾向をいっそう増幅した。

経済学の政策志向は一九三〇年代以来世界的傾向だが、アメリカが超大国化するとともに重要になったのが、国際政治や地域研究の分野である。アメリカの国際政治学は一九三〇年代の国際的危機に対応し、ハンス・モーゲンソーのような亡命学者を理論的支柱に、前代のウィルソン外交の理想主義を批判する現実主義として形成された。国際政治学に限らないが、三〇年代に大量の亡命学者がヨーロッパ大陸から流入したことは、アメリカの学問に大きな刺激となったし、戦争の遂行、戦後の占領政策にはこれらの亡命知識人の情報面での協力が欠かせなかった。戦後の冷戦期には、国際政治学はソ連研究やその他の地域研究と並んで国策科学的様相を帯び、膨大な研究費と人材が投入され、政府の諮問や政策需要に応えた。キッシンジャーやブレジンスキーの活躍はこうした蓄積の延長に生まれたものである。

政治との距離が縮まり、学問自体も核戦略論のように実践的でかつ巨大科学化すると、大学のような伝統的研究機関では機動性に欠ける面が出てくるのは当然である。そこで、戦後いちじるしく重要性を増したのが、優秀な人材と巨額な研究費をより機動的に運用し、政策需要に応える民間の研究所、いわゆるシンクタンクである。民間企業に経営戦略を売るのを主眼とする小規模のシンクタンクは早くからあるが、公共部門の委託研究を大規模に行ない、政党や有力政治家と結んで、ときには国家の政策に大きく影響するようなシンクタンクの活動は近年のものである。

一九二〇年代、三〇年代に設立されたフーバー研究所やブルッキングズ研究所、戦後は代表的なランド・コーポレーションをはじめ多くのシンクタンクがワシントンや地方の研究都市に拠点を置いて、政府や政党の政策需要に応え、人材を提供している。中には政治色鮮明なものも少なくなく、六〇年代のブルッキングズ研究所は民主党系の、フーバー研究所は共和党系の代表的シンクタンクである。六〇年代後半以降、アメリカン・エンタプライズ研究所、ヘリテージ財団など共和党右派系の新しいシンクタンクの活動が目立ち、レーガン時代は新保守主義のイデオローグとともにこれらのシンクタンクが政権中枢に影響を及ぼした。

三　批判的知識人の系譜

政治的前衛と文化的前衛　前節では知識層が専門を通じて政治に関与する場合を主として述べたが、専門技術を超えたより普遍的な見地から政治の現実を批判し、ときには急進的な反体制運動に身を投じる知識人もある。社会主義や共産主義の運動はアメリカでも一時期批判的知識人を引きつけた。それらの思想運動は労働者や貧困大衆に訴えるだけでなく、マルクス主義に顕著なように、ブルジョワ文化のトータルな批判をも試みたから、作家や芸術家の前衛的文化運動とも時に交錯した。アメリカにおける批判的知識人の系譜はエマソンにまで遡れようが、知識人が集団として政治や文化における急進的運動にかかわったのは、やはり革新主義の時代が始まりであろう。

革新主義運動の理想主義は中産階級出身の知識層を幅広くとらえたが、それ自体のイデオロギーはアメリカの政治的伝統に訴える要素が強く、急進的、前衛的とは言えず、革命運動とは一線を画するものであった。ただ、社会全体に改革の雰囲気が高まったこの時期、社会主義政党が政治的に進出し、労働運動が社会に確固たる地歩を築いたのも事実である。ユージン・デブズの指導の下、アメリカ社会党は飛躍的に組織を伸ばし、一九一二年の大統領選挙では一〇〇万票近い票を得ている。アメリカの社会主義運動は元来ドイツ系やイタリア系などヨーロッパからの移民層を主たる基盤としており、知識階級に訴えるものでは必ずしもなかった。サミュエル・ゴンパーズのような労働運動の指導者は、それ以上に知識層を敵視していた。

しかし、この時期になると革新主義によって理想主義を呼び覚まされた若い知識層の中にも、社会主義や無政府主義に感化されるものが少なからず出現した。エンマ・ゴールドマンのような無政府主義者に導かれ、ロシア革命に衝撃を受けた知識青年の中には、アメリカ民主主義の枠をはるかに超える急進的左翼運動に身を投ずるものもあった。第一次世界大戦直前、『マッシズ』誌（*The Masses*）によってあらゆる既成権威を批判する急進的主張を展開したマックス・イーストマンは、反戦論のために防諜法の告発を受け、ボルシェヴィキ革命を支持してアメリカ共産党の創設にかかわる。ロシア十月革命の臨場報告として名高い『世界を揺るがした十日間』を著したジョン・リードや作家のフロイド・デルも彼の仲間であり、前述したリップマンも大戦前のごく短い時期、似たような位置にあったと言われる。「ニュー・インテレクチュアルズ」と呼ばれたこれら才能と野心にあふれた若い知識人たちはニューヨークのグリニッチ・ヴィレッジに集まり、政治や社会の問題だけでなく、文化、芸術の領域でも権威を否定し、前衛的な主張を展開した。

革新主義の時代に高揚したアメリカ知識人の理想主義や改革への熱意は、第一次世界大戦を経て一九二〇年代に入ると、一転した保守的な雰囲気の中で行き場を失う。「一四カ条の提言」にみられるウィルソン政権の理想主義的な戦後処理案がパリ講和会議で葬られるや、アメリカの世論は孤立主義に立ち戻り、「平常への復帰」の掛け声の下、経済的繁栄が謳歌される。自動車や各種の耐久消費財が普及し、ラジオ、映画など当時の「ニュー・メディア」が本格的に生活文化の中に位置を占め、「消費者は王様」という享楽主義が肯定される。それは文字通り大衆消費社会の早熟の出現であり、画一的な大衆文化と物質主義の氾濫の中で、知識層は孤立感と違和感を強める。禁酒法や南部で猛威をふるった進化論の排撃など、時代の享楽主義に対する保守的中間層の道徳主義的、あるいは原理主義的な反発は、反知性主義の伝統の根強さを実感させた。シンクレア・ルイスが『メイン・ストリート』(*Main Street*)や『バビット』(*Babbit*)で小都市の文化的貧困や田舎紳士の俗物性を皮肉に描いたことは知的読者の喝采を浴び、『アメリカン・マーキュリー』誌(*The American Mercury*)を本拠にアメリカ文化の通俗性を斬ったジャーナリスト、H・L・メンケンはこの時期、知識層にもっとも影響力のある人物となった。

政治的にも、戦争が喚起した挙国一致的雰囲気は戦後に赤狩り旋風の後遺症を残し、社会主義者や無政府主義者は非アメリカ的なものとして迫害された。イーストマンやリードのような左翼知識人はこうした雰囲気に反発していっそう急進化し、ボルシェヴィキ革命にさらに接近するものもあったが、その多くはやがてソ連の社会的現実や政権内部の権力闘争に幻滅していく。

芸術、文化の前衛たちはグリニッチ・ヴィレッジにボヘミアを形成し、エドマンド・ウィルソン、T・S・エリオット、さらにヘミングウェイに代表される「失われた世代」の作家たちなど、本物の文化と芸術を求めてヨーロッパに渡るものも多かった。アメリカ文化の低俗を嫌ってヨーロッパの高踏的文化に憧れるのは、ワシントン・アーヴィングからヘンリー・ジェームズまで多くの前例があるが、一九二〇年代は一つの世代に属する主要な作家が相次いで祖国に背を向けた点で異例であった。空前の好景気と大衆消費社会の展開の中で、知識人が疎外感を強め、大衆文化と高級文化との亀裂、ヴァン・ワイク・ブルックスのいわゆる「ロウ・ブラウ」と「ハイ・ブラウ」との断絶が鋭く意識されたのがこの時代である。

知識人の左傾　しかし、こうした雰囲気は一九二九年一〇月のニューヨーク株式市況の暴落に始まる恐慌によって一変し、国内に貧困と失業があふれ、国外からはファッシズムの台頭の脅威にさらされた三〇年代、アメリカの知識人はかつてないほど政治化し、その一部はマルクス主義にひかれ、共産主義の運動に身を投じていった。むろんすべての知識人が左翼化したわけではないが、コミュニストやトロツキストからニューディール左派にいたるまで、ビッグ・ビジネスを敵視し、反ファッシズム共同戦線を張る意識が知識人に幅広く浸透したことは事実である。

一九三〇年代における知識人の左傾には、資本主義の全般的危機とファッシズムの台頭、コミンテルンの人民戦線路線やスペイン内戦といった世界的背景があり、やがてソ連における粛清や独ソ不可侵条約が多くの「同伴知識人」を左翼運動から離反させたのも、アメリカだけのことではない。こうした条件を前提にした上で、アメリカに独自の点、アメリカ史における意義を考えるならば、次のようなことが言えよう。

第一に、共産主義やマルクス主義それ自体は外来のものであっても、これに同調したアメリカの知識人の意識には多分に革新主義以来のアメリカの進歩的伝統の延長という面があったことである。シンクレア・ルイスやドス・パソスなど多くの作家が共産党員やそのシンパとなり、『ニュー・リパブリック』や『ネーション』(*The Nation*)の論調が人民戦線路線に接近した背景にはそうした意識があった。デューイも一時トロツキーを支持し、その弟子シドニー・フックはアメリカにおける最初の創造的なマルクス研究者として、プラグマティズムとマルクス主義との接点を探し求めた。アメリカ共産党自体、「共産主義は二〇世紀のアメリカニズムである」というスローガンを掲げて、そうした意識を自覚的に利用しようとした。もっともそれが長期的に成功したかは疑わしく、ローズヴェルト政権の米ソ協調時代が過ぎると、共産主義の同調者はなによりもその「非米活動」を追及され、ソ連のスパイと疑われることになる。

第二に、従来のワスプ(White Anglo-Saxon Protestant の略、WASP)主体の正統派知識人とは異なる社会層の出身、とくにユダヤ系の作家や学者がアメリカの知識社会に進出したことである。リップマンをはじめユダヤ系知識人の活躍は散発的にはすでに珍しくなかったが、移民二世がニューヨーク市立大学やコロンビア大学に大量に入学し、学者や作家として世に出てゆくのはこの時期からである。くわえて一九三〇年代にはヨーロッパからの学者、知識人の大量の流入があった。そのすべてがユダヤ人であったわけでも、全部がマルクス主義者であったわけでもないが、マルクス主義にしろ、フロイト主義にしろ、ヨーロッパの哲学や社会科学がアメリカの学界に根づくのに、亡命学者の貢献ははかり知れない。アドルノ、ホルクハイマーらのフランクフルト学派、カッシーラーのような哲学者、ジークムント・ノイマンやハンス・モーゲンソー、レオ・シュトラウス、ハナ・アレントなどの政治学者と、その後のアメリカの学界に多大な影響を及ぼしたユダヤ系の移住学者を挙げればきりがない。『パーティザン・レヴュー』(*The Partisan Review*)や『コメンタリー』(*The Commentary*)といった雑誌はユダヤ系知識人を中核とする「ニューヨーク・インテレクチュアルズ」の活躍の場として、アメリカの知識世界に独自の位置を占め、その論調は今日では新保守主義色が強いが、もとを質せば三〇年代の左翼雑誌であり、『パーティザン・レヴュー』はその名の通り、初めはコミュニストの雑誌として出発し、次いでトロツキスト系になったものである。

マッカーシズム　冷戦下の国際的緊張の下で、反共主義のコンフォーミズムが全米をおおった一九四〇年代末から五〇年代にかけて、左翼知識人のみならず、ニューディールを担ったリベラルな立場の学者、専門家までもがマッカーシズムの標的となって、困難な立場に立たされたことはよく知られている。アルジャー・ヒスやローゼンバーグ夫妻のスパイ裁判、国務省の「縞ズボンの連中」に対するジョゼフ・マッカーシー上院議員の告発、「交際の罪」を立証しようとする非米活動委員会での苛酷な追及、そして忠誠誓約を拒否したための多くの学者、公務員の失職。ハリウッドの映画人をも襲った赤狩り旋風に対して、外の共産主義と対決しつつ、内に自由主義の原則を守る態度を貫いた知識人は必ずしも多くはなかった。

共産側のイデオロギー攻勢に対抗して組織された知識人の国際組織〈文化の自由のための国際会議〔The Congress for Cultural Freedom〕〉とそのアメリカ支部〈文化の自由のためのアメリカ委員会〔The American Committee for Cultural Freedom〕〉は、ニーバーやシュレジンガー二世のようなリベラルからジェームズ・バーナム、ドワイト・マクドナルドのような元トロツキストまで当時の代表的な知識人を結集したが、共産主義の脅威に敏感なあまり、国内の反共ヒステリーから自由を守るのにはさほど熱心でなかった。これらの組織はのちにＣＩＡの資金流入が明らかになると、脱会者が相次ぐことになる。

マッカーシズムの病理現象は今日から見れば一時的現象のように見えるかもしれない。たしかにこれをもってアメリカ社会全体が全体主義やファッシズムに汚染されたと見るのは大げさにすぎよう。ただ、それが一部のデマゴーグの扇動によるだけでなく、広範な世論の支持を得たという点も忘れてはならない。その背景にはホーフスタッターが分析したように、アメリカの大衆に根強い東部エスタブリッシュメントを構成する知識階級への反感があり、またリースマンのいわゆる「他人志向」型人間類型に特徴的なコンフォーミズムが働いていた。

一九六〇年代急進主義　ケネディ政権の登場に始まる一九六〇年代は一転して学者、知識人、その影響を受けた学生たちが政治に燃えた季節である。シュレジンガー二世をはじめとする民主党リベラル派の学者が政権に協力し、公民権運動は「民主的社会のための学生（ＳＤＳ）」の運動に見られるように、学生、青年の理想主義に火をつけ、黒人運動の指導者マーティン・ルーサー・キング二世を国民的ヒーローとした。けれども、ベトナム戦争が泥沼化するにつれて、反戦運動、黒人解放運動は急進化し、一九六四年のカリフォルニア大学バークレー校に始まる学生の反乱は六〇年代末から七〇年代にかけて全米のキャンパスに吹き荒れた。

反戦運動の広がりは、一九六八年のユージン・マッカーシー、七二年のマクガヴァンと民主党の平和候補をおしだした反面、民主党の従来の支持基盤に分裂をもたらした。女性や少数民族の自己解放運動を含めて、これら六〇年代の急進主義は、進歩的で指導力のある政権に知識人が方向を与え専門家が協力するという、革新主義以来の改革運動の枠組から大きく踏み出るものであった。ヘルベルト・マルクーゼの管理社会批判に共鳴した若者たちは、政治や経済の支配構造を攻撃するだけでなく、アメリカ文化の総体に反逆し、市民道徳を侮蔑し、ヒッピーの共同体、麻薬やフリー・セックスに自己解放を求めるものもあった。女性解放運動の急進的な部分が「父権制」の名の下に従来の思想や学問の男性中心主義を十把一からげに批判し、マイノリティーの解放運動が白人中心主義の盲点を衝いたように、六〇年代の急進主義は既成の学問や思想のあり方へのトータルな批判を含んでおり、専門諸学の内部でも、政治学における行動主義批判、「ラディカル・ソシオロジー」の提唱、新左翼の歴史学など、既存の学問を激しく攻撃する新しい潮流が渦巻いた。
こうした批判は従来の知識人や専門家のあり方を厳しく問い、リベラル派の知識人の中に亀裂を生ぜしめた。そこには学問の批判性を回復し、従来の知のあり方の盲点を衝く積極性がたしかにあったが、批判を受けたものの中にはこれを左翼の側からの反知性主義と受け取り、文化の伝統を守る意味での保守主義に立場を移すものもあった。コーネル大学の学生反乱に深い衝撃を受けたアラン・ブルームは、のちに、一九六〇年代の急進主義が「アメリカン・マインドの終焉」をもたらしたと激しく攻撃した。

新保守主義の登場　一九八〇年代のレーガン政権の登場にはさまざまな背景があるが、知的・イデオロギー的背景として六〇年代の急進主義や対抗文化に対する「バックラッシュ」が時代の保守的雰囲気を醸成したことは見逃せない。レーガン政権の時代は「モラル・マジョリティー」に代表されるような中産階級の伝統的な道徳感情が動員されただけでなく、保守派の知識人が一致して政権を支持し、リベラリズムにイデオロギー攻勢をかけたという点で特徴的であった。
ただし、保守主義のイデオロギーそれ自体は一つではない。シカゴ学派の経済学説、シュトラウス学派の政治哲学、ダニエル・ベルに代表されるようなリベラリズムから転向した新保守主義など、相互にかなり異質でもあり、レーガンの政策にそれらの主張が忠実に反映されたわけでもない。戦後、保守派の論客としては五〇年代に『ナショナル・レヴュー』(*The National Review*)を創刊したウィリアム・バックリー二世が代表的であり、ラッセル・カークによるバーク以来のヨーロッパ保守主義の再評価の試みもあった。しかし、「大きな政府」批判と「文化の解体」への危機感を共通項に、さまざまな立場の保守主義が広い範囲の知識人を捉えたのは、六〇年代の経験抜きには理解しえないであろう。

四　現代アメリカの知的世界

理論と応用・実践　今日のアメリカ政治においては、政治学、経済学、社会学など各種の専門学者が大学や民間の研究所で現状分析や政策論を行なって政治家に助言し、みずから政策スタッフとしてホワイトハウス入りすることは珍しくない。そうした経験の後に大学その他の研究機関に戻って学究生活を再開するのに制約も少ないし、官僚や実務家が大学に迎えられることも多い。こうした人材の交流を通じての専門家の政治への影響は、フランスや日本などと比べると、ある程度まで官僚制の代替、ないし補完機能を果たしている面がある。政府や行政が専門家の助言を求めることは、日本でも「審議会政治」や「ブレイン政治」として珍しくはないが、実態は官僚主導の場合が多い。アメリカでは行政機構と大学その他の民間部門との間の人事障壁が低く、政党ないし政治家個人が政策スタッフを求め、学者も政党支持を明らかにして協力を惜しまないといった条件がこうした傾向を強めている。『フォーリン・アフェアーズ』(*Foreign Affairs*)のような学者と実務家が共通の場で論じ合う雑誌メディアが多いのもアメリカの特徴である。

この点を裏返して言えば、学問の側が常に応用と実践を意識しているということでもある。一見理論的、基礎科学的に見える学問論争も、アメリカでは政治的含意をもつことが少なくない。ハイエクやフリードマンの執拗なケインズ学派批判はその典型的な例である。もう一つ近年の例を挙げれば、ジョン・ロールズの『正義論』(*A Theory of Justice*)以来、政治哲学の分野で激しく戦われている自由主義論争は、日本ではもっぱら抽象的でアカデミックな哲学論争と受けとめられている嫌いがあるが、アメリカの現実においては、ニューディールから公民権法にいたる自由主義の新しい傾向を哲学的にどう基礎づけるかにかかわり、積極的差別是正措置のような具体的争点に直結する問題でもある。

また逆に、具体的政策に直接かかわる実践的争点が理論的、哲学的に問われ、学界や論壇を賑わすことも多い。「封じ込め政策」をめぐるケナン＝リップマン論争から近年のサミュエル・ハンティントンの「文明の衝突」をめぐる論争まで、アメリカの知識人の言論は戦後アメリカ外交の方向づけに少なからぬ役割を果たしてきた。チャルマーズ・ジョンソン以後の日本研究におけるいわゆるリヴィジョニストの主張は、研究の視点の転換だけでなく、アメリカの対日政策の修正を求めるものでもあった。

もっとも、学者の理論が特定の党派の政策の基礎づけに用いられたからといって、実際の政策が理論通りに実施され、効果が上がるとはかぎらない。レーガノミックスの理論的支柱とされたフリードマンはレーガンの経済政策の惨憺たる結果を前にして、「これがマネタリズムなら私はマネタリストではない」と言ったという。

知的エリートとパワー・エリート　学者、専門家と政治の現場との距離が近いことは学問の現実離れを防ぐ効用がある反面、ある場合には知識人本来の批判精神を奪い、知的エリートを支配者の補完物にするだけだという批判を生むであろう。この種の批判はある意味で一九世紀以来のポピュリスト的反知性主義に通じる面もあるが、二〇世紀にあっては六〇年代以後むしろ左翼急進主義の立場から提起されてきた。ライト・ミルズの『パワー・エリート』(*The Power Elite*, 1959)はそのもっとも早い定式化であり、彼の後を追った新左翼系の若者たちが、種々の学問分野で既成の学問的権威を鋭く批判したことはすでに述べた。左翼急進主義は今日アメリカ社会全体にはさほど大きな力をもっていないが、六〇年代に始まる既存の学問や知の体系に対する批判は、フーコーなどの影響も受けて、今日の「多文化主義(multiculturalism)」にいたるまで、大学のキャンパスでは激しい論争の主題となっている。

多文化主義は、既存の学問体系を白人男性文化の偏重と批判し、女性や少数民族、非ヨーロッパの文化や価値意識を尊重し、これを大学のカリキュラムに反映させようとする運動である。少数集団に対する偏見や差別的言辞の糾弾を行なう「政治的適正(Political Correctness：ＰＣ)」の運動とも連動して、研究、教育のあり方に大きな問題を投げかけている。もちろん反発も強く、これを、大学に職を得たかつての急進派学生の陰謀、「左翼マッカーシズム」の言論統制と危機感をもつものも多い。人種構成の多元化が事実いっそう進んでいるだけに、シュレジンガー二世のような伝統的リベラルは、多文化主義の主張がアメリカ社会の解体を決定的に推し進めるとして、強く反発している。

今日アメリカ政治における知識人のさまざまな活動を見ると、一九世紀の知的エリートやマッカーシズム期の知識人が感じた大衆からの孤立感は過去のものになりつつあるようにも思われる。政治や外交における専門知識の組織的動員が進むとともに、ある種の専門知識人はアメリカの政治システムの欠かせない一部となった。一九三〇年代や六〇年代におけるようなトータルな反体制運動は力を失ったとはいえ、批判的言論が影をひそめたわけではない。アメリカの論壇の現状は全体としては保守的な雰囲気が強いとしても、エドワード・サイードのような第三世界の知識人に活躍の場を与えているのもアメリカの大学、ジャーナリズムである。

多文化主義をめぐる論争が示すように、保守派知識人の間には大学における左翼思想の浸透に過剰ともいえる危惧をいだくものもある。ダニエル・ベルはかつて「イデオロギーの終焉」を唱え、その予測は社会主義や共産主義の呪縛に関してはあたったとしても、新保守主義のリベラル批判それ自体ある意味でイデオロギーの復興であった。社会主義の崩壊によって、ヨーロッパや日本の知識人が一様にイデオロギー不信に陥っている印象があるのに対し、今日ではアメリカの知識人の方がイデオロギーに敏感だと言えるかもしれない。かつて冷戦のイデオロギー対立が厳しかったころ、港湾労働者出身の特異な思想家エリック・ホッファーは「二〇世紀の根本的な対立は資本主義と社会主義の対立ではない、知識人とアメリカとの対立である」と述べたことがある。アメリカ社会における知識人の現況は二〇世紀の終わりの徴候なのか、それともアメリカ社会の変質を告げているのだろうか。

参考文献

小川晃一・片山厚編『アメリカの知識人――その意味するもの』アメリカ研究札幌クールセミナー第七集(木鐸社、一九八八年)

佐々木毅『現代アメリカの保守主義』（岩波書店、一九九三年）
ホッファー、エリック、柄谷行人・柄谷真佐子訳『現代という時代の気質』（晶文社、一九七二年）
ホーフスタッター、リチャード、田村哲夫訳『アメリカの反知性主義』（みすず書房、二〇〇三年）。マッカーシズムの文化的背景を歴史的に明らかにする意図をこめて、「反知性主義」の土壌を一九世紀アメリカの発展の中に探ったもの。コモン・マンの平等主義、福音主義諸教派の信仰、実用主義的なビジネス・カルチュアの三要素にその起源を求めている。原書は一九六三年刊行。
（五十嵐武士・古矢旬・松本礼二編『アメリカの社会と政治』（有斐閣、一九九五年））

第三章　リベラル・デモクラシーの歴史的形成
――二〇世紀政治思想の見取図――

はじめに

一九八九年のベルリンの壁の崩壊から東欧・ソ連の社会主義体制の全面解体に至った歴史過程が二〇世紀の歴史像に大きな転換を迫ったことは疑いない。指令経済と一党独裁をセットにした社会主義体制がいかなる意味でも西側の自由民主主義に代わる選択肢たりえぬことをそれは明らかにした。しかし、それがただちに自由民主主義の政治体制の世界化をもたらしたわけでも、自由民主主義それ自体の内在的問題を解消したわけでもない。旧社会主義諸国の政治的民主化の過程はよく言って跛行的であり、第三世界の民主化もとうてい大きな潮流とは言いがたい。

たしかに、今日、人権規定を根底におく立憲体制の下、普通選挙と複数政党制による議会制民主主義という自由民主主義の政治体制を正面きって批判する言説はなりをひそめた。中国共産党にしろマハティールにしろ、アメリカによる人権や民主主義の押し付けに抵抗しているのであって、自らの政治体制を普遍的モデルと主張しているとはいえない。ヨーロッパでは共産党、ないし旧共産党の系譜を引く諸政党は復調傾向にあり、フランスやイタリアのように政権の一翼を担っている例もあるが、むしろ、それは革命路線と国有化プログラムの放棄が一般に認知され、議会制民主主義の枠内での一左翼政党と位置づけられたことの証明というべきであろう。政治的言説状況に関する限り、社会主義体制の崩壊に自由民主主義に対する普遍的な敵対イデオロギーの消滅を認めたフランシス・フクヤマの主張にもなにがしかの真実はあろう。ただし、それがただちに自由民主主義体制の世界化、ましてや「歴史の終わり」をもたらすはずのないことは、湾岸戦争以後の「世界新無秩序」状況に明らかである。自由民主主義の総本山を自任するアメリカでは、ハンティントンの『文明の衝突』のような、フクヤマとはおよそ正反対の近未来像が提起され、自由民主主義の政治体制を特定の政治文化に局地化して考える傾向が強まっている。

本章は世界大の規模で自由民主主義の将来を占おうとするものではない。冷戦終結後今日に至る歴史状況を前提にしつつ、その過去を振り返り、現代の問題への示唆を引き出すことを課題としている。

一　自由主義と民主主義

自由民主主義の制度と理念はいうまでもなく自由主義と民主主義(民主政治)との結合を意味する。そして両者の結びつきは必ずしも自明のものではなく、少なくとも歴史的起源からすれば異種配合の面がある。逆にいえば、今日の自由民主主義の政治体制はフランス革命以来二〇〇年の歴史過程のひとつの到達点であり、その過程を通じて、自由主義も民主主義も大きな変容を遂げている。そして、自由民主主義の歴史的形成はそれが何に対抗して制度化されていったかを問うことなしに理解し得ないであろう。以下、簡単にその歴史過程をたどりつつ、問題を考えてみよう。

自由主義の理念はロックの政治理論や宗教改革にまで遡りうるし、民主政という言葉は古代ギリシャに由来するが、今日の自由民主主義体制につながる制度、運動としては、どちらもフランス革命以後のヨーロッパの政治状況に生まれたものである。そして、アンシャン・レジームの身分制や専制政治、教権支配の否定において、両者は共通の基盤を有するとしても、革命のどの側面を継承するかでは明確な違いがあった。一九世紀前半の「ポスト革命期」の政治状況の中で、自由主義はアンシャン・レジーム勢力の反動に対抗すると同時に、フランス革命の解放した急進主義と民衆運動が「恐怖政治」という自由の反対物を生み出したという反省に立って、革命の成果を立憲制度と議会政治の中に定着させること、その意味で「革命を終わらせる」ことを課題としたからである。権力の行使ではなく、その制限が問題であり、人民主権の実質化ではなく権力分立の有効性が問われた。したがって、一九世紀前半の自由主義の制度構想の核心は、私的自由と公的自由との分断を前提に、政治生活を限られた「能動的市民」の世界に閉じ込めるところにあった。代表制は不可欠であり、その基盤は狭隘であった。財産、教養、能力(capacité)が政治的権利の行使の条件とされ、そうした条件を備えた「法定国民(pays légal)」の中でのみ討論の政治が可能とみなされた(1)。

これに対して、ジャコバン主義や革命期の民衆運動を継承した民主主義運動は、革命の成果を横領した「ブルジョワ寡頭制」を批判し、民衆の直接行動の圧力のもとに議会制の基盤の拡充(普通選挙)を求め、ある場合には代表制そのものを批判した。そして、フランス革命の衝撃に加えて産業革命が社会構造を根本的に変革しつつあった「二重革命」(ホブズボーム)の時代にあって、民主主義の運動はその潜在的担い手を、初期資本主義の直接の犠牲となった諸階級、伝統的なモラル・エコノミーの保護を失って「自由な」労働市場にさらされた人々に見出した。「危険諸階級」という当時の言葉が如実に示すように、革命の政治文化を背景にした民主主義の政治運動が産業化の生む階級分裂と結びつく事態は、政治制度を超えて社会秩序全体にとっての脅威とみなされた。[2]「労働権」のような社会権の先駆的主張が運動の側に生まれ、支配層の側では政治的権利の付与を超える社会立法の必要が意識されたのはそのためである。というより、社会立法はしばしば政治的権利の代替物、民衆の急進化に対する抑制剤と期待された。

むろん、一口に一九世紀前半のヨーロッパといっても政治状況は一様でないが、一八四八年以前の自由主義が「ブルジョワ寡頭制」として「溢れて流れ出る」民主主義への警戒を基調としていたことは間違いない。フランス二月革命を契機とするヨーロッパ全体の政治変動は、国際的反動体制を清算し、アンシャン・レジーム勢力を最終的に駆逐すると同時に、体制化した自由主義勢力に対する急進的民主主義運動の挑戦という構図を明確にした。そして、その背景に産業革命に起因する階級分裂と社会問題の深刻化がある限り、急進民主主義の運動と社会主義の構想との結合には理由があった。[3] これに対して、一八四八年の社会主義の昂揚にいちはやく国家権力への過度の依存の危険を見出し、自由民主主義(自由な民主政)の理念(と言葉)をうち出したトクヴィルの例はあくまで先駆的といわねばならない。そうした彼の構想は、自由主義の制度化においても民主政治の実践においてもヨーロッパにはるかに先行していたアメリカを視野に入れることではじめて可能であった。

一九世紀後半のヨーロッパの自由主義は、一八四八年の革命の昂揚が「ルイ・ボナパルトのブリュメール一八日」に反転し、「人民投票独裁」の正統化に終わった歴史過程への反省を原点に、選挙権を漸次拡大し、議会制の基盤を「ブルジョワ寡頭制」から国民社会に広げる方向を目指した。こうした政治過程の民主化の趨勢は資本主義経済と産業文明の全面的展開の圧力のもとに進行し、資本主義経済による生産力の増大は長期的に大衆の生活を向上させ、国民社会への統合を促進したとしても、短期的には市場の「無政府性」に起因する経済・社会問題は深刻であったから、「レッセ・フェール政策」の修正が理論的にも実践的にも模索された。ナポレオン三世やビスマルクのような権威主義的指導者は社会資本の整備と社会立法の推進に熱心であったし、自由主義思潮においては社会進化論が基調をなしたとはいえ、種々の「修正自由主義」の試みも無視し得ない。経済学における「限界革命」は累進課税のような所得再分配政策に理論的根拠を与え、T・H・グリーンらのイギリスの「新理想主義者」はイギリス自由主義を支える功利主義の哲学に批判を加え、ルソーやヘーゲルといった大陸の思想家を援用して、自由主義の個人主義的前提に修正を加えた。

他方、社会主義や労働運動の側から見れば、このプロセスは一口でいって、元来、体制の外、正規の政治過程外に生じたこれらの運動が議会制民主主義と福祉国家の初期形態の中に包摂され、世紀前半の急進性や革命性を喪失するプロセスといえるであろう。第二インターにおけるマルクス主義イデオロギーの正統化にもかかわらず、労働者の組織化が進み、労働運動が公認されれば、これに基盤を置く社会主義政党の議会政党化は必然であり、やがてそれは革命路線の放棄と改良主義に実質上つながっていった(「修正主義論争」)。ドイツ社会民主党は第一次大戦前にすでに最大野党であり、フランスのミルラン問題にみられるように、世紀転換期には社会主義政党の政権参加が日程に上っている。こうして、レトリックを別にして、第一次大戦までには、実質上、議会制民主主義の正統性はブルジョワ自由主義政党と社会主義政党が共に受け容れるところとなった。政治制度としてみれば、二〇世紀後半の民主政治との大きな違いは女性が大部分無権利状態に置かれていた点だけである。多元主義、コーポラティズム、政治過程論や世論の非合理性など、二〇世紀後半の政治学の主要なテーマや論争主題の原型が世紀転換期から一九二〇年代までにほぼ出揃っている事実はそれを示している。いずれにしろ、西欧諸国では第一次世界大戦までに、婦人参政権を別にして、議会制民主主義の制度的基盤はほぼ整ったといえるが、この変化に関連して、次の二点に留意する必要がある。

第一に、「討論の政治」という自由主義的議会政治の原則を成人男子の普通・平等選挙という民主主義原理の上に機能させることは、大衆政党の組織化と政党政治の定着なしにありえなかった。名望家政党から大衆政党への変容はイギリス第二次選挙法改革の過程に顕著であり、ドイツ社会民主党の議会進出は逆方向から同じ事態を示している。政党を通じて「職業としての政治」の世界と一般有権者の市民生活とを恒常的に媒介するシステムが近代の間接民主主義に不可欠なものとして定着したことの意義を見落としてはならない。ただし、注意しなければならないのは、大衆政党の出現によって民主主義の政治制度の不可欠の一部として政党の意義が認識されるのとほとんど時を同じくして、早くも政党組織内における寡頭支配、その意味での反民主主義的傾向の指摘が、とりわけ社会主義政党についてなされていることである。[4] これに対して、民主政治の正統性が早くから承認されていた反面、全国的組織政党の伝統を欠くアメリカでは、議会制と政党政治の公式回路の外に働く一般有権者や圧力団体の行動の政治的意義が認識され、代表制民主主義を補完する直接民主主義の諸制度の導入が図られた(革新主義)。

第二に、議会制民主主義の定着を可能にした社会主義政党や労働運動の体制内化の背景には労働者や貧困大衆の生活向上があり、資本主義経済と産業文明の本格的展開による富の蓄積がこれを可能としたのはいうまでもないが、同時にそれは帝国主義諸国による世界の分割という国際システムの変動と連動していたことを見逃してはならない。言いかえれば、ヨーロッパ先進諸国内部における富の均《きん》霑《てん》と生活水準の向上は一面で植民地支配を通じての国際的な搾取体制の確立と表裏をなしていた。そのプロセスはまた初・中等教育の普及を通じての「大衆の国民化」、ナショナリズムの底辺への浸透をともなっていたから⑤、ビスマルク外交のような古典的な権力均衡による国際秩序を不安定化する潜在的要因が国民社会自体に内在していたというべきであろう。第一次世界大戦の総動員体制は女性を含めての大衆の権利拡大の結果でも原因でもあり(同じことは第二次世界大戦を画期とする米国の黒人の社会的進出についてもいえる)、第二インターの国際主義の破綻はデモクラシーとナショナリズムの結合のひとつの帰結であった。

民族自決と国際協調を掲げるウィルソン主義が唱えられた第一次大戦後も、植民地主義の遺産は西欧自由民主主義諸国にとって長くそのアキレス腱であり続けた。逆にいえば、民族自決原則においてウィルソン主義に呼応しつつ、これを植民地の自己解放運動と結びつけたレーニン主義の強みはその点を衝いたところにあった。レーニン主義は元来西欧社会主義政党の改良主義を批判する前衛党の理論として形成されたものだが、ロシア革命によるボルシェヴィキの権力掌握は社会主義運動の分裂を決定づけ、社会民主主義に対抗する国際共産主義運動が形成された。ただし、世界革命の期待が裏切られ、「一国社会主義」への路線転換が明瞭になると、コミンテルンの運動は実質上「社会主義の祖国」の防衛を至上命令とする国家理性の道具に堕する。にもかかわらず、共産主義の理念と運動が西欧の自由主義者や植民地独立の志士をもある時期ひきつけた理由は、ファッシズム勢力の台頭と植民地支配の現実が西欧の自由民主主義体制の弱点を白日のもとにさらしたからであった。レーニンの『帝国主義論』が社会主義革命の課題を民族解放闘争に結びつけたことはこの点で決定的であり、ファッシズム勢力が駆逐された第二次大戦後も社会主義が自由民主主義への選択肢として残り得た最大の理由は、途上国における近代化戦略として有効とみなされた点にあった。ウォーラーステインがウィルソン主義とレーニン主義との相互補完性を強調する所以である[6]。

二　全体主義の挑戦と自由主義の危機

二〇世紀、とくにその前半は西欧諸国における自由民主主義の体制化を前提にこれに対する根本的な批判が理論的にも実践的にも提起され、鋭いイデオロギー的対立状況のもとに、自由民主主義の側もそれ自体の価値理念を見直し、大衆民主政への再適応を迫られた時代であった。レーニン主義とボルシェヴィキ革命に続いてイタリアのファッシズムとドイツのナチズムはヨーロッパの中心部に自由主義批判の強力な潮流を巻き起こし、一九三〇年代には左右の全体主義の興隆の前に自由主義ないし民主主義の危機がさまざまな角度から論ぜられた。これら全体主義の運動は資本主義経済を批判し、なんらかの意味で社会主義的なプログラムを掲げる一方で、議会制民主主義を欺瞞として、カリスマ的指導者に率いられた大衆運動に「真の民主主義」を見出した。全体主義と自由主義との対決が全面的であるのに対して、「全体主義的民主主義」という呼称の当否はともかく、全体主義運動が大衆民主主義状況のある一面と結びついていたことは否定できない。

「決断」という政治の固有の次元を忘れて討論に解決を求める自由主義的議会政治の基盤が大衆民主政の本格的展開によって失われた点を鋭く衝いたカール・シュミットのワイマール体制批判は、反自由主義の政治公法理論としていまなお検討に値する内容を備えている。(7) 第一次大戦後のヨーロッパの混乱は政治や経済の次元にとどまらず、精神の深部に及び、オルテガ・イ・ガセットの『大衆の反逆』が典型的に示すように、自由主義文化の崩壊は文明の危機と受けとめられた。ヨーロッパの伝統的知識人の目にはボルシェヴィズムやナチズム(ある場合にはアメリカの大衆文化も)は近代の技術文明と平準化が行きついた果ての新たな野蛮と映った。恐慌が資本主義の全般的危機を深めた一九三〇年代になると、自由主義諸国の知識人の中に多くの共産主義や(それより数は少ないにしても)ファッシズムへの同調者ないし同伴者が生まれた事実は、自由主義についての幻滅の深さを示している。(8)

ヨーロッパの自由主義が深刻な危機に直面した状況の中で、これに新たな生命力を吹き込んだのはアメリカの自由主義であった。ルイス・ハーツがいうように、建国以来アメリカ自由主義には異論を許さない体制の原理という一面があり、(9) 政治過程の民主化の経験もヨーロッパにはるかに先行する歴史を有していた。他方で、広大なフロンティアの存在に支えられた社会的流動性と農業生産性の高さは、移民人口の間断なき増大にもかかわらず、競争的自由労働市場の矛盾の顕在化を遅らせ、労働運動や社会主義の存立基盤を狭めた。アメリカでは社会主義運動はある時期までドイツ系やイタリア系の移民労働者に特化した運動という性格が強く、全国政党としての社会党はユージン・デブズの時代を頂点にして党勢を失い、結局ニューディール連合の中に吸収されていく。南北戦争後の急激な工業化と都市化は中西部の農民を基盤とするポピュリズムに火をつけ、フロンティアの消滅と新移民の流入は都市の社会問題を深刻化したが、人民党にしろ革新主義にしろ、そうした新たな問題に取り組んだ世紀転換期の改革運動自体、建国の理念やアメリカ民主主義の伝統に訴える面を強く有し、体制のトータルな転換を目指すものではなかった。⑩ウォール街の株式暴落に端を発した世界恐慌はアメリカ資本主義の破綻が世界経済の危機を招くことを示したが、ローズヴェルト政権が共和党政権の自由放任策をケインズ主義的経済政策に劇的に転換し、アメリカの文脈における社会民主主義体制への道を開いたことは、アメリカの自由民主政の生命力を認識させた。広範な社会層に支持された指導者が専門知識人の協力を得て危機に直面した社会の再編に積極的に乗り出す「創造的リーダーシップ」が、大衆民主政と政党政治の枠内で可能なことをそれは示したからである。デューイからロールズまで、二〇世紀アメリカの社会改革に理念を提供した自由主義的知識人が、大衆の政治的活性化とエリートの合理的政治指導とを結びつけようとする姿勢は、この点で悲観主義に傾きがちなヨーロッパの自由主義者の態度と顕著な対照を示している。

もちろん、世界大でみるならば、一九三〇年代の自由主義に対する全体主義の挑戦に決着をつけたのは戦争であり、枢軸諸国に対してソ連社会主義と英米の自由主義が民主主義の名において手を結ぶに至ったのには国際政治上のさまざまな要因が働いており、イデオロギーや政治体制の親近性に由来する必然性があったわけではない。したがって、(独ソ不可侵条約が示すように)左右の全体主義が提携して西欧自由主義諸国と戦う構図や、逆に(チャーチルが期待したように)ナチス・ドイツがボルシェヴィズムに対する防波堤となるシナリオが実現しなかったのはなぜかと問うことに意味がないとはいえないであろう。しかし、他面、コミンテルンの人民戦線路線への転換を、あげてソ連の国家利益とスターリンの術策に帰し、スペイン内戦への義勇兵からヤルタにおけるローズヴェルトまで、西欧自由主義の側からこれに対応した知識人や政治指導者をすべて悪意の道案内人に操られた迷い人扱いするのもまた歴史の単純化である。ソ連国内に粛清の嵐が吹き荒れ、「牢獄兵営国家」化が頂点を極めたその同じ時期に、西欧諸国でソ連に対する肯定的見方が広がり、共産主義への同調ないし同伴が最高潮に達したことは大きな逆説だが、自由主義諸国の宥和政策が続く限り、ナチズムやファッシズムの攻勢に対する抵抗運動はソ連の支援に頼らざるを得なかったのも一面の真実である。そして、戦時下の絶望的状況の下で枢軸諸国やその支配地域で抵抗を組織し得たのはしばしば共産主義者だけであった。西欧知的世界内部へのマルクス主義の浸透も含めて、これらをすべてモスクワからの遠隔操作の成功に帰するのは、理念に対する極度のシニシズムでなければスターリンの政治指導への驚くべき過大評価といわねばなるまい。マルクス・レーニン主義が自由民主主義に対する二〇世紀最大の対抗原理をなしたのは紛れもないが、両者が啓蒙の子として共通の起源を有し、その点でナチズムの「能動的ニヒリズム」から区別されることは、「現存社会主義」の評価とは別に考慮しなければならない。

ヒトラーの世界戦争はその点で問題を極度に単純化したといってよく、戦後アメリカの現実主義外交を思想的に基礎づけることになるラインホールド・ニーバーのような神学者が、この戦争の終結時に、人間理性への楽観的信念の共有に着目して自由主義と共産主義とを「光の子」にひとくくりし、「闇の子」たるファッシズムと区別したことは記憶してよい事実である。そして、戦時の思想状況を背景に自由と民主主義への素朴な信念を(ある意味ではデマゴギー的な単純明快さをもって)大衆に訴えた稀有な表現は、チャップリンが映画『独裁者』のフィナーレで行なった演説にみることができよう。[11]

三　冷戦と自由民主主義体制の確立

第二次大戦後の冷戦は「二つの民主主義」の対立というイデオロギーの次元だけで説明できるわけではないが、政治、経済、軍事から科学技術や文化にまで及んだ体制間競争において自由民主主義が社会主義に勝利したことは紛れもない。その決定的要因が社会主義計画経済に対する資本主義市場経済の優位にあり、その優位性がまさに社会主義諸国をも含む経済の世界化によって顕在化したとき、「相対的弱者」としての社会主義の崩壊が決定づけられたことはたしかである。ただし、そこに至るまでには西側自由主義諸国の政治経済体制自体大きな変容を遂げており、政治システムとしての自由民主主義の優位性は自己自身の変革を可能にするそうした柔軟性にこそ求めるべきであろう。今日いう意味での自由民主主義体制は社会主義に対抗すると同時に、二つの世界戦争を招いた世紀前半の歴史的経験に学ぶことではじめて成立した。この変容において決定的な契機は三つ、ケインズ主義経済政策の全面採用による混合経済化、植民地支配の清算、通貨や貿易の管理を含む国際システムの構築の三点である。

『一般理論』の経済学史上の意義は別として、ケインズ経済理論がベルサイユ体制の脆弱性を見据え、ソヴィエト計画経済の挑戦への応答として生まれたことは疑いない。むろん、自由放任経済に対する修正は一九世紀の労働立法からニューディールまでさまざまな形で試みられてきたが、ケインズ理論はそれまで「自然発生的に」(ポラニー)生まれてきた市場経済修正の動きに綿密な理論的基礎を与えてこれを体系化した。「ケインズ＝ベヴァリッジ複合」を核とする戦後英国の労働党政権による福祉国家政策がいかに革命的なものと受けとめられたかは、ハイエクやオークショットのような批判者が当時これをほとんど全体主義と等視するような議論を展開しているところにも窺われよう。[12] そして、ヨーロッパでもアメリカでも、また日本の五五年体制においても、金融と財政の両面から完全雇用と経済成長の実現を図るケインズ経済政策が一貫して採用され、それがアメリカの圧倒的な経済力に支えられて戦後復興を可能にし、さらに「栄光の三〇年」の経済的繁栄を生み出したこと、西側の自由民主主義が社会主義の挑戦に耐え得た基本条件がそこにあったのは明らかである。[13]

混合経済と福祉国家が貧困と失業の問題に一応の解決をつけたことと並んで、植民地支配の清算なくしては自由民主主義の勝利はありえなかったであろう。レーニン主義が先進国革命の理論としては限界を露呈した後も、帝国主義の遺産が残る限り、社会主義モデルは民族解放闘争と結びつき、後発国近代化の戦略として有効性を主張し得たからである。共産中国の成立はこの点を明確にし、英国やフランスのようなかつての植民地大国にとって植民地主義からの脱却は喫緊の課題となった。もとより、そこには道義の問題にとどまらぬ政治経済上の必然性があったが、同時に長い植民地支配に構造化された既得権益の抵抗も執拗であり、アルジェリア戦争がついにフランス第四共和政の崩壊を招いたように、議会制と政党政治の通常の運用では解決できなかった例もある。経済的利益よりはイデオロギーを前面に出し、もっぱら軍事戦略の論理に従う「アメリカ帝国主義」の世界支配はヨーロッパの帝国主義とは区別されねばならないが、それだけに民族解放闘争を共産主義の侵略と見誤ったベトナム戦争の泥沼から抜け出すのは困難を極めた。いずれにしても、インド独立から香港返還まで植民地支配の清算は二〇世紀後半の逆転しがたい潮流であり、それが西欧の自由民主主義体制を身軽にしたことの歴史的意義を見失ってはなるまい。

一九世紀以来の帝国主義の遺産を清算するとともに、二つの世界戦争に至った二〇世紀前半の失敗に学んで新たな国際秩序を構築することもまた、自由民主主義体制の安定に不可欠な課題であったが、この点は冷戦終結後、今日に至る状況を含めて、最後に触れたい。

以上は国内および国際的な政治経済システムとしての自由民主主義体制の変容に関わる論点であるが、狭義の政治制度としては、婦人参政権の一般化を除いて、世紀前半の政治体制から根本的な変化があったとはいえないであろう。もちろん、ケインズ政策の恒常化と福祉国家の成立は経済・社会立法に関わるテクノクラートの進出を促し、社会民主主義勢力(社会主義政党と労働組合)を体制の不可欠の一部にとりこみ、政党と圧力団体の利益配分活動に正統性を与えた。これらはあいまって官僚制の肥大と行政国家化を促進し、古典的な自由主義的議会政治の理論を名目化したといえよう。ただし、「多元的民主主義」の先駆けと解釈するにせよ「ネオ・コーポラティズム」の原型と評価するにせよ、個別的部分的にはそれらの傾向は二〇世紀初頭にすでに明らかであり、現象に対応する理論化の試みもないわけではなかった。

これに対して、政治理論の領域で世紀後半の自由民主主義体制を嚮導《きょうどう》する意味をもったのはシュンペーターの民主政論である。むろん、シュンペーターの本領は経済学にあり、社会主義の平等要求を必然とみなしつつ、それが「創造的破壊」を必須とする企業精神の萎縮を招き、資本主義の経済発展を妨げる可能性に警鐘を鳴らした彼の経済理論は、ハイエクとは別の視角からのケインズ批判として重要である。そして、民主政治の意味を政治指導者の選択における権利の平等に帰した彼のデモクラシーの再定義は、治者と被治者との一致をめざすルソー的伝統から明確に決別した理論的革命であった。自由の意味は市場経済との類推から政治指導者（集団）間の自由競争に還元され、平等の意義は指導者の地位への参入機会の開放と指導者選択システムへの平等な参与に限定され、指導・被指導の関係自体の見直し、自己統治の理念は現代の大規模な分業社会には不適合と宣告される。それは大衆の直接動員の上に立つ一党独裁体制がデモクラシーを僭称する道を閉ざし、エリートによる政治指導と大衆によるエリートのコントロールとの組み合わせを可能にする制度として、自由、公開、平等の選挙を通じての複数政党間の競争をデモクラシーの決定的指標とした⑭。シュンペーターの民主政論はボルシェヴィズムの挑戦に応え、ワイマール体制の崩壊をみすえる危機的状況の中で形成されたものだが、第二次大戦後の西側諸国の政治的現実に即した民主主義の再定義として広く受け容れられることとなる。

四　社会主義の崩壊とネオ・リベラリズム

ケインズ政策による混合経済化と植民地主義の清算は、簡単にいえば、ロシア革命以来の社会主義の挑戦に対して資本主義が一応の答えを出したことを意味する。この課題は欧米および日本の工業諸国についてはおおむね一九六〇年代には達成されたといってよい。七〇年代にアメリカがベトナムから撤退し、ポルトガルのサラザール政権崩壊を端緒として西側同盟内部の権威主義体制の民主化が相次いだことは「自由主義陣営」のイデオロギー的虚構を埋める意味をもった(もっとも、チリのアジエンデ政権に対するクーデタのような逆の現象も無視できないが)。これと対照的に、「プラハの春」の圧殺が東欧社会主義の自己改革の可能性を最終的に閉ざし、「文化大革命」の惨憺たる現実が明らかにされたことは、社会主義の思想的アッピールを決定的に傷つけた。ブレジネフのソ連が停滞の極に陥り、中国が文化大革命後の混迷からの脱却の道を鄧小平の「現代化」路線に求めるなか、社会主義は資本主義に対するオルターナティヴの意味を完全に失い、七〇年代後半以降、ソルジェニツィンの圧倒的影響の下、社会主義とは要するに言論弾圧と強制収容所の体系であると受け取られるようになる。加えて、技術と経済パフォーマンスにおける決定的な立ち遅れが明らかになるとき、社会主義の崩壊は避けがたい帰結であった。

しかしながら、資本主義の社会主義に対する相対的優位が明らかになった七〇年代以降、西側の自由民主主義体制もまた転機を迎え、内部矛盾を露呈することになる。その転回点が七一—七三年の時期にあったこと、すなわち、ニクソンショックとオイルショックによって、国際通貨の安定と低エネルギー価格という戦後経済成長の基本条件が失われたことが決定的だったのはいうまでもない[15]。もちろん、世界経済の新しい条件の下、体制の脆弱性をあらわにしたのはまず第三世界の非産油、貧困諸国家、次いで社会主義圏であって、資本主義経済と自由民主主義の体制が三〇年代のような破局に直面したわけではない。にもかかわらず、経済成長の鈍化、失業とスタグフレーションの恒常化、新たな貧富の差の拡大(「ホームレス」や「アンダークラス」の出現)、都市における犯罪や暴力の増加、これらの現象は西側先進諸国においても社会を不安定にし、将来への悲観を生み出し、これに対する根本的な処方箋は国内的にも国際的にも確立していない[16]。

七〇年代以降における自由民主主義体制の変容は、五〇年代、六〇年代の経済的繁栄と政治的安定の根本要因であったケインズ経済政策とシュンペーター流のエリート民主主義がそれ自体の生み出した政治的社会的現実によって限界を露呈し、内部から批判を受ける過程とみることができよう。戦後西側の自由民主主義の政治体制は、二〇年代、三〇年代に顕在化した大衆民主主義の病理現象を回避し、多元化した社会における民主政治の実践を政党政治と議会制の制度的枠組に回収することに相当の成功を収めた反面、政治の課題を利益配分の合理化に限局することで得られた社会の安定と経済的繁栄は、官僚制の肥大と政治エリートの保守主義、これに対応する大衆の受動性を顕在化させずにはおかなかったからである。

大衆消費社会と政府の肥大がもたらすこれらの問題を体制につきつけた先駆けは、「豊かな社会」が頂点にあった六〇年代における若者と学生の反乱、女性や少数民族などのさまざまなマイノリティー集団の自己解放運動であった。もちろん、これらの「対抗文化」が新左翼運動と連動して政治的に急進化した背景には、ベトナム反戦と公民権運動という、アメリカを標的とし、あるいはアメリカに固有の、時代の争点があり、したがって、この争点が消滅し、なにより世界経済の基本条件が変わった七〇年代後半以降になると、若者文化の基調は政治参加の希求から「ミーイズム」に一変する。新左翼の一部は過激主義とテロリズムに身を任せて自滅し、多くは環境問題のような新たな争点を媒介にして既成政党との連携の道を探ることになる。短期的にみるならば、一九六八年の学生反乱にフランス革命以来の自由主義文化に対する根本的な異議申立てを認めるウォーラーステインの過大な評価[17]に賛同することはできない。

にもかかわらず、六〇年代の種々のマイノリティー集団による異議申立ては、自由民主主義と福祉国家の体制がまさに完成に近づくことによって見失われる問題や価値を意識に上らせた点で画期的であった。もちろん、人種問題にしても女性解放問題にしても社会的経済的価値の再配分の要求でもあったから、ケインズ政策や福祉国家の枠組をさらに拡充することで解決の方向を探る余地は十分にあり、事実、公民権法にみられるようにそうした対応は相当の成果をあげた。だからこそ、それが国家財政の負担を過重にし、自助努力の精神を害い、「逆差別」を生んだという新保守主義ないしネオ・リベラルの側からの「バックラッシュ」を後に招いたのである。けれども、六〇年代の対抗文化や反体制運動は経済的利益や社会的威信の平等を求める配分的正義の要求にとどまらず、脱工業社会に特徴的な「脱物質主義的価値」を提起し、文化と精神のアイデンティティーを問題にした点で先駆的であった。フェミニズムはむろんのこと、「多文化主義」や「アイデンティティー・ポリティックス」、また「新しい社会運動」など、八〇年代以後の自由民主主義体制内部の異議申立てや改革運動の多くは、その淵源を六〇年代にまで遡りえよう。

しかし、戦後資本主義の政治経済システムそれ自体を根底から揺るがしたのはいうまでもなくオイルショック以後の経済の停滞であり、この新しい条件のもとで混合経済と福祉国家の根幹に修正を迫ったのは、ネオ・リベラリズムの経済理論とこれに導かれたサッチャーの英国とレーガンのアメリカを先頭とする「新保守主義革命」であった。第二次大戦末期に『隷従への道』を書いて、全体主義の計画経済が西欧自由主義体制の内側にまで浸透しつつあると警告したハイエクの経済理論が三〇年の時を隔てて脚光を浴び、マネタリズムの経済政策がケインズ政策に代わる処方箋ともてはやされた。サッチャリズムやレーガノミックスの内実は時々の政策課題に対応する試行錯誤の面も強く、ネオ・リベラルの経済理論で首尾一貫していたとはいえないが、ケインズ財政と福祉国家の所得再分配が生産コストの上昇とインフレを不可避とし、利潤動機をばねとする企業活動の萎縮と労働意欲の低下を招いたという批判にもとづいて、市場経済の活性化の方途を探ったことは間違いない。結果としてそれが「大きな政府」を解消したわけでは決してないが、労働組合をはじめとする社会民主主義勢力の基盤を弱め、所得再分配の方向を逆転して中産階級の営利意欲を刺激し、「大衆的資本主義」に道を開く成果をあげたことはたしかである(18)。「福祉国家(welfare state)」から「就労国家(workfare state)」への転換は八〇年代の大きな流れとなり、スウェーデンのような長期にわたってもっとも成功した社会民主主義政権をさえ覆した。他方で所得格差が増大して新たな貧困階級が出現し、犯罪や暴力の増加などの社会問題が深刻化したのも事実であり、それが九〇年代後半の西欧諸国における社会民主主義政党の政権復帰につながった。とはいえ、ブレアの「ニュー労働党」にしろ、フランスのジョスパン保革共存政権にしろ、ドイツのシュレーダー政権にしろ、計画と福祉を掲げたかつての社会民主主義の綱領からは大きく転換しており、ネオ・リベラリズムの問題提起がケインズ政策や社会主義への単純な回帰を不可能にしたことははっきりしている。

ネオ・リベラリズムの経済理論はその意味で資本主義経済と自由民主主義の政治体制との関連を再考させた。いうまでもなく、「自生的秩序」としての市場にすべてを託すネオ・リベラルの理論は経済的自由主義の原点に復帰する主張である。しかし、経済的自由主義と自由民主主義の政治体制との結びつきは決して自明でない。ハイエクはこの点たいへん明晰であって、市場経済と政治的民主主義との間になんら必然的関連はないと率直に認める。そして、ポラニーが強調するように、いったんつくりだされた市場経済はその強力で普遍的な磁性のゆえに人間の本性的欲求にもとづく種々の「社会防衛の動き」を必然的に呼び起こすとすれば[19]、社会主義や混合経済のような市場経済修正のこれまでの体系が限界を露呈したからといって、市場経済の純粋化が解決になるわけではない。そもそも、市場に働く「見えざる手」を強調したアダム・スミスの経済理論自体、重商主義批判の経済政策論として展開されたことを忘れてはならない。「自生的秩序」としての言語と市場の類比は経済学者によっても言語学者によっても主張されることがあるが、それが比喩以上の意味をもたないのは、科学としての言語学が言語政策の無意味を実証するのに対して、いかなる経済理論も結局はなんらかの経済政策論の主張に至る相違に明らかである。ハイエクは市場の自生性の強調から進んで、ホッブズにまで遡って近代の「構築主義」を批判し、立法行為の範囲を狭く限定することを強く主張する[20]。しかし、その実現のための制度構想を含む晩年の法哲学的思弁は明確に反民主主義的であるだけでなく、それ自体、人為的、構築主義的思考に陥っているとさえいえよう。

五　経済の世界化と自由民主主義

しかしながら、二〇世紀末にますます明らかになりつつある資本主義経済のもっとも深刻な課題は、ネオ・リベラリズムと社会民主主義の対抗ではなく、どちらにとっても、市場経済の世界化に対処していかなる国際的な政治経済システムを構築するかの問題である。もちろん、資本主義市場経済が本来政治的国境を超える普遍性を有し、したがって最終的には地球全体を一つの世界経済に包摂するであろうことは、マルクスが「交通(Verkehr)」の決定的重要性に着目して以来、早くから洞察されてはいた。けれども、現実の資本主義の発展は比較的最近に至るまで国民経済を単位としており、主権国家の政治的コントロールの下にあった。むろん貿易は近代初頭以来拡大の一途をたどり、国際経済の理論も形成されたが、保護貿易にしろ自由貿易にしろ、国家を単位とする国家間の通商が基本であったのはいうまでもない。ところが、二〇世紀最後の三分の一における、情報・伝達・交通技術の飛躍的進歩は、資本と労働と通貨の国境を超える移動を一挙に加速し、市場の世界化をあらゆる面で促進した。多国籍企業の存在はかなり以前から注目されており、途上国から先進工業国への労働者の移住も六〇年代以来ヨーロッパでは顕著であったが、八〇年代以降それは世界全体に広がり、近年の情報革命は消費行動をも直接世界市場にリンクさせつつある。コンピューター技術が可能にした巨大な金融と為替の国際市場は、実体経済をはるかに上回る巨額なカネの動きを生み出し、「カジノ資本主義」と評されるような投機性を強め、一国の経済を短時日のうちに危機に瀕せしめるような通貨危機をさえ招いている。さらに、無制約な市場経済の世界化は当然外部不経済をも世界化し、環境問題を深刻化させつつある。

これらはいずれも主権国家による個別的コントロールを超える市場経済の世界化の帰結であり、それだけに国家間の協調によってこれに対処し、さらに安定的な国際経済秩序を構築する努力も、古くは経済協力開発機構(OECD)や世界銀行から最近の世界貿易機関(WTO)のシアトル会議に至るまでさまざまな形でなされているが、地域間、国家間の利害の対立も大きく、合意の方向はどの論点についても見えているとはいえない。ここには主権国家自体の存立基盤が市場経済の世界化によって掘り崩されつつある現実がある。主権国家を前提としての国際秩序の構築の試みはウェストファリア条約以来の歴史があり、国際連合もこれまでのところ基本的にその前提に立っている。そして、軍事、外交、法的な枠組については、主権国家を単位とする国際秩序はそれなりの意味をもってきたといえよう。しかし、経済の世界化はその根本前提を掘り崩しつつある。自由民主主義の政治体制もまた従来主権国家の枠組を前提にして制度化されてきたことは疑いない。国家を超えて、市場経済の世界化の趨勢に有効に対処しうる政治経済システムを自由民主主義は生み出しうるであろうか。

(1) P. Rosanvallon, *Le moment Guizot* (Gallimard, 1985).

(2) L. Chevalier, *Classes laborieuses et classes dangereuses à Paris pendant la première moitié du XIX*[e]

siècle (Plon, 1958).
（3）A・ローゼンベルク、足利末男訳『近代政治史——民主主義と社会主義』（みすず書房、一九六八年）。
（4）R・ミヘルス、森博・樋口晟子訳『現代民主主義における政党の社会学』（木鐸社、一九九〇年、原著は一九一一年）。
（5）L・モッセ、佐藤卓己・佐藤八寿子訳『大衆の国民化——ナチズムに至る政治シンボルと大衆文化』（柏書房、一九九四年）。
（6）I・ウォーラーステイン、松岡利道訳『アフター・リベラリズム』（藤原書店、一九九七年）。
（7）C・シュミット、稲葉素之訳『現代議会主義の精神史的地位』（みすず書房、一九七二年、原著は一九二三年）。
（8）D. Caute, *The Fellow-Travellers: Intellectual Friends of Communism* (Yale University Press, 1988).
（9）L・ハーツ、有賀貞訳『アメリカ自由主義の伝統』（講談社学術文庫、一九九四年）。
（10）R・ホーフスタッター、斎藤眞他訳『アメリカ現代史——改革の時代』（みすず書房、一九六七年）。
（11）R・ニーバー、武田清子訳『光の子と闇の子』（聖学院大学出版会、一九九四年、原著は一九四四年）。
（12）F・A・ハイエク、一谷藤一郎訳『隷従への道』（東京創元社、一九七九年、原著は一九四四年）。M・オークショット、嶋津格他訳『政治における合理主義』（勁草書房、一九八八年）。
（13）E・ホブズボーム、河合秀和訳『二〇世紀の歴史——極端な時代』上・下（三省堂、一九九六年）。
（14）J・シュンペーター、中山伊知郎・東畑精一訳『資本主義・社会主義・民主主義』（東洋経済新報社、一九九五年、原著は一九四二年）。
（15）ホブズボーム前掲書。M. Nouschi, *XXe siècle* (Armand Colin, 1996).
（16）ホブズボーム前掲書。J・グレイ、石塚雅彦訳『グローバリズムという妄想』（日本経済新聞社、一九九九九年)。

(17) ウォーラーステイン前掲書。

(18) 豊永郁子『サッチャリズムの世紀』(創文社、一九九八年)。

(19) K・ポラニー、吉沢英成他訳『大転換』(東洋経済新報社、一九七五年)。

(20) F・A・ハイエク、気賀健三・古賀勝次郎訳『自由の価値』(春秋社、一九九七年)。

(『岩波講座　世界歴史』二七、二〇〇〇年。原題「リベラル・デモクラシーと自由」)

第四章　戦後市民社会論再考

はじめに

一九八〇年前後の東欧を震源として、「市民社会」に関するさまざまな議論が国際的にひろがり、余震はなお収まる兆しがない。広義には古典期ギリシャの用語にまで遡り、近代に限っても、スミス以来、資本主義経済の生成、発展と不可分のものとしてさまざまに論ぜられてきたこのすぐれて伝統的な概念が、二〇世紀末に新たな脚光を浴びた事実は驚くに値しよう。

英語圏を中心に氾濫する近年の市民社会論全般の検討はここでの課題ではないが、戦後日本の市民社会論との比較という本章の視点から、その背景を簡単に整理しておこう。

まず、東欧の民主化運動や反体制知識人が、「プラハの春」圧殺後の状況の中で社会主義自由化の戦略拠点を市民社会に求め、西欧のネオ・マルクス主義者がこれに呼応したことが「市民社会論」復興の出発点となったことは周知のとおりである。ただし、それ以前に、西欧とくに英語圏におけるヘーゲル・ルネッサンスとグラムシの再発見が市民社会概念への学問的関心を呼び覚ましていたことがこの概念の受容と普及の条件を整えていた事実は留意すべきであろう。東欧・ソ連の民主化が体制の改良にとどまらず、社会主義自体の崩壊と資本主義への移行に突き進むや、市民社会と市場経済との関連と区別があらためて問われ、他方では、東アジアやラテン・アメリカにおける軍事政権や権威主義体制の民主化、先進資本主義国における「新しい社会運動」などもまた市民社会の形成、展開の問題として議論されるに至る。さらにこれらすべての現象を根底において規定している経済のグローバル化と国民国家の揺らぎが鋭く意識されるとき、市民社会の問題は国境を超え、「地球市民社会」の課題さえ提起される。

要するに、二〇世紀最後の四半世紀に顕在化した世界の構造変化のあらゆる側面がなんらかの形で市民社会の問題と関連して論じられているのであり、それだけに概念や用語の混乱も避けがたく、議論の交通整理の必要があるというのが現状であろう。といって、簡単に整理できるわけではないが、かつての「古典的な」市民社会論と比較するとき、今日のそれは、第一に国家との対比だけでなく市場との緊張関係を強く意識し、第二に、その市場自体ますます世界化しつつあるだけに、市民社会の問題も国境を超えるつながりの中で考えられているということ、少なくともこの二点は共通の特質として確認できよう。

ところで、近年におけるこうした市民社会についての議論に先行する歴史的先例が一つ存在する。いうまでもなく、戦後日本の市民社会論に他ならないが、これについては国際的な議論の場にほとんど知られていない(1)のはもとより、日本でこれに追随する近年の論者の中にも自国のこの知的遺産を踏まえて議論しているものは少ない(2)。もちろん、戦後日本の市民社会論は多分に日本独自の文脈の中で形成されたものであり、今日の問題関心に直接つながらないのは事実である。結論をやや先取りする形になるが、第一に、それは敗戦の歴史的反省を根本動機に、近代日本の構造的欠陥を西洋近代の「市民社会」との対比で明らかにすることを主眼としていた。知的環境としても、戦中戦後の鎖国状態の中で、日本で蓄積された西洋近代思想の理解を基礎に、海外との接触のほとんどない中で形成された。その結果、欧米との対比で日本における市民社会の未成熟を論じるいわば「一国市民社会論」の色彩を濃厚に宿すことになった。第二に、戦後の知的状況の中で市民社会を論ずることはもちろん日本社会の民主化の課題と深く関わっていたが、市民社会論そのものは政治的実践に直接結びつくものではなかった。この点は、一つには戦後市民社会論の理論的源泉が戦前マルクス主義の影響を強く受けつつ戦中にアカデミズムに蓄積されたスミス研究にあったことが作用している。経済学史や社会思想史を中心に、社会科学や歴史学の諸分野で「市民社会」の概念は広く議論され、援用されたが、それだけに秘教的性格も強まり、スコラ的議論に堕した場合もないではない。なによりも、これをスミス、ヘーゲル、マルクスの線で経済学のカテゴリーとして理解する傾向が強かっただけに、政治的民主化の戦略をそこから導く理論は形成されなかった。六〇年安保を画期とする「市民主義」の成立や、その後の市民運動や住民運動の理論と実践が狭義の市民社会論とどう関係するかについて、十分な理論的関心が払われたとはいえない。第三に、ヘーゲル、マルクスの影響は日本の市民社会論に歴史主義的なものの見方を根強く残存せしめた。ここで歴史主義的というのは、要するに「市民社会」を特定の歴史段階に閉じ込めて理解する傾向のことである。もちろん、内田義彦がある時期から「市民社会」には具体的意味と並んで「抽象的」意味でのそれがあるといい、平田清明が「市民社会」の課題は社会主義になっても残ると強調したことは、この点で市民社会論の現代化に大きく踏み出したものといえるが、彼らにあっても、資本主義から社会主義へという歴史の発展段階説そのものが否定されたとはいえないであろう。

以上三点をみても、戦後日本の市民社会論の関心領域や理論射程には今日の議論と重ならない面が少なくないのは事実であるが、反面、今日の市民社会論に共通する問題関心や論点の提示のあることも否定できない。資本主義経済の倫理的基礎を問い、(将来の)社会主義社会にとっての市民社会の意義を提起したこと、そしてなにより、軍事体制ないし権威主義体制の解体、民主政治の構築を喫緊の課題とする中で市民社会の問題を提起した点で、戦後日本の市民社会論はとくに東欧の市民社会論とかなりの程度共通の文脈で論ずることができる。本章はこのような比較の視座から、戦後日本の市民社会論の再評価を試みるものである。

一　日本の市民社会論前史——戦前マルクス主義とスミス研究

日本の社会科学の用語としての「市民社会」という言葉が、ヘーゲル、マルクスの用いたdie bürgerliche Gesellschaftの訳語として導入されたことはまず間違いない。したがって、それはもう一つの訳語である「ブルジョワ社会」と本来同義であり、ヘーゲルのいう「欲求の体系」の意味であれ、マルクスの定義する資本主義社会の意味であれ、本来、否定的ニュアンスの強い言葉であったはずである。「市民社会」の訳語が「ブルジョワ社会」という先行訳語にとって代わった理由について検閲への配慮があったという説明は間違いではなかろう。ただ、それだけでなく、「市民」という日本語の曖昧さと「ブルジョワ」に比して少なくとも否定的ではないニュアンスが、無意識のうちに使い分けをもたらしたともいえるのではないか。ドイツ語にすれば同じであっても、資本制社会の経済構造やその実質的担い手を意味するときには「ブルジョワ社会」を、法制度やイデオロギー構造を指す場合には「市民社会」をという使い分けが、厳密ではないにしろ定着していった可能性は十分に考えられる。* 検閲への配慮が「市民社会」の語を一般化したことは、資本制社会の経済構造を前提にしつつ、もっぱらその上部構造(法的、イデオロギー的外皮)に引きつけてこれを理解する習慣を生んだのではなかろうか。(マルクス主義理論の上で、「市民社会」を明白に上部構造の問題として定式化したのはいうまでもなくグラムシの功績であるが、[3] 日本ではこれが訳語の使い分けを通じて明確な自覚なく、したがって概念の混乱を生みつつ、グラムシ理論の導入以前になされていたとも言えよう。)

＊　すでに、かの『日本資本主義発達史講座』所収の一文に次のような用例がある。
「最も徹底したブルジョア民主主義変革たるこれらの政治革命(とくにフランス)は、ブルジョア的発展の不可避的必然を、力を以て阻止妨害した封建体制に対立抗争し、且つ、これを克服したところの、ブルジョア社会のための全き根柢からの変革だつた。そこで、その市民社会のための変革は、旧支配者の権力を倒壊することによつて、全「国民」から引きはなされてゐた少数の封建領主の利益に基く国家制度を、革めて、それを市民社会の構成員たる「独立」的「個人」に奪還したのである。……

「したがつて、人間解放とは、ブルジョア社会の封建権力からの解放であり、同時に、したがつて、市民社会の成員としての「人間」(l'homme)のみが、いはゆる人間として、「不可譲的」の、「人権」(droits de l'homme, Menschenrechte)を獲得し、市民社会の成員として、その成員の権利、すなはち「公民権」(droits du citoyen, Staatsbürgerrechte)を獲得したのにすぎぬ。しからば、このブルジョア社会における被搾取階級たるプロレタリアートが、はじめからこの人間解放の政治的埒外に放逐せられ、「人権」からも「公民権」からも政治機構的には除外せられたのも決して偶然ではない。(4)」(傍点、引用者)

ここで著者(平野義太郎)自身が「ブルジョア社会」と「市民社会」を厳密に区別して定義した上で使い分けているとは言い難いが、前者を階級支配の社会的現実に引きつけ、後者をこれに普遍性の外皮を着せた社会的幻想と理解することは無理ではない。

日本における固有の意味での市民社会論は高度に学問的な戦時中のスミス研究の中から形成された。高島善哉、大河内一男、大道安次郎らの研究は多かれ少なかれマルクス主義の影響を受けつつ、マルクスからヘーゲル、さらにスミスへ遡って、資本主義的近代の成立根拠を市民社会の理論に求めた。この場合、ヘーゲルの die bürgerliche Gesellschaft をスミスやファーガソンの civil society の概念に復元することは、たんに言葉の問題にとどまらぬ視座の転換をもたらした。一八世紀啓蒙の世界における市民社会の概念はヘーゲルのように国家において止揚さるべき欲求の体系でもなければ、マルクスのいう如くプロレタリア革命による決着を待つ階級闘争の場でもなく、なによりも分業を通じて生産の恩沢をあまねく施す文明社会を意味したからである。

ヘーゲル、マルクスからスミスに遡ることが市民社会理論にどのような転回をもたらしたか。集約して述べるならば、第一に市民社会をその生成において問う歴史的視座の獲得であり、第二に、国家との範疇的区別を意識しつつも、経済社会としての市民社会の自律性を確認し、これを成り立たしめる倫理や道徳的基礎を正面から問うた点にあろう。

むろん歴史的視座はヘーゲル、マルクスにも欠けていないが、彼らの場合にはなんといっても市民社会は一九世紀の産業社会の現実の中にすでに出来あがったものとされ、その歴史的形成を問うことは少なくとも第一次的問題ではなかった。これに対して、スミスやファーガソンなどのいわゆるスコットランド歴史学派においては、生成しつつある商業社会を文明の発展段階として基礎づけることが課題であり、そこに、一方、さまざまな共同体的規制から解き放たれ、他方、国家の干渉を排する社会＝経済社会の自立として新たな市民社会の概念が成立したのであった。そして、市民社会の歴史的形成は経済行為の倫理的基礎の確立なくしてあり得なかった。『道徳感情論』と『国富論』との統一的理解を通じていわゆるアダム・スミス問題に独自の解答を求めた戦中のスミス研究は、利潤動機に基づく経済行為が共同体的規制や国家への依存を脱し、固有の道徳的基礎を確立する過程をスミスの経済理論に見出した。高島善哉はスミスの関心領域を道徳、法学、経済に三分し、それぞれの領域における行動原理の相違を強調する。各人が私益を追求する経済社会において、人は他者の「仁恵(benevolence)」ではなく、利己心に訴える他なく、したがって私益の追求は正義の原理の支配する市民社会の条件の下、「慎慮(prudence)」を伴ってはじめて社会の承認を得る。[5] かくして、スミスのホモ・エコノミクスは強欲ではなくなにより慎慮の人でなければならない。大河内一男もまた重商主義政策やギルド的規制に保護された特権的商人資本と鋭く区別される「下層および中産階級」の営利活動における「慎慮」の重要性についてのスミスの指摘に注意を喚起している。[6]

見逃してならぬのは、スミスの経済理論を倫理や法との関連において問い、市民社会の自立の根拠を明らかにしたこれら高度に専門的な研究が、同時に、日本資本主義の精神的基盤への批判と結びついていたことである。農村に残る「半封建的」な地主小作関係、経済の「二重構造」、財閥の「政商」

的性格など、講座派マルクス主義がかつて展開した日本資本主義批判の論点は、戦時下のスミス研究者もまた一般に共有したところだからである。まして、戦時の統制経済が進む中、「欲しがりません勝つまでは」、「贅沢は敵」といった道徳主義的スローガンの押し付けの下、軍需物資の横流しや闇取引が横行する事態にあって、スミスに依拠して経済社会としての市民社会の構造を明らかにする作業が時代批判の意味をもつことは明らかであった。戦後の市民社会論を代表する内田義彦は「一物一価」という市民社会の原則が日本社会に根づいていないことを民衆は戦時下に誰でも経験したと繰り返し述べている。

丸山眞男は羽仁五郎や唯物論研究会の例をあげて、戦時の言論統制の下、マルクス主義者やその影響を受けた学者、知識人の一部がマルクス主義の思想的源流を遡り、啓蒙の合理主義やブルジョワ・イデオロギーの積極面を押し出すことで時局への抵抗を試みた事実に注意を喚起している(7)。高島善哉や大河内一男のスミス研究は高度に専門的な労作であり、しかも、天皇機関説事件のころと違って、アカデミズムが民衆の意識から完全に切り離され、官憲の取り締まりのエア・ポケットとなった時期に発表されているだけに、直接的な意味で言論による抵抗とは言い得ないであろうが、思想史的には同様の文脈に置くことができよう。しかも、問題それ自体はまさに「マルクス主義の三つの源泉」のうちの二つに関わるだけに、戦時下のスミス研究とそれが定式化した市民社会の概念は戦前マルクス主義をいわゆる「戦後啓蒙」の社会科学に接続する重要な結節点を成したのである。

二　戦後啓蒙と「市民社会」問題

敗戦は西洋近代の理念と現実についての新たな検証と、それとの比較における日本の近代への反省という課題を知識人や学者につきつけた。「近代の超克」を呼号して英米の自由主義に挑戦した「大東亜戦争」が結局のところ日本の近代の底の浅さを露呈する破局的結末に終わった以上、日本の近代を反省することなしに戦後の再出発はあり得なかったからである。こうした問題関心に立った日本の近代の批判的検証の作業において、戦前マルクス主義が用意し、戦中のスミス研究が磨き上げた市民社会論は、アカデミズムの枠から脱し、いわゆる「戦後啓蒙」の言説に重要な位置を占めることになる。

帝国憲法下の「擬似立憲制」がその実、天皇の権威をふりかざす官僚支配に傾斜し、軍国主義者の権力簒奪を許したのはなぜか。高度に発達した資本主義でありながら、頂点の財閥支配から底辺の零細企業の労使慣行に至るまで、前近代的な社会関係を内包し、ついにこれを払拭しきれなかったのはなぜか。さらに家族関係における封建的意識の残存と、そうした家族関係にもとづく一家意識の企業など家族を超える社会関係への拡散。日本社会に残る封建的意識や前近代性があらゆる領域で指摘され、そこに制度的再編を超える「精神革命」の課題が意識されるとき、西洋近代の社会形成を、とくにその倫理的基盤から問い直した市民社会論が現代的有意性に満ちた学問的課題となったのは当然であった。社会思想史家はスミスからロック、ホッブズにまで遡って市民社会の論理の思想的起源を明らかにし、歴史家はフランス革命やイギリス革命に典型的な「市民（＝ブルジョワ）革命」の構造を探り、それとの落差で明治維新の不徹底性を論証しようとした(8)。

ただ、市民社会の概念が日本の近代の歴史的批判に対して引照規準を提供したからといって、そこから直ちに民主主義の政治的課題や戦略が導かれたわけではない。市民社会はなんといっても経済社会学の範疇として理解されており、個別具体的な政策課題と直結するものではなかった。逆にいえば、戦後改革の諸施策やさまざまな民主化要求をめぐって対立の激化した政治化の時代にあって、市民社会の理論はむしろそうした短期的争点を超える社会形成の問題を提起したところに意義があったのである。

敗戦による秩序の解体は日本全体をいわば「自然状態」に還元し、軍事官僚統制と天皇制の神話が永らく抑圧してきた「社会」の突然の噴出をもたらした。それが民衆の活力を解放したのは事実であり、そこに無制約な欲望の肯定やアナーキーへの傾斜とともに、主体的な自己の希求や自発的な集団形成のさまざまな動きがあったことは否定できない。しかし、「焼け跡闇市」の解放感が市民社会の自立と理論化されたわけではもちろんない。闇市自由市場は戦時統制経済の下に事実上展開していた裏経済の全面的表出であって、日本経済における市民社会の倫理的基礎の欠如の証明とみなされた。今日ふりかえるならば、権威主義的軍事官僚制の崩壊が下からの秩序形成の課題を否応なく民衆に課した点で、東欧の民主化運動が市民社会の観念に理論的基盤を求めたのに似た状況が戦後日本にもあったといえるかもしれない。しかし、一切の政治的抵抗が窒息させられた戦時下に形成された日本の市民社会論はなお限られた知識人の言説に留まっており、戦後の混乱期に簇生した民衆運動と結びついたとはいえない。「市民社会」になんらかの意味で肯定的に言及した戦後知識人の多くは、いわゆる戦後革新運動のおおよその方向について少なくとも否定的ではなかったにしても、運動を導いたイデオロギーやレトリック、大衆動員の組織形態について留保を表明することが少なくなかった。

三　市民社会論から市民政治論へ

「市民社会」をめぐる言説が日本の政治の現実に具体的に働きかけ、政治的実践と結びつくには、占領期の混乱が過ぎ、戦後民主主義の政治体制がそれなりに定着するのをまたねばならなかった。いわゆる五五年体制の「一ケ二分の一政党制」の下に利益配分の制度化が進み、保守と革新を問わず顧客政治《クライエンテリズム》の政治が定着する中で、民主政治を議会制民主主義の制度に回収することなく、他方、在来の「階級闘争」を掲げる急進的政治運動とも異なる形で有権者の政治的関心を日常的に組織するさまざまな動きは、警職法反対運動から六〇年安保闘争にかけての戦後革新運動の展開を通じてはじめて生まれた。「市民主義」、「市民運動」、「市民政治」など、今日なお流通性を失っていない政治シンボルはいずれもこの時期に誕生している。

ヨーロッパ近代との落差で日本近代の「後進性」や「歪み」を浮き彫りにする認識象徴としての「市民社会」の理念はこのプロセスを通じて日本政治の現実に働きかける「市民政治」の戦略を生み出したといえよう。「市民社会論」から「市民政治論」への転換は直接には五〇年代後半から六〇年代にかけての種々の政治運動の展開の中で実践的に果たされたものである。しかし、この時期が政治的には五五年体制の確立期であり、経済的には高度成長の開始期であったことが示唆するように、その背景には運動論の次元にとどまらぬ日本社会の構造変化があった。そうした歴史的背景を含めて、市民社会論から市民政治論への転換の意味を考えるには、理論的にも実践的にもこの転換をリードした政治学者、松下圭一の政治理論の展開を追うに如くはない。

松下圭一はすでにその学問的出発点をなす近代ヨーロッパ政治思想研究[9]の中で、ロックにおいて頂点をなす近代政治思想を「市民政治理論」と規定していた。英米の研究であればおそらく「(近代)自由主義の政治理論」とでも称されるべき内容を「市民政治理論」と名づけたところに戦後市民社会論の影をみることができよう。著者はここで封建制から絶対主義国家を経て近代市民社会へという発展図式に見合った政治理論の展開を追いつつ、日本語の「市民(的)」が bourgeois と civil の二重の含意をもつことを意識的に利用して、近代政治理論の発展を説明している。思想史研究それ自体としてみれば、このような解釈は長(ないし超)歴史的なコンテクスチュアリズムにもとづく恣意的な概念操作という批判を免れない。しかし、松下自身はその後も一貫して「市民(的)」という語の二重の含意を意識的無意識的に操作しつつ、「市民社会」が担った理念をその歴史的実体から剝離し、現代民主政に有意な「市民政治」の理論へとこれを転轍することに努力を傾ける。

いわゆる大衆社会論争の引きがねとして著名な彼の論文「大衆国家の成立とその問題性」(一九五六年)は、思想史解釈から現代政治論への移行という点でも、理論的分析から実践的課題の提示への橋渡しという点でも、『市民政治理論の形成』と六〇年代以後の松下政治理論の展開とを結ぶ結節点を成している。当時なお支配的であったマルクス主義の用語を多用しつつ、松下はここで、独占(帝国主義）段階以後の資本主義が市民社会を解体させ、大衆社会の成立を準備するとして、労働者階級が主観的にも客観的にも体制に馴致されて「大衆」と化した「大衆国家」として現代国家を理解すべきだと力説する。「生命・自由・財産」（ロック）の主体としての独立生産者層を主体とする「市民社会」の理念は、産業資本段階においてはなお有意性を失わないとしても、「完全な人間性の喪失態」（マルクス）としての労働者階級の創出によってその普遍性を喪失する。そして、独占段階に達した資本主義は、一面で社会主義の挑戦に応答しつつ、なによりもテクノロジーの発達（「第二次産業革命」）に促されて、「原子化」と「組織化」を基本動因とする社会全体の形態変化をもたらす⑽。

このような巨視的な見取図の中に、松下は普通選挙制の普及、労働（組合）運動の公認とその体制内化、社会保障政策、社会主義運動の分裂、政党における少数支配、ファッシズムと全体主義国家、大衆文化の成立など、一九世紀後半のヨーロッパから第二次大戦後のアメリカにまで及ぶさまざまな政治、経済、社会現象を大衆国家の成立の徴候として統一的に位置づけようとしたのである。全体としてそれが成功しているかどうかは問うところではない。「市民社会論」から「市民政治論」へという戦後日本に固有の問題連関から見るとき重要なのは、理論装置も歴史的説明もすべて欧米の事例に依拠したこのいささか晦渋な論文が、「大衆国家の問題性」を明らかに現代日本にも共通の課題として提示している点である。この点は論文の末尾に、日本においても独占資本段階における社会の形態変化は進行しており、「封建」対「近代」のみならず、鋭く「近代」自体の問題が提起されねばならないと付け加えられているところに明らかである。

よく知られているように、この論文は雑誌『思想』の「大衆社会論」特集の一部として、京極純一の画期的な「リーダーシップと象徴過程」や田口富久治のウォーラス論などとともに掲載されたものである。戦後政治学の第一世代の成果がこの時期に「大衆社会論」の意匠をまとって提示されたこと自体が時代の変化を鋭く示していた。大嶽秀夫のやや図式的な対比を用いれば、戦後初期の「近代主義政治学」の「伝統」対「近代」という問題関心から「マス状況」の進行という、その限り、日本の特殊性以前に現代国家としての共通の文脈を強調する観点への移行が見て取れるからである。[11]このような視座の転換は政治学だけでなく、経済学や社会学など戦後社会科学の他の諸分野にも現れており、その背景には「もはや戦後ではない」という『経済白書』の一文が象徴するような経済復興に裏づけられた戦後社会の安定と発展があった。松下圭一の大衆国家論は独占段階に達した資本主義の必然的帰結として「市民社会」の崩壊と大衆の出現を論証したが、それは、「市民社会」の理念に照らしての日本社会の遅れや歪みの裁断という近代主義的観点と、労働者階級の階級意識を自明とするマルクス主義の革命戦略とをともに時代遅れとして批判する両面作戦を意味していた。大衆社会の理論は日本においても松下流の半ばマルクス主義の発展図式を引きずったものばかりではなかったし、松下自身もその後はマルクス主義用語に距離をおくようになるが、六〇年代に顕在化する高度成長の社会的現実は五六年の論文が示した方向性を大筋において裏切るものではなかった。

しかしながら、松下圭一のその後の理論展開を考える上で見逃してならないのは、この論文が実体としての「市民社会」を初期資本主義からせいぜい産業資本段階の現実に限定し、独占段階に至って崩壊するとみなす一方で、それが担った理念たる「市民的自由」とそのコロラリーとしての自主集団の形成を大衆状況の中で実質的に確保することを課題として掲げている点である。大衆状況をもたらした社会形態の変化を積極的条件に転化して、市民的自由を大衆的基盤の上に活性化し、大衆状況を克服すること、これこそ六〇年代以後の松下政治学を貫く問題関心といってよい。

「戦後二〇年を経た今日、マス状況の拡大の中から「市民」的人間型が日本で生まれつつある。……下からのムラ状況の根底的変革でなく、上からのマス状況の拡大が、市民的人間型の醸成を準備したのである」(傍点、引用者)。冒頭にこう宣言する一九六六年の論文「「市民」的人間型の現代的可能性」は、安保闘争から六〇年代前半にかけての日本政治の変容に実践的にも理論的にも関わった経験にもとづく松下のこの問題への解答であった[12]。

人口の圧倒的部分の「プロレタリア化」とテクノロジーの発達が原子化と組織化というマス状況を生み出すという一〇年前の論文の図式に従いつつ、松下はここでは大衆民主主義の条件下に新たな市民的人間型が形成される積極面を強調する。松下が大衆国家において人口の大部分が「プロレタリア化する」というとき、それは主として新中間層と労働者階級を指しているが、現代民主主義国家はそのどちらについても、大衆社会的疎外状況からこれを救い出し、市民的人間型に鋳造し直す機構や実践を発達させた。「多元政治理論」(ここではダールなど現代アメリカの多元主義ではなく、ラスキなど二〇世紀前半の英米の多元的国家論)は個人の自発的結合としてのアソシエーションを通じて大衆社会の疎外を克服する方途を示し、「社会契約型の市民社会の考え方を現代の大衆社会に復元した」し、労働者階級も二〇世紀の先進資本主義国の存在条件において「市民」として政治的に成熟していく。要するに、松下は現代の大衆民主主義国家が発達させたさまざまな政治回路を通じての大衆の日常的な政治参加に市民的エートスの現代的再生を期待するのである。極度に単純化して言うならば、かつての「市民社会」において、「市民」はブルジョワ(＝有産者)でしかなかったとすれば、現代の大衆国家では大衆がそのまま「市民」となる条件を探る他はない。

大衆国家の成熟の中に市民的人間型の再生の条件を見出す以上の分析は、一〇年前の論文と同じく現代国家の普遍的現象として提示されているが、松下がこのような積極的評価に転じたのはなによりも日本政治のこの間の変化を受けてのものであった。戦後改革の成果の定着と経済の高度成長が日本社会を基本的に先進資本主義国と同列の大衆国家とした客観条件だけでなく、警職法から六〇年安保にかけての抵抗運動を通じて在来と異なる「市民的自発性」に立ったさまざまな運動が展開し、「市民的政治参加」の振幅が増大したこと、このような認識が先に引用した論文冒頭の判断を支えているのである。さらに、松下は「戦う労働者」を基盤とする在来型の革新運動と異なる「自発的市民」の政治参加に期待を寄せつつ、そのどちらにも欠けている日本の喫緊の課題として自治体レベルにおける市民参加の必要を強く訴えている。革新自治体にコミットしつつ、党派性を超えて市民自治の理論を基礎づけていくその後の彼の方向がそこに示されている。

以上、一九五〇年代後半から六〇年代にかけての松下圭一の政治理論の展開をやや詳しく追って、戦後日本の「市民社会論」が「市民政治」の理論を生み出していく経緯をたどった。もとより、この転生は松下個人の頭脳だけの所産ではなく、警職法から六〇年安保を経て、六〇年代のべ平連をはじめとする反戦運動や種々の市民運動の展開にみられる戦後革新運動の変容という現実が先行していた。したがって、微視的にはこれら種々の運動のあり方を具体的に検討する必要があり、理論上は、知識人による市民運動の基礎づけの論理、久野収の「市民主義」の宣言、丸山眞男の「在家仏教」の比喩、小田実のベ平連の運動論などを個別に評価することも重要である。けれども、そうした詳細にわたることは本章の課題からの逸脱を免れない。運動の現場につねに関わりつつ、現代国家の歴史的変容についての巨視的な分析の中で日本政治の現実を解釈し、その課題を提起する理論家としての松下の仕事の中に、「市民社会論」から「市民政治論」への展開の論理を検証した所以である。

四　日本経済と市民社会論

経済の高度成長のもたらした社会の構造変化と五五年体制の確立が日本における市民政治の基盤を創出したとするならば、戦後市民社会論の元来の問題関心、日本の経済社会の遅れや歪みを照射する鏡としての市民社会の概念は六〇年代以後意味を失ったのであろうか。たしかに、経済大国日本の現実を封建遺制や前近代の残存という言葉で批判することは不可能になった。しかしながら、企業別組合、年功序列と終身雇用、系列化など、日本経済ないし日本的経営が欧米の資本主義と異なる特殊性を有するという認識は必ずしも消えたわけではない。日本的経営や日本固有の雇用慣行などは、それこそが日本経済の成功の秘訣として積極的に評価されることもあれば、「グローバル・スタンダード」の障害として批判される場合もある。いずれにせよ、日本の経済構造や企業行動が型として特殊だという認識が残り、公害問題の深刻化や政財界の癒着スキャンダルの頻出がこれに結び付けられれば、企業社会の論理を制約する市民社会の不在という見方が出てくる理由はある。こうした方向で市民社会論の立場から日本の経済社会の問題性に迫った代表的業績は、内田義彦の『日本資本主義の思想像』

（岩波書店、一九六七年）であるが⑬、それ以上に注目すべきは、八〇年代のアメリカ発のいわゆる日本異質論の中で、講座派的な市民社会不在論が日本批判の論点として再生したことであろう⑭。

もっとも、「新自由主義」イデオロギーの主導する経済のグローバル化が進行する今日、市民社会はグローバル・スタンダードからずれた特殊な経済構造に対立するものというより、市場経済の論理それ自体への対抗原理として期待されている。そのためには、経済の世界化に見合って、市民社会もまた一国単位を離れて構想されねばならないであろう。明らかに「一国市民社会論」の枠内にとどまった戦後日本の市民社会論が今日の市民社会論と異なるのはまさにその点である。ただし、商品流通が世界市場を要求するのは必然であるのに対して、「地球市民社会」が現実的基盤をもちうるかはなお疑問なしとしない。

なお、戦後日本の市民社会論にはもう一つ重要な主題として市民社会と社会主義という問題がある。ソ連・東欧の社会主義体制の崩壊という現実を前提にあらためて再考すべきこの重要な論点についても、われわれは平田清明『市民社会と社会主義』（岩波書店、一九六九年）という先駆的業績をもっているのであるが、残念ながら、本章ではこの問題を取り上げる余裕がない。他日を期したい。

（1）John Keane, *Civil Society: Old Images, New Visions* (Stanford University Press, 1998), pp. 12–13 は近年の市民社会論復活の先駆として日本の「市民社会派マルクス主義」（内田義彦、平田清明）に言及しているが、情報源が正確を欠くせいか、これをもっぱらグラムシ流のネオ・マルクス主義と解している。日本の市民社会論の原点としての戦中のスミス研究を無視しており、戦後の知的状況の中で、「市民社会」がマルクス主義者と左派リベラルとの共通言語となった事情が汲み取られていない。グラムシ理論の紹介それ自体は英語圏より早いが、日本の市民社会論はこれに先行しており、グラムシの影響は後のことである。

（2）　高畠通敏「市民社会問題——日本における文脈」（『思想』九二四号、二〇〇一年五月）は今日の国際的な議論を意識しつつ、戦後日本の市民社会論の独自の文脈を再考している。本章と問題意識の重なる部分もあるが、視角と焦点を当てている時代は異なる。

（3）　Noberto Bobbio, "Gramsci and the Concept of Civil Society," in John Keane (ed.), *Civil Society and the State* (Verso, 1988).

（4）　平野義太郎「ブルジョア民主主義運動史」『日本資本主義発達史講座』第三回（岩波書店、一九三二年）七、一〇—一一頁。

（5）　高島善哉『経済社会学者としてのスミスとリスト』（如水書房、一九五三年）。

（6）　大河内一男『スミスとリスト——経済倫理と経済理論』（日本評論社、一九四三年）。

（7）　たとえば、古在由重との対談「一哲学徒の苦難の道」『丸山眞男座談5』（岩波書店、一九九八年）二三五—二三六頁。

（8）　「市民社会」パラダイムは、内田義彦の『経済学の生誕』（未來社、一九五三年）や田中吉六、水田洋、田中正司などの社会思想史畑の研究のように、戦中のスミス研究の遺産を明確に継承する仕事に限らず、大塚史学や高橋幸八郎『市民革命の構造』（御茶の水書房、一九五〇年）など、戦後社会科学や歴史学の諸分野に広く共有された。一九六〇年代に日本語の「市民」概念の多義性を指摘し、その点を曖昧にした概念の濫用に警鐘を鳴らした福田歓一の長く公刊されなかった最初の論文における「市民社会」や「市民的」という用語の頻出はこの点をよく物語っている。『福田歓一著作集』第一巻（岩波書店、一九九八年）所収の論文「ホッブスにおける近代政治理論の形成」を参照。

(9) 松下圭一『市民政治理論の形成』(岩波書店、一九五九年)。この本が刊行されたのは一九五九年だが、内容は一九五一年に書かれた学生時代の論文を出発点に、一九五二—五四年に発表されたいくつかの論文を加筆・増補したものである。著者自身、大衆社会論の提起した「近代・現代二段階論」以前の「戦後啓蒙思想の近代一段階論的発想」に立つものだとして、一九五六年の「大衆国家論文」より前の作品であることを認めている。なお、以上の点を述べている「序言」は一九五三年九月執筆と記してあるが、内容からみて明らかな誤記で、おそらく一九五八年に書かれたものであろう。

(10) 松下圭一「大衆国家の成立とその問題性」『戦後政治の歴史と思想』(ちくま学芸文庫、一九九四年)所収。

(11) 大嶽秀夫『戦後政治と政治学』(東京大学出版会、一九九四年)。

(12) 松下圭一「「市民」的人間型の現代的可能性」『思想』五〇四号、一九六六年六月、前掲『戦後政治の歴史と思想』所収。

(13) 内田の市民社会論については、杉山光信が詳細な検討を行なっている。杉山光信『戦後日本の〈市民社会〉』(みすず書房、二〇〇一年)。

(14) カレル・ヴァン・ウォルフレン、篠原勝訳『日本/権力構造の謎』上・下(早川書房、一九九〇年)。

(高畠通敏編『現代市民政治論』(世織書房、二〇〇三年))

第五章　日本における個人と個人主義
――福沢諭吉から山崎正和まで、トクヴィルを手がかりに――

はじめに――三つの予備的考察

トクヴィルの「個人主義」の概念を手がかりに、日本における個人主義の問題を考えるのが本章の課題だが、本題に取り組む前にいくつかの予備的考察が必要と思われる。

（1）「哲学としての個人主義」と「現象としての個人主義」

「個人主義（individualism（e））」という言葉が一九世紀前半のヨーロッパに生まれ、フランス語圏で広く使われるきっかけが、サン＝シモニアンの用法と並んでトクヴィルの『アメリカのデモクラシー』にあったことはほぼ確かである。[1]ただ、思想史に登録された他の主義《イズム》と同様に、この語にはその後さまざまな意味が付与され、また時代を遡って適用されることにもなった。本章では、言葉の多義性に由来する混乱を避けるために、まず、「哲学としての個人主義（l'individualisme comme philosophie）」と「現象としての個人主義（l'individualisme comme phénomène）」とを区別することから始めたい。

ここで二つを区別するのは認識地平の相違に着目するからである。哲学とはなんらかの意味で自覚的な理論、首尾一貫した考え方であり、国民や民族、階級など集団の哲学を論じることはできるが、それを定式化するのは個人(哲学者、思想家)の仕事である。それに対して、現象は客観的に進行する社会的事実、特定の行動様式や考え方が社会の一部あるいは全体に拡がる事態を指す。「哲学としての個人主義」を肯定的に定式化すれば、一人一人の個人に固有の価値を認め、社会は各人が追求する価値の実現を保障、擁護、奨励することができるし、そうすべきだという考えといえよう。むろん、そうした考え方が社会を混乱させ、無秩序を招くと批判する立場もある。「現象としての個人主義」は、個人主義の哲学が成立する前提には、諸個人が属する集団(血縁集団や共同体)から切り離され、その庇護(あるいは抑圧)を離れて独立ないし孤立していく社会過程が進行しているとして、その事態を指すものである。「哲学としての個人主義」は哲学史や思想史の問題であり、「現象としての個人主義」は主として社会学者の研究課題であるが、後の行論が示すように、二つは無関係ではない。

「哲学としての個人主義」の先の定義はむろん暫定的なもので、思想史の上で個人主義と特徴づけられてきた哲学を十分に説明するものではない。観念史(history of ideas)の立場からこの概念を整理したスティーヴン・ルークスの標準的著作は、個人主義の構成要素として、①人間の尊厳(the dignity of man)、②自立(autonomy)、③プライヴァシー(privacy)、④自己開発(self-development)の四つの「単位観念(unit ideas)」を挙げる。[2] これらをいかなる比重で組み合わせるかによって、さまざまな理論的立場が結果しよう。試みに西洋思想史においてなんらかの意味でそう評されたことのある自称・他称の「個人主義者」を列挙してみよう。ルター、ホッブズ、ルソー、カント、ベンサム、ゲーテ、コンスタン、キルケゴール、エマソン、ソロー、スティルナー、ショーペンハウアー、フンボルト、ジョン・スチュアート・ミル、スペンサー、ニーチェ、ジード、アラン、トーマス・マン……。一括りにするにはあまりに多様な思想家の名前が挙がり、中には観点を変えれば個人主義の批判者に数えられるものも含まれる。

日本において、個人主義は(近代)西欧に固有の思考様式、文化であって、キリスト教(特にプロテスタンティズム)に淵源するものとされることが多い。集団主義を基調とする日本には欠如しており、それゆえ欧米に学んでこれを根づかせるのが課題と説かれる(洋学インテリの多数派)こともあれば、ヨーロッパにおける個人主義批判の言説にも便乗して、日本文化の優越性あるいは現代性が主張される(近代の超克派)こともある。欧米の個人主義と日本の集団主義の対比というステレオタイプは、肯定・否定どちらの立場からも、日本人論におなじみのテーマである。

このような単純な二分法に対する批判ももちろんある。古典ギリシャの文化には個の意識があるではないか。ストア派の哲学は個人主義的ではないか。キリスト教といっても、カトリックとプロテスタントとは違う、などなど。欧米の社会にもそれなりに集団主義はあるという主張も無視できない。後述するように、日本文化に固有の個人主義を見出した山崎正和の議論(『柔らかい個人主義の誕生』)は反響を呼んだ。けれども、ディオゲネスのように、自分一個の私的領域への不干渉を願うにとどまらず、すべての個人の自由を普遍的に肯定し、個人の権利と自由の尊重が社会の益になるという哲学は、やはりルネッサンス以後、近代ヨーロッパの歴史の中で定式化されたといえよう。これを洋学インテリの思い込みとばかりは言えない[3]。

（2）トクヴィルの「個人主義」概念について

『アメリカのデモクラシー』第二巻第二部第二章で「新しい思想が生んだ最近のことば」として定義している「個人主義」の概念は、哲学というよりは民主社会に特徴的な社会現象、あるいは社会心理である。それは「思慮ある静かな感情」で、「市民を同胞全体から孤立させ、家族と友人と共に片隅に閉じこもる気にさせ……自分だけの小さな社会をつくって、ともすれば大きな社会のことを忘れてしまう」④。すなわち、私的世界への隠遁の傾向のことである。

だが、哲学について語っていないわけではない。第二巻第一部第一章「アメリカ人の哲学、その方法について」では、伝統や権威を否定し、自分一個の理性によってすべてを判断するアメリカ人の思考法をデカルト哲学に淵源し、平等の進展とともに社会全体に拡がったものだと論じている。アメリカ人はデカルトをまったく読まないが、アメリカ人は誰でもデカルトの弟子のようなものだというのである⑤。ここで、トクヴィルは「個人主義」と言ってはいないが、草稿には「知的独立(l'indépendance intellectuelle)」、「独立の精神(l'esprit d'indépendance)」、「精神の個人主義(l'individualisme de l'esprit)」などの語が使われており⑥、第二部第二章に言う「個人主義」との関連をうかがわせる。

『アメリカのデモクラシー』第二巻の論理構成において、「個人主義」概念の導入が民主的専制論の前提になっていることもよく知られている。誰もが私生活に閉じこもり、公共的関心を失えば、政治や行政はお役人任せになり、専制支配が容易に確立する(「専制は本性上臆病なものであって、人々の孤立にそれ自体の永続の最も確かな保証を見出し……」⑦)。だから自由の諸制度、結社の活動によって

「個人主義」の弊害を相殺しなければならないと続くのが第二部の論理展開である。注意すべきは、第一部冒頭におけるデカルト哲学の俗流化としての民主的思考法についても、これとパラレルな論理が続いていることである。すなわち、誰もが自分の頭で考えると、結局はみな同じ考えになってしまうという逆説的指摘である。この主張は、第一巻における「多数の暴政(la tyrannie de la majorité)」論、特に「多数の全能が思想に及ぼす影響」が提示した問題の再定式化と見ることができる。第二巻では「多数の暴政」という表現は姿を消し、言論が完全に自由で権威主義のかけらもないアメリカ社会に真の精神的自由はないという観察は、人はすべてのものごとを自分の頭で考えることはできず、なんらかの意味での「教条的信仰」、精神的権威を受け容れざるを得ないという人間の知性の限界についての洞察を導く。パスカルによるデカルトの相対化ともいうべきこの論理によって、トクヴィルは、精神の独立が広がれば広がるほど、つまり誰もが権威を否定して個人の理性に従って考えるほど、世論への盲従が結果するのではないかと警鐘を鳴らす。

平等は人を同胞市民の一人一人から独立させるが、その同じ平等が人間を孤立させ、最大多数の力に対して無防備にする。……精神的権威は別のものになるが、その力は低下しないだろう。それがいずれ消えることになるとは決して信じられない。それどころか、私は、精神的権威は容易に過大となり、ついには個人の理性の作用を人類の偉大さと幸福に相応しからぬ狭い範囲に閉じ込めてしまうのではないかと懸念する。私は平等の中に二つの傾向をはっきりと認める。一つは各人の精神を新たな思想へ向かわせる傾向であり、もう一つはものを考えなくさせてしまう傾向である。(8)

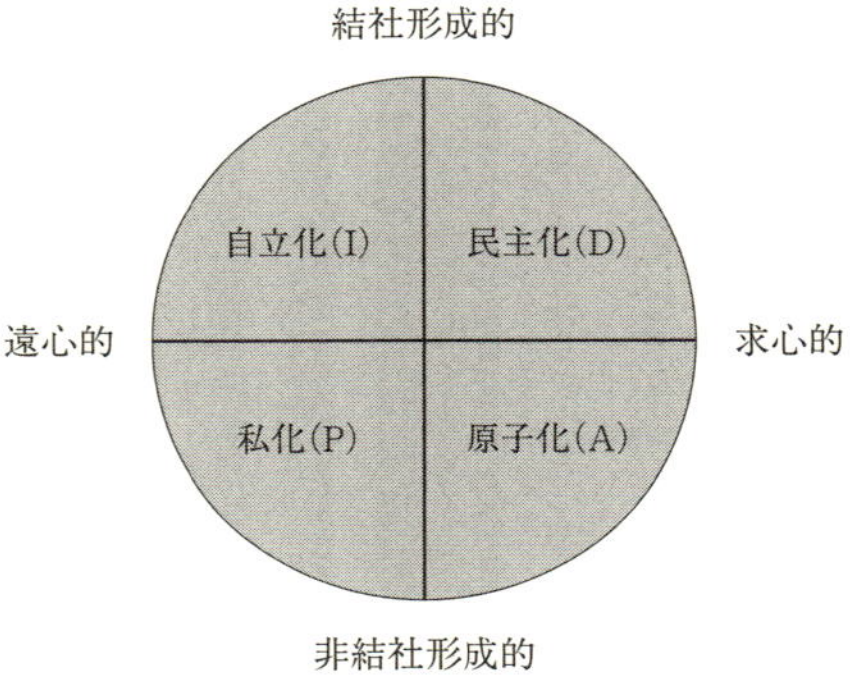

図1　個人析出の4類型

だからこそ、人間精神の自立の支えとして、「知性に健全な枠をはめる」宗教の意義が再認識されねばならないのであって、それは私生活への隠遁としての個人主義の弊害の矯正を結社活動に求める論理とパラレルなのである。

以上のように、トクヴィルは「哲学としての個人主義」にも「現象としての個人主義」にも否定的、少なくとも警戒的であるが、個人の自由と権利を尊重し、社会と国家の強制からこれを擁護する姿勢において、彼自身もまたある種の「個人主義者」といえるという点も多くの研究者の指摘するところである。[9]

（3）「現象としての個人主義」の分析——丸山眞男「個人析出のさまざまなパターン」

最後に、「現象としての個人主義」の歴史社会学的分析として、丸山眞男の論文「個人析出のさまざまなパターン」に触れておきたい。

この論文は一九六〇年代に行なわれた日本の近代化を主題とする国際プロジェクトの一環として、最初に英語で書かれたものである。[10] 近代化の一局面として、テクノロジーの発達を基本条件に、産業化と都市化が大量の個人を共同体や伝統社会の紐帯から放出する社会過程が進行するとして、これを「個人析出(individuation)」の概念でとらえ、そのあり方を類型化し、日本のパターンの特徴を明らかにしようとする試みである。直接には明治末年から大正期にかけての日本を対象に、個人をめぐるこの時期の言説を分析する文献研究であるが、本章で注目するのは、序論に示される「個人析出」のさまざまなパターンの図式化である。

丸山は価値中立的なindividuation（個人析出）という聞きなれない語を採用し、「個人析出」は近代化の一局面として普遍的に見られるとしても、それが生み出す態度や心性は一様でないとして、「遠心的（centrifugal）」—「求心的（centripetal）」、「結社形成的（associative）」—「非結社形成的（dissociative）」

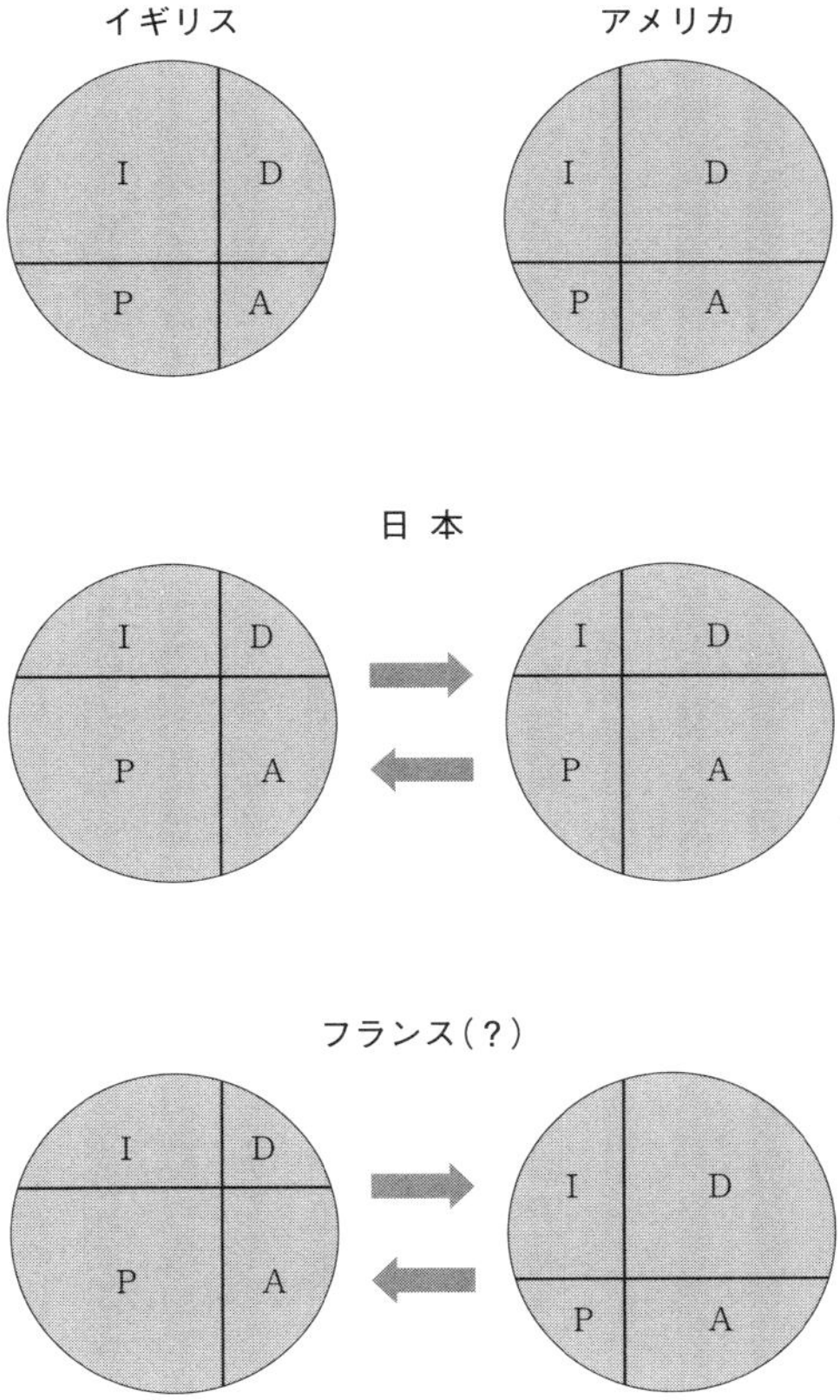

図2　各国の個人析出の形

の二つの軸の交差の上に、「自立化(individualization)」、「民主化(democratization)」、「原子化(atomization)」、「私化(privatization)」の四類型を区別する(図1)。そして、英米においては「自立化」「民主化」が優勢(イギリスでは前者、アメリカでは後者がより強い〔図2参照〕)であったのに対して、日本では「私化」あるいは「原子化」の傾向が主調であり、特に関東大震災以後、「原子化」が進行したことが左右の大衆運動への動員を容易にしたという(図2参照)。

丸山が対象とした時期はちょうど日本において「個人主義」という言葉が登場し、流通しだした時期に当るが、近代化の出発点そのものは幕末、維新にまで遡るであろう。彼自身、「個人主義」の価値を強調した啓蒙思想家は幕末にすでに現れているし、下級士族のラディカリズムを浮動化し原子化した知識人の反応様式と見ることもできると述べているとおりである。ただ、明治初期には「個人主義」という言葉は(英語やフランス語ではすでに広く流通していたにもかかわらず)日本では使われていなかった。この点は、ヨーロッパでも同じで、近代個人主義の源流はしばしばルネッサンスや宗教改革にまで遡るとされるが、その時代に「個人主義」の名で呼ばれることはなかった。フランス革命以後、とりわけ産業革命の進行によって「現象としての個人主義」が明確になることによって、この言葉は生まれたのである。

したがって、丸山の言う「個人析出」は本章に言う「現象としての個人主義」にほぼ相当するであろう。そして、トクヴィルの言う「個人主義」は丸山の「私化」に当る。トクヴィルはこれを民主社会の一般的傾向と見ているが、アメリカでは政治参加や結社活動などによってその弊害が目立たない(丸山の図式で言えば「民主化」のパターン[11])と言う。彼の目に、「個人主義」はアメリカよりフランスに著しい心性と映っているのである。⑫

一　明治期における個人と国民——福沢諭吉の「独立自尊」

幕藩体制の崩壊が身分制秩序と伝統の支配から個人を解放する機縁となったことはいうまでもない。この時期、「個人主義」という言葉は日本語の語彙になかったとはいえ、近代日本の初発における「個人の析出」を背景に、個人の自由や権利の主張がさまざまな形でなされた。福沢諭吉の「独立自尊」の観念はその典型的表現といえよう。福沢に「哲学としての個人主義」の日本における最初の定式者を認めるのに異論は少ないであろう。

『学問のすゝめ』に明確に述べられている「独立自尊」の観念それ自体はよく知られているので、ここでは本章の視点からいくつかの問題を指摘するにとどめる。第一に、それは「権力の偏重」が社会の隅々にまで浸透する中、「独立の気力なき者は必ず人に依頼す、人に依頼する者は必ず人を恐れ、「我が心をもって他人の心を制する」ことに誰も疑問をもたない「人民の気風」への徹底した批判（それは『文明論之概略』巻之五「日本文明の由来」に体系的に展開される）と背中合わせであった。第二に「独立自尊」は個人の自由の主張だが、同時に他者の自由との衝突、軋轢を当然に予想する。多元的な価値や異なる意見とのぶつかり合い（「多事争論」）こそが自由の条件（「自由は不自由の際に生ず」）なのである。すなわち「独立自尊」は唯我独尊ではない。さればこそ、『学問のすゝめ』の最終十七編は、「道同じからざれば相与《あいとも》に謀らず」であってはならぬと、開かれた「人間《じんかん》交際」の意義を確認して終わるのである。第三に、「一身独立して一国独立す」の標語が示すように、これは個人の私的空間における自由の主張ではない。「政府あってネーションなき日本の現状を打破し、国の独立を達成するためにこそ一人一人の「独立自尊」が不可欠だとして、「一国人民の気風」の刷新を訴えるものであった。

以上の点で福沢の「独立自尊」はトクヴィルの言う「個人主義」とはまったく異なり、むしろそれと対極的な精神を打ち出したものだが、『学問のすゝめ』にはトクヴィルの論理との類似性や並行関係の認められる論点や考え方もいくつかある。第一は「私立為業」という福沢の宣言がトクヴィルの集権制批判と似た論理に裏づけられている点である。福沢は西洋文明の摂取を日本の課題としながら、それが政府主導一辺倒で行なわれては文明の外形を整えることはできても、かえって人民から独立の気力を奪い、「文明の精神」を植えつけることにはならないと警鐘を鳴らす。「学校も官許なり、説教も官許なり、牧牛も官許、養蚕も官許、凡そ民間の事業、十に七、八は官の関せざるものなし。これをもって世の人心益〻その風に靡き、官を慕い官を頼み、官を恐れ官に諂《へつら》い、毫も独立の丹心を発露する者なくして、その醜体見るに忍びざることなり」(『学問のすゝめ』四編)。政府主導による文明開化は人民の無気力をかえって強化し、権威への従順を増幅するだけではないか、それが福沢の懸念であった。「あたかも国は政府の私有にして、人民は国の食客たるが如し」(同五編)という旧来の状況が持続しているだけではない。かつての専制政府と違い、明治の新政府は西洋諸国から科学技術を取り入れ、より巧妙に人民を統制することができる。「古の政府は力を用い、今の政府は力と智とを用ゆ。古の政府は民を御するの術に乏しく、今の政府はこれに富めり。古の政府は民の力を挫き、今の政府はその心を奪う。古の政府は民の外を犯し、今の政府はその内を制す。古の民は政府を視ること鬼の如くし、今の民はこれを視ること神の如くす」(同五編)。これはトクヴィルが『アメリカのデモクラシー』全巻のフィナーレに提出した、後見的専制、「穏やかな民主的専制」のヴィジョンを思わせる表現である。

福沢の議論は政府を批判するだけでなく、無邪気、無批判にこれに協力する民間の態度を問題視し、権威に従順で常に大勢に従う人民の無気力により厳しい。明六社の同人たちにさえ見られる官途志向を批判した「学者職分論」は論争を巻き起こし、時流に乗って安易に成功を求める「洋学者流」、「開化先生」への歯に衣着せぬ批判は、「その学風は宜しからずと雖ども、読書に勉強してその博識なるは今人の及ぶところに非」ざる封建の世の学者への称賛にまで至る(同十編)。文明開化の現状に対する福沢のこのような批判と留保は、いうまでもなく、政府の方針転換とともに人民の大多数が一夜にして鎖国攘夷から西洋文明への追随に態度を改めた急変を目撃した幕末維新における彼自身の経験に基づくものである。それは過去の伝統に対する深い反省を経た上での態度決定ではなく、「集団転向」に過ぎないのではないか。百八十度の方向転換にもかかわらず、権威に諂い大勢に順応する姿勢、すなわち「独立自尊」と正反対の精神の持続は変わらない。このように論ずる十五編は、一切の精神的権威を否定して、誰もが自分の頭で考えだすと世論への盲従が生じ、皆同じ意見になってしまうという逆説を導くトクヴィルの論理を想起させる。もちろん、西洋文明の根底に懐疑の精神と異説争論を見出し、「虚誕妄説を軽信して巫蠱《ふこ》神仏に惑溺」する「アジヤ諸州の人民」とこれを対比するこの編の中心的視座はトクヴィルから引き出されているわけではなく、直接にはバックルの文明論に負うものであろう。だが、そこから「事物の軽々信ずべからざること果して是《ぜ》ならば、またこれを軽々疑うべからず」という逆説を引き出し、日本における急激な西洋文明の摂取は「自発の疑い」に出るものではなく、「ただ旧を信ずるの信をもって新を信じ、昔日は人心の信、東に在りしもの、今日はその処を移して西に転じたるのみ」と断ずる論理の展開は福沢独自のものである。そして懐疑の精神に西洋文明の発展の鍵を見出し、だからこそ「事物を疑って取捨を断ず」べしという福沢の主張は、精神的権威を否定して自分の頭で考える知性の個人主義(デカルトの方法的懐疑)が広がれば広がるほど、「知性に健全な枠をはめる」必要が増すというトクヴィルの論理とほとんど瓜二つである。

以上、福沢の「独立自尊」の観念とトクヴィルの「個人主義」批判との関連あるいは類似を指摘したが、これは福沢が直接トクヴィルから学んだり、影響を受けたという意味ではない。トクヴィルを知る前から、福沢の思考様式にはトクヴィルのそれに通ずる面があった点に注意を喚起しただけである(13)。

二　大正期における個人主義の擁護
――夏目漱石「私の個人主義」、大杉栄『社会的個人主義』、田中王堂『徹底個人主義』――

日本において「個人」と「個人主義」をめぐる諸問題がこの言葉を使って論ぜられた最初の画期を明治末年から大正にかけての時期に求める点で歴史家の見解はほぼ一致している。背景には、明治国家の体制が整い、条約改正も実現し、日英同盟締結をはさむ日清日露の戦争を通じて列強の仲間入りをしたことによって、幕末以来国民の強迫観念となってきた対外危機意識が緩み、国内的には産業革命と都市化の進行によって、村落共同体の紐帯から切り離された個人が大量に放出され、丸山眞男の言う「個人析出」が本格的に進行して「群化社会」(神島二郎)が出現するという状況があった[14]。こうした社会状況の中で国家社会と切れた個人の私的世界がそれなりに成り立ち、私的価値の追求が許されるようになり、事実それに耽溺する人々が大量に出現したということであろう。丸山は「高等遊民」「煩悶青年」「成功青年」などの時代の流行語を用い、文学作品や評論を渉猟して、そこに析出される個人の諸類型を描き出している。

「個人主義」という日本語の初出を確定するのは難しいだろうが[15]、こうした状況に関連しておそらく英語やフランス語からの翻訳語として使われだしたのではないだろうか(英語の individualism、フランス語の individualisme はこの時期には広く使われている)。国家主義や日本主義の立場から非難する意味で用いられたのが先かもしれないが、大正期になると「個人主義」を表題に掲げてこれを擁護する書物が書かれるようになる。ここでは、代表的なものとして、夏目漱石の講演「私の個人主義」(一九一四年)、大杉栄の論文集『社会的個人主義』(一九一五年)、相馬御風『個人主義思潮』(一九一五年)、そして田中王堂『徹底個人主義』(一九一八年)の四作品をとりあげよう[16]。

最初に四つの作品をまとめて評すると、漱石の講演を除いて他の三つはいかにも翻訳個人主義の匂いが強い。御風の著はイエス・キリストを第一の個人主義者と規定するオスカー・ワイルドの言を糸口に、後はスティルナー、キルケゴール、イプセン、ニーチェの紹介に過ぎない。大杉の論文集もスティルナーの教育論や『唯一者とその所有』(大杉の訳語は『唯一者とその財産』)の紹介から始めており、この時期、個人主義と言えばまずスティルナー(Max Stirner)をもちだすのが定番となっていたことをうかがわせる。他の章もギヨー(Jean-Marie Guyau)、パラント(Georges Palante)の論文の翻訳、ロシアのナロードニキ、ラヴロフ(Pyotr Lavrov)の紹介が多くを占め、大杉自身の「社会的個人主義」を秩序だって述べたという「個人主義の諸相」もパラントの論文「アナーキズムと個人主義」("Anarchisme et individualisme")および「ペシミズムと個人主義」("Pessimisme et individualisme")を下敷きにしていることが明らかになっている。だが、パラントの著作全体を検討してみると、むしろ大杉との違いの方が際立つ。

「アナーキズムと個人主義」を最終章にもつパラントの書『個人主義的感性⑰』は、表題が示すように、道徳説や社会理論としての個人主義(individualisme doctrinal, individualisme doctrinaire)と自己へのこだわりから社会的強制に不断に反発する個人主義の感性とを区別し、もっぱら後者の面から個人主義を考察したものである。フランス革命後の社会秩序の混乱の中で自己解放を求める強い個人が社会に反逆し、あるいは社会変革を求めた(「第一期個人主義」)のに対して、それが必然的に失敗した挫折経験から自己の内面に退却し、徹底的に社会を拒否する第二期の「心理的個人主義」が現れたとして、その系譜をコンスタン、アルフレッド・ヴィニーからスティルナー、ショーペンハウアーへとたどるのがパラントの論旨である。彼にとって個人主義とは何よりも第二期の「心理的個人主義」に顕著な感性を意味し、それは個人と社会の調和について徹底的な悲観論(ペシミズム)に立つものである。

これに対して、大杉は個人主義を第一期と第二期に分かつパラントに従いつつ、第二期の「心理的個人主義」の私的世界への埋没に満足せず、これを「社会的個人主義」によって克服し、第三期の「新しい個人主義」を目指す展望を提示する。「社会的個人主義」という言葉はパラントの「ペシミズムと個人主義」の冒頭に出ており、大杉はそこからとったのかもしれないが、パラント自身は社会的オプティミズムを含むこのような教説は議論の対象にならないと相手にしていない。パラントがより多く筆を割いている個人主義の社会教説(individualisme doctrinaire)は自由放任論や夜警国家論、連合主義など国家権力を制限し少数者、個人を擁護する種々の社会理論であり、個人主義的感性の持ち主が同時にこれらの社会理論を奉ずることはあり得る(典型はバンジャマン・コンスタン、逆に個人主義的感性に欠ける個人主義の社会理論家の典型はスペンサー)が、それ自体として個人主義の感性と個人本位の社会教説との間に必然的関連はないと言う。彼にとって個人主義者の本質はあくまでその感性にあり、それが徹底して研ぎ澄まされれば、一切の社会教説の拒否に至るであろう(個人主義的感性の純化はソローの如く森の中での単独生活を選ぶか、さもなければ自殺に至る他ないとまで言っている)。パラントの徹底して悲観的な個人主義理解からは、「社会的個人主義」による「心理的個人主義」の克服という大杉の展望は出てくるはずがないのである。

大杉は「社会的個人主義とは、各個人の個性の多種多様なる自由な発達が、社会組織の第一条件であり、社会進化の第一要素であるべき事を主張する、一社会学的学説である」と述べているだけで、その中身を詳しく説明していないが、彼の頭の中にあるのがアナーキズムの理論であることは想像に難くない。ところが、パラントの「アナーキズムと個人主義」はまさに両者を峻別する論理を展開している論文なのである。パラントにとって、個人主義は個人と社会との調和について徹底してペシミスティックであるのに対して、アナーキズムは、現存秩序(国家権力と私的所有)を否定してそのトータルな破壊を目指すとしても、万人の個性の解放が本来の社会秩序をもたらす(あるいは蘇らせる)と信ずる点で社会についてのオプティミズムの極致である。個人主義が個人と社会との絶対的対立という事実を直視するリアリズム(un impitoyable réalisme)に立つのに対して、アナーキズムは理想主義(un idéalisme exaspéré)に過ぎ、非歴史的な個人主義に対して、アナーキズムは社会の進化を想定する歴史的思考である。[18] パラントが個人主義との対比でアナーキズムに付しているこれらの属性は、ほとんどそのまま大杉の思想に当てはまるであろう。

以上に検討したように、大杉はパラントの著作に学び、それに依拠しながら、むしろ対極的な論理を展開しているといえよう。大杉はパラントの描き出す「叛逆者の心理(la mentalité du révolté)」には大いに共感したであろうが、それ以外の点では自らの立論に都合のよいようにパラントをつまみ食いしているという印象が強い。思想内容においてもパーソナリティーにおいても、二人は全く異なる「個人主義者」であった。

もちろん、大杉はパラント思想の学問的研究をしているわけではないから、パラントに学んでパラントと異なる主張をして悪いというのではない。しかし、これを大杉の独創性と評価するのも問題であろう。パラントが個人主義とアナーキズムとを徹底して切り離し、個人主義の立場からこれだけアナーキズムに批判的な論評を加えている以上、大杉としては、これを正面から受け止めて反批判を試みた上で、自らの主張を展開すべきではなかろうか。とりわけ、パラントが『社会主義運動』誌に掲載されたエドアール・ベルトの論説を引いてアナーキズムの科学主義を衝き、そうした科学信仰にもとづく主知主義は権威主義に至ると批判するのに対しては、鋭く反応して然るべきではなかろうか。この論点は個人主義の理解の問題を超えて、大杉の思想の核心を成す進化論の受容をどう考えるかに関わり、科学の絶対視は宗教の位置に科学を置くもう一つの権威主義に過ぎないというパラントの論理に対しては、アナーキスト大杉栄たるもの、正面切って反撃しなければならないのではないか[19]。だが、大杉が明示的黙示的にパラントを下敷きに書いている論考において、パラントの議論が彼自らの立脚点に対する批判や挑発になっていると的確にこれを理解し、鋭く反応している跡は窺えない[20]。結局のところ、大杉は「社会的個人主義」に明確な内容規定を与えておらず、白樺派のような文学者たちの個人主義と自らの立場を区別するスローガン以上の意味をこれに認めることはできない[21]。

田中王堂の『徹底個人主義』にも翻訳個人主義の側面がないわけではない。『徹底個人主義』という名称も、ウィリアム・ジェームズの『信ぜんとする意志』(*The Will to Believe*, Longmans, 1896)序文における radical experimentalism からとったものであり、内容的にも、思想や学問を何より生活の必要に応えるものと見る視点など、プラグマティズムが根底にあることは明らかである。ただ、そのプラグマティズムもジェームズやデューイの祖述ではなく、王堂なりの言葉で表現され、身についた思考法となっている。個人主義の思想家として御風も大杉も欠かさず挙げるスティルナーやショーペンハウアーといった近時(流行)の哲学者への言及はなく、ホッブズやロックに遡って、近代社会の初発の原理の内に個人主義の出発点を見出している。

王堂にとっても、個人主義とは一人一人が異なる個性を有する事実を認め、万人に個性の開発を促す思想である。しかし王堂は、個人主義を掲げた政治や社会の変革は一八、一九世紀の西洋に始まるとしても、人がそれぞれ個性を有するのは経験の個別性に基づく生活の事実であって、特定の社会の生み出したものではないと主張する。「個人主義に依りて始めて明晰な口調を以て唱道された事実は、如何に太古の昔に溯つても、それが人間の生活であつた限りは、ある形と程度とに於て行はれて居たと見ねばならぬものであるし、又、如何に永劫の末に到つても、それが人間の生活であらん限りは、ある形と程度とに於て行はれて居ると考へねばならぬものである」[22]。ただ、かつてはさまざまな阻害要因が社会にあって個人主義の発現を妨げていたに過ぎず、将来の社会において各人の個性が消えることもありえない。専制主義でさえ個人主義の準備とされ、現代において個人主義が「社会主義」や「協同主義」にとって代わられるわけでもないと王堂は主張する。「個性をはたらかせることに依つて、協同生活を営んで居る」[23]のが人間の生活の特徴であり、事実、個性の開発が進めば進むほど社会性(「協同生活を支配する原理」)は諸個人の精神に内面化する。したがって、課題は個人主義の克服ではなく、その徹底、「徹底個人主義」なのである。

人はあるいはここに個人と社会の関わりについてあまりに楽観的な見通しを見出すかもしれない。ジョルジュ・パラントならば、社会に完全に背を向ける態度こそ徹底個人主義だと言うであろう。だが、田中王堂はあるがままの個人のあり方を手放しに肯定したわけではない。この点は、『徹底個人主義』に先立つ『哲人主義』の議論に見ることができる。

「哲人主義」という言葉を王堂は自分の発明としているが、むろんこれはプラトンを想起させる表現である。個人の行動原理から国家の構成原理を説明する論法はプラトンに想を得たものであろう。ただし、プラトンが理性、気概、欲望という魂の三層構造を前提するのに対して、王堂は人は誰でも種々の衝動（欲求）に動かされるという事実から出発する。そして、すべての欲求を充足することはできないので、ある種の欲求はあきらめたり、別のものに置き換えたりという調整作用を通じて、できる範囲の欲求充足に満足せざるを得ない。というより、それはより高次の欲求の充足に変換される過程である。王堂はこの作用を心理学の用語を借りて「代償（substitution）」と呼ぶ。人は誰でもこの代償作用を通じてそれぞれの個性を発揮しているのであって、ただ哲人はこれを自覚的に、凡人は無自覚に行なうという違いがあるだけである。そして、個人の行動においてと同様、社会の協同生活においても代償は不可避となる。社会成員すべてのあらゆる欲求を充足することは不可能なので、各人の欲求の間での調整が必要となり、代償作用が働かねばならない（王堂はここでルソーの全体意思と一般意思の区別をもちだしている）。王堂はこうして、社会を構成する実在はあくまで個人であり、社会の目的は万人の個性の発現にあるとしながら、デモクラシーもまた「哲人主義」に裏づけられねばならないと論ずる（「デモクラシイの極致としての哲人主義」[24]）。

「代償」概念を鍵とするこの王堂の論理が個人主義の社会理論としてどこまで説得的かはここでは問わない。だが、個人と社会の緊張関係を解く彼なりに一貫した考え方を示しているとは言えよう。少なくとも、「征服の事実」に「生の闘争」を対置して、「叛逆の精神」を謳歌するだけに終わった大杉栄の個人主義よりは一貫する理論によって社会の事実を説明している。そして、大杉の「社会的個人主義」がスローガンを掲げただけで、それ以上の理論展開を見せていないのに対して、王堂は「徹底個人主義」と「哲人主義」の見地に立って、デモクラシーから恋愛、結婚、家庭論まで時代の争点を論じている。そのすべてにわたって王堂の主張に説得力があるとは言えないし、当時の言論界を大きく動かしたわけでもないであろう。だが、日本の学問が生活の必要と実行の要求から遊離し、それゆえ真の独立性も創造性ももつに至っていないと批判する「学問の独立の意義と範囲と順序とを論ず」(25)などには、明治以来の日本の思想や学問のあり方への反省を踏まえて、時代思潮に対峙する王堂の姿勢がよく表れている。

王堂はこの論説で、問題の根源を明治の日本が国の存立にとっての「死活の問題」として西洋の学術を丸ごと出来合いのものとして取り入れたところに求める。そこに日本人の生活の実際からの遊離が生じると同時に、西洋文明の摂取は「嘸下」にとどまって「咀嚼」に至らず、科学を経験と実験から組み立てるのではなく、これを信仰しているに過ぎないという日本の学問の根本問題がある。王堂は日本主義や伝統主義の反発を必然と認めつつ、しかし、あくまで西洋文明の優位を承認して安易な東西文明融合論を排し、日本人の生活の必要、実行の要求に即した学問のあり方を示す。ここでも彼が主張するのは、日本のおかれた歴史状況に即した西洋文明摂取の「徹底」なのである。福沢が半世紀前にいだいた問題意識の残響をそこに聴き取っても見当違いではあるまい。

以上の著作に比べ、漱石の講演が個人主義を何よりも「私の」問題として語ることから始めているのはやはり特徴的である。漱石は自身の英文学研究の歩みを振り返って、外国の権威ある学者や流行の学説をいくら追っても自分固有の文学の発見に至らぬと翻然気づき、「他人本位」を捨て「自己本位」の立場に目覚めたことでそれまでの長い「煩悶」から抜け出し、自らの個性を見出した(「自分の鶴嘴をがちりと鉱脈に掘り当てた」)と述べる。自らの経験に即して「自己本位」に徹することが個性の発現に他ならぬとした上で、自らの個性に執着するからこそ、他人の個性をも認めるべきだと論を進める。将来「権力」と「金力」に恵まれる地位に就くであろう聴衆（学習院の学生）に対して、誰でもない自分自身のために個性に目覚めるべきことを説き、同時に他者の個性を尊重して、その発達を妨げてはならぬと釘を刺すのである。個人主義は自らの自由の主張だが、だからこそ他者の自由を承認すべきものであり、したがって社会や国家を害することはない。

英文学者としての自らの経験に即して論を進める語り口を別にして、個性の発現に執着するからこそ同時に他者の個性を尊重すべしという漱石の「私の個人主義」は、今日の目で見れば常識的に映る。個人主義は国家社会を害するものでないという主張も、各人の自由は国家の安危に従って上下するのが自然の状態で、「国家が危うくなれば、個人の自由が狭められ、国家が太平の時には個人の自由が膨張してくる、それが当然の話」だというのだから、微温的に響く。大杉栄の場合はもとより、田中王堂においても個人が実在であって、国家のために個人があるのではないという原則は一貫しているのに比べて、漱石の個人主義が「徹底」していないのは確かである。

講演「私の個人主義」はあくまで「私の」個人主義を語っているのであって、社会理論への展開を意図していない。ただし、文学理論や文明批評、あるいはいくつかの小説作品を含めて、漱石の個人主義を広く検討することは可能であり、明治末年から大正にかけての日本の個人主義言説の中に漱石が独自の位置を占めることは疑いない(26)。そして、漱石の個人主義を特徴づける「自己本位」へのこだわりは、スティルナーやショーペンハウアーを引いて時代思潮として個人主義を語る「他人本位」の言説に対する批評になっている。外来の流行思想を援用して「個人主義」を言い立てる当の本人の「自己」はどこにあるのか。言外にそう問いかける漱石の視点は、「現代日本の開化」の内発性に疑問を投げかける文明批評家の目と異なるものではない。

三　戦後啓蒙と主体性

関東大震災以後、敗戦に至る時期は、およそ「個人主義」を積極的に主張し得なかった時代である。[27]国家主義や右翼ナショナリズムがこれを当然に敵視しただけでなく、左翼革命運動の側も、個人の権利と自由の実現を目標に掲げるどころかこれをブルジョワ・イデオロギーと貶め、運動における自己へのこだわりを階級意識の未熟として排撃するのが常であった。大杉栄の「叛逆の精神」が自我へのこだわりと不可分であったのと、それはやはり顕著な対照を成している。革命運動における個人の問題は、転向の時代になって初めて意識に上るであろう。風俗面においても、大正末から昭和初期の「モボ、モガ」現象に「個人主義」や「個性」の表現を見る言説は見出しがたい。次節で考察する山崎正和の『柔らかい個人主義の誕生』(一九八四年)がまさに風俗現象を大きく取り上げているのと対照的である。

それだけに敗戦が明らかにした近代日本の国家プロジェクトの破産は、日本国民一人一人の責任、福沢のいわゆる「一身独立」がついに確立しなかったのではないかという反省を迫ることになった。この問題意識をもっとも鮮明に打ち出したのが丸山眞男であることは言うまでもない。すでに戦中に、丸山は福沢諭吉が日本思想史に出現したことの意味を「国家を個人の内面的自由に媒介せしめたこと」と要約し、彼は「個人主義者たることに於てまさに国家主義者だった」と評していた(「福沢に於ける秩序と人間」)[28]。そして戦後丸山の出発点を画す名高い論文は、八月一五日を「国体がその絶対性を喪失し今や始めて自由なる主体となった日本国民にその運命を委ねた日」と規定して終わる。「福沢に於ける秩序と人間」という短いエッセーには「個人」「個人主義」という語が何度も出てくるが、「超国家主義の論理と心理」以後の戦後の著作にはあまり使われていない。代わって前面に出るのは「主体」あるいは「主体性」である。これは丸山だけのことではなかったようで、戦後日本の知識社会のある意味で最も信頼できる観察者、ロナルド・ドーアは次のように述べている。

　私が初めて日本にきたのは一九五〇年であるが、当時の日本は、近代価値を求める運動の最盛期であった。しかし、英語の Individualism の訳語として伝統的に用いられてきた「個人主義」は、この運動の中ではほとんど使われていないのに気づいた。個人主義という言葉は、自己主張やわがままの意味が強すぎる表現となっていたのである（強すぎるほどといったが、それが個人主義の当然の見方であり、当然であったからこそこういう解釈がたいへん強いのである）。

　したがって、新しい啓蒙運動の主張は、新しい言葉によるものでなければならなかった。そして、もともとドイツ哲学用語の訳語で新たに人気をもつようになった「主体性」と「自主性」という二つの言葉が使われるようになった。主体性は、「人間は歴史の主体であり客体ではない」というような表現に使われるように、主体であることを意味するが、英語では「アクターネス」(actorness)と訳すのが最適かと思われる。自主性は、英語では「オートノミー」(autonomy)であるが、漢字が示しているように自らが自らを支配するという意である[29]。

戦後啓蒙、特にいわゆる近代主義の言説における個人と個人主義の問題について詳細に立ち入る余裕はないが、二点だけ指摘しておきたい。一つは主体性の問題、個人と組織の問題はアンシャン・レジーム批判の論点だけでなく、左翼運動の側についても問われたという事実である。実存主義がマルクス主義に提起した「主体性論」、雑誌『世界』の座談会「唯物史観と主体性」、『近代文学』派が提起した「ハウスキーパー」問題に典型的に見られるプロレタリア文学の政治主義批判などにそれは表れている。第二は、ベネディクトの『菊と刀』の受容とも絡んで、西洋の個人主義と日本の集団主義との対照という文化論におけるステレオタイプがこの時期に成立し、その後いわゆる日本文化論ないし日本人論において繰り返し議論されることになったという事実である。

四　経済大国日本と新たな「個人主義」の擁護

――山崎正和『柔らかい個人主義の誕生』――

一九七〇年代の終わりから八〇年代にかけて、個人主義の問題があらためて問われ、論壇の話題となった。背景には経済大国日本の成熟、戦後復興から高度経済成長、さらに石油ショックをも乗り越えて日本が完全に先進国の仲間入りをした状況があった。明治以来の欧米先進国に追いつけ追い越せというキャッチアップの課題が達成され、今や日本は世界の(経済)システムの重要な構成要素となり、今日いうところのグローバル化が始まったのである。したがって、日本の言説状況も世界(といっても、この時期にはなお欧米中心ではあったが)のそれとリンクし、日本社会が当面する問題は基本的に先進資本主義諸国の課題と同質のものとみなされるようになった。そして、欧米においてもこの時期には「個人主義」がさまざまな形で論ぜられていた。その背景には、サッチャー＝レーガン革命（新自由主義）が「市場個人主義」を解き放つ一方、「脱工業社会」における価値観の多様化が進み、それと裏腹な「主体的個人」の喪失が言われ、家族関係の解体をも含む「ミーイズム」の跋扈を嘆く声も上がるという状況があった。個人主義についてのトクヴィルの警告の現代性が再認識された[30]のもこの文脈において理解される。英米の（政治）哲学におけるリベラル＝コミュニタリアン論争以来、公共性や公共善の問題があらためて提起された事実は、逆方向からこうした状況を映し出している。さらに、日本に直接関わる論点として、日本的経営の評価（アベグレン『日本の経営』）とからむ集団主義の肯定（エズラ・ヴォーゲル『ジャパン・アズ・ナンバーワン』）とその反動としての日本異質論（ウォルフレン『日本／権力構造の謎』など）がまさに日本の外から提起された事実も特徴的である。

こうした世界の言説とリンクしつつ、日本の「個人主義」を、しかし日本特殊のものとしてではなく、脱工業社会に共通の文脈において、あるいは欧米のそれをも含む「消費社会」の課題に応える「美学」として論じたのが山崎正和の『柔らかい個人主義の誕生[31]』である。

山崎はまず、Ｆ・Ｌ・アレンの名著に倣って「おんりい・いえすたでい'70s」と題して、直近の過去、石油ショック以後一〇年の日本社会の変貌を同時代史として描くことから始めている。国家の力が弱まり、地域の時代が叫ばれ、高齢化社会が進むとともに、青年の猶予期間（モラトリアム）も長引き、情報化社会の中で諸個人の選択の幅が広がり、さまざまな生きがいを求める欲求の多様化に応じて多種多様なサービス産業が発達し、教育も学校教育に限らず生涯教育に拡がり、行政も福祉行政から文化行政に軸足を移す。個人にしろ集団にしろ、目的が一義的でも明確でもなくなり（山崎は近代国家を目的を掲げて成員を一つにする組織の典型と考えている)、集団への帰属も多元化あるいは浮動化し、消費行動も溢れる商品を前に多様化する(「何を買えばいいか分からない」という迷いが広がる一方、できる限り買わずに「シンプル・ライフ」を目指す人々も出てくる)。こうした状況の中で、一人一人が自らの人生を選ぶ余地が広がり、あるいはそうせざるを得なくなり、しかも高齢化社会の中で長くなった人生のさまざまな局面で頻繁に選択を迫られることとなる。[32] 山崎はこれらの現象の中に個人を「個別化」(英語版は丸山の用語と同じ individuation を当てている)する傾向の増大を見て取り、そこに新しい「個人主義」、「柔らかい個人主義」の可能性を見るのである。

ここで「柔らかい個人主義」というのは、産業社会を生み出した生産の倫理としての「硬質な個人主義」に対置される概念である。山崎は、ウェーバーに依拠して、カルヴィニズムの世俗内禁欲に生産の倫理としての「硬質な個人主義」の典型的表現を見出している。富の増大という神の定めた目的のために生活を徹底的に合理化し、一切の無駄や娯楽を排し、とりわけ時間の浪費を嫌うカルヴィニストの労働の倫理は資本蓄積を軌道に乗せ、産業社会の形成を促したが、それは目的合理性に即した効率主義の全面展開を意味した。その過程において、各人は一対一で神と向き合い、神の機械の部分と化してしまう。他者を見失った孤独の中で、人は精神の不安から逃れられず、その帰結は「顔の見えない社会」の形成であった。次いで、山崎はデュルケムのアノミー論からリースマンの『孤独な群衆』(山崎は『淋しい群衆』と訳す)に至る社会学理論をたどり、その底には一貫して「顔の見えない大衆社会」への恐れが流れていると言う。

本章の概念枠組を用いて整理するならば、西洋近代の「哲学としての個人主義」(デカルトの方法的懐疑であれ、カルヴィニズムの禁欲倫理であれ）は産業社会を生み出したが、産業化の進展はテクノロジーの発達と平準化を必然的に伴い、その結果「哲学としての個人主義」の前提たる個人人格の統一性が解体され、人間集団を画一的で受動的な個人の群れ（「顔の見えない大衆」）に転化する「現象としての個人主義」が進行するということであろう。ただし、デュルケムにしろリースマンにしろ、通常、社会学者は大衆社会化を一九世紀以降の産業化の帰結あるいは二〇世紀の現象と見るのに対して、山崎は産業化を起動した「硬質な個人主義」がすでにその条件を整えていたことを強調する。「およそ個人の顔の見える人間関係が優位を占め、思想のうへでそれを尊敬するやうな社会のあり方は、すでに遠く十七世紀の産業化の開始とともに失はれてゐた[33]」というのである。そこで失われたものは顔の見える隣人社会、その中での生き生きとした人間の付き合い、社交であった。

このように、産業社会における生産の倫理たる「硬質な個人主義」に対置される「柔らかい個人主義」は消費行動に着目してつくられた概念である。むろん経済活動において生産と消費は表裏の関係にあり、一方なしに他方はない。だが、生産優位の産業社会にあっては、消費は生産ないし再生産のためにあるのであって、消費行動を通じての欲望の充足それ自体が肯定されるわけではないと山崎は言う。消費行動も安価に有用な財とサービスを求める効率主義に導かれ、その帰結は画一的商品の大量生産、大量消費だというのである。ところが、脱産業社会においてはこれと対照的な消費行動が広がり、その予兆は一九七〇年代の日本社会に表れているというのが彼の主張である。

先に彼の描く同時代史に見たように、情報化社会の中で消費者の欲求が多様化し、供給側も「多品種少量生産」をもってこれに応じ、趣味で結ばれた小集団の活動が盛んになり、多様な趣味の追求を満足させるさまざまな文化産業によるサービスも広がる。各人が自らの目的、生き方を選ぶことが可能になり、消費行動は基本的な欲求の充足を超えて自己表現の回路となる。山崎のいわゆる「個別化」が一層進行する中で、従来の目的志向的な硬直した個人主義と異なる、「より柔軟な美的な趣味と開かれた自己表現の個人主義」の誕生が期待されるというのである。同時代の日本社会に「柔らかい個人主義」の予兆を見出す山崎の議論は多岐にわたり、印象主義的な手法に終始していることもあって、どこまで客観的裏づけのある現実分析なのか、それとも著者自身の希望的観測に過ぎないのか、しばしば判断は難しい。中には、著者自身どこまで本気で言っているのか、首をひねりたくなるような論点もある。[34]

だが、山崎の予見の適否を個別の現象に即して断ずるのがここでの課題ではない。山崎の描く七〇年代、八〇年代の同時代史は日本の近代化一〇〇年の帰結であると同時に、西洋近代に始まる産業社会の爛熟の果てにおける「脱工業社会」の到来という世界史的文脈におかれている。そうした長期の歴史的ヴィジョンを与えるものとして、彼が依拠するのは言うまでもなくアレンではなく、ダニエル・ベルの『脱工業社会の到来』であった。[35]

ベルはマルクスの予言と正面から取り組んで、プロレタリア革命による資本主義の廃絶ではなく、社会主義体制を含めて近代工業社会の形成に共通の傾向を認め、その帰結としての脱工業社会(山崎は「脱産業社会」の訳語を選ぶ)の到来を告知した。財の生産からサービス経済への移行、資本と経営の分離による企業形態の変容、情報と管理技術の決定的重要性、その帰結としての科学技術の専門家たるテクノクラートの支配。ベルは二〇世紀の社会諸科学が積み上げた知見を踏まえてこれらの傾向を確認し、その先に来るべき脱工業社会のデッサンを描こうとする。あえて強引に単純化するならば、その未来像はマルクスの予言ではなく、サン＝シモンのヴィジョンを裏書きするものであった。情報化とテクノロジーの進展を基本条件とする工業社会の変容についてのベルの分析に山崎の消費社会論が多くを負っていることは明らかである(なお、消費社会それ自体について、山崎はボードリヤールを参照しているが、ベルへの傾倒と対照的に、フランスのポスト・モダン社会学には批判的である)。

自身の学問的営為のすべてをつぎ込んだともいえるベルの大著と印象主義的な文明批評の書である山崎の小著とを同じ次元で論ずることはできないが、ベルと山崎の相違について一、二の点を注意しておこう。第一は、政治あるいは権力の問題が山崎の議論にはすっぽりと落ちていることである。ベルの場合、脱工業社会の分析は経済を含む「社会構造」の次元でのものであり、マルクスの言う「土台」とは違うにしても、彼がこれを社会にとって基底的と考えていることは確かである。だが、同時に、個々の社会のあり方はそれとは別に政治による決定と文化の影響を免れないことを認めており、これらの要因(マルクスの用語で言えば「上部構造」)を「社会構造」に規定される従属変数とみなしてはいない。したがって、近代工業社会から脱工業社会へという社会構造の変化は時差をともないつつも普遍的な傾向であるのに対して、政治と文化は国により時代により異なるというのがその含意である。そして、政治による決定は、多くの場合、経済や技術の合理主義に対する攪乱要因である。にもかかわらず、人間の社会である限り政治による調整は避けられず、そもそも集団的決定の最適解を科学が与えることはできない(アローの不確定性原理)。ベルが代表制をめぐる古典的理論やアメリカ政治学の集団理論に筆を割く所以である。逆に言うと、ベルはむしろソ連の社会主義体制により純粋なテクノクラシーの肥大化傾向を見ているところがある。サン＝シモニアンがナポレオン三世の権威主義体制に活躍の場を見出した先例を想い起こしてのことかどうかは定かでないが。いずれにしても、政治や権力に関わる問題関心は山崎の議論には見事に欠落している[36]。

第二に、情報化と科学技術の発達が工業社会の爛熟と脱工業社会の到来をもたらす基本要因であるという理解は両者に共通であるが、ベルはそれがもたらす進歩とともに問題点をも指摘し、とりわけテクノロジーの無制約な肥大とテクノクラシーに対して深刻な危機感を表明している。原子爆弾製造後、核物理学者が核兵器の国際管理に失敗した経緯を詳細に追い、「科学者＝救世主」というオプティミズムの無根拠を論証するところにそれは明らかである。マルクスよりもサン＝シモンの予見を裏書きするからこそ、科学・技術の独り歩きに警戒的なのである。山崎にはそうしたテクノロジーへの悲観論はほとんど見られず、労働の機械化は労働者の余暇と選択の自由を拡大し、ライフスタイルの多様化をもたらすと消費社会をバラ色に描く。

これに対して、山崎の中心的関心は文化にある。『柔らかい個人主義の誕生』の議論、少なくとも著者のオリジナルな見解の大部分は文化現象に関わるものといってよい。もちろん、ベルの場合にも、文化は『脱工業社会の到来』の中心的対象たる「社会構造」とは独立の次元のものとして大きな関心対象である。だが、後の『資本主義の文化的矛盾[37]』が明らかにするように、脱工業社会あるいは晩期資本主義の文化諸現象に対して、ベルには批判的スタンスが著しく、ここでも山崎とはむしろ対照的なのである。

この点の違いは、山崎が高度成長以降の日本社会に見出した「柔らかい個人主義」の可能性を脱工業社会の帰結とするだけでなく、近代以前あるいは近代初頭の社交文化と結び付けていることから来ている。先にカルヴィニズムについて見たように、「硬質な個人主義」は隣人を見失って、社交を拒否するのに対して、山崎は一七、一八世紀のフランスのサロン文化に別の可能性を見出し、しかも、その対応物は日本には古くからあったとして、室町期から江戸期にかけての文化に注目する。

実は『柔らかい個人主義の誕生』に先立つ一九八〇年前後、村上泰亮・公文俊平・佐藤誠三郎の『文明としてのイエ社会』のような新たな視角からの日本社会論が注目を集めており、山崎の議論もこれらの主張を受けている面がある。実際、『文明としてのイエ社会』や「間人主義」の理論（濱口恵俊）を従来の西洋の個人主義対日本の集団主義といったステレオタイプの議論を脱した日本文化論として、ある程度まで肯定的に論評してもいる。ただし、山崎は、擬制的家族たるイエが一個の経営体として機能する点に日本社会の集団的意思決定の特質を見る村上らの議論を評価しつつ、そのようなイエ社会の原理は鎌倉時代の農民＝武士集団において形成されたものだとして、それとは異なる個人主義の可能性を室町以後の都市文化、とりわけ芸能の世界に見出している。あるいは、いったん一つのイエが成立した後は、イエ社会の原理によってその継続は説明できるとしても、これを創設した初代（創業者）はイエの原理に拘束されてはいないだろう（徳川幕府はイエとして継続したとしても、家康はイエが生んだ人物ではない）とも言う。さらに、村上らが「能動主義（activism）」のエートスは産業化に必須だが個人主義はそうでなく、ヨーロッパ型の個人主義より日本のイエ社会の集団主義の方が有利な場合があるとするのに対して、山崎はカルヴィニズムの労働倫理の意義をあくまで強調し、徳川時代の商人倫理にそれに対応する個人主義の存在を認める。ここにも、特殊、固有なものとしての日本文化論には距離をおこうとするスタンスが表れている[38]。

室町末期から江戸時代にかけて、日本の都市(京、大坂、江戸)にいわば産業革命以前の消費社会が、それも王侯貴族に支えられたヨーロッパの宮廷文化と異なる町人文化として成立し、芸能が多くの人々を惹きつけたのは事実であろう。山崎は都市の文化の中で技能と趣味の世界が広がり、自ら一芸を創始すると同時に追随者を組織する経営的能力をもった「企業家的文化人」の系譜を世阿弥や千利休、本阿弥光悦へとたどり、江戸の出版業のような文化産業の隆盛に説き及ぶ。能や俳諧のような芸能の世界に「柔らかい個人主義」の原型を求める山崎の議論の核心は、そこでは誰もが自己を表現する(モノをつくるのではない)主体であり、それは当然観客の存在を前提するから「顔の見える隣人」との社交なしにはあり得ないという主張である。これは確かに面白い着眼であり、世阿弥や能狂言に造詣深く、自ら劇作家でもある山崎ならではの主張といえよう。その詳細を検討し、当否を断ずることは筆者の手に余る。ただ、いくつか疑問を覚える点もある。

まず、「柔らかい個人主義」というとき「柔らかい」とは何を意味するのであろうか。茶の湯にしろ、能楽にしろ、江戸期に入って家元制に組織された中で遊芸を楽しむのは確かに「柔らかい」精神かもしれない。では、それを個人主義と呼べるかという疑問が生じよう。逆に、創業者の方は、世阿弥にしろ利休にしろ、強烈な個性をもった人物であったことは疑いなく、個人主義者と呼ぶ理由は大いにあろうが、その精神はおよそ柔らかいとは言い難い。でなければ、どうして世阿弥は流罪に処され、利休は腹を切らねばならなかったのか。

山崎はまた、芸能の世界と並び、ある意味ではそれ以上に洗練された社交文化が裏社会に花咲いた例として江戸時代の遊郭の存在を挙げる。「江戸時代の遊郭は、単純な情事のための場所ではなく、むしろ情事にまつはる複雑な儀式のための場所であって、固有の作法と独特の言葉すら持って、顧客に遊びの技術の専門家であることを要求してゐた」[39]。人間のもっとも原初的な欲望を充足させる場所だからこそ、高度に様式化された作法が厳しく求められたのは山崎の言うとおりであり、近代以降、男性労働者、とりわけ兵士の欲望処理に不可欠な装置として公権力の規制の下に発達した公私の娼妓制度に比べて、江戸の遊郭がはるかに「文化的」な存在であったことも事実であろう[40]。だからといって、「脱工業社会」の性ビジネス、風俗産業に花魁文化の再来を期待すると、誰が言うだろうか。

山崎が描く室町末期から江戸にかけての社交と芸能の世界に「柔らかい個人主義」が実際あったとしても、問題は「脱工業社会」にその再来が期待できるかどうかである。ダニエル・ベルの分析と予見に照らしてみても、あまりにも条件が違うのではなかろうか。産業社会における機械化の進行は人間を「青写真を作る人間」と「それを実現する人間」に分け、前者は全人格をかけた「仕事」を行ない、後者は手だけの人間に還元されて「労働」に従事するのに対して、脱工業社会において機械化がさらに徹底すると単純労働はロボットに任され、より多くの人間が「労働」ではなく「仕事」に従事するようになると山崎は言う。果たしてどうだろうか。創造的な自己表現を仕事として生きていけるのは才能と運に恵まれた限られた人々だけで、大多数は「労働」から逃れられず、限られた余暇に与えられた文化や娯楽を楽しむだけではないのか。「表現する個人」という言葉が示唆するように、山崎の言う「柔らかい個人主義」の担い手は芸術家モデルである。だが、万人が芸術家になる道が示されなければ、大衆は満足しないであろう。大衆の満足する「脱工業社会」の構想は「消費社会の美学」だけでなく、生産労働そのものが各人の喜びとなる条件を求めるよりないのではないだろうか。

西洋近代の個人主義の哲学が前提する個人の自己完結性は幻想に過ぎず、人がそれぞれに個性を有する真の個人たり得るためには他者の存在が不可欠だとして、社交の重要性を説く山崎の主張には根拠があり、意味のある問題提起である。だが、「哲学としての個人主義」の主張者がこの問題に無感覚だったわけではない。彼ら自身、何らかの形でこの論点に触れており、スティルナーのように独我論に徹した個人主義者はむしろ例外であろう。本章で論じた日本のケースで言えば、福沢の「独立自尊」は異質な他者との開かれた「人間交際」（＝社交）と不可分であること、すでに指摘したとおりである。「現象としての個人主義」に警鐘を鳴らしたトクヴィルが、だからこそデモクラシーに必要不可欠な「母なる学」として「結社の学」の重要性を説いたことは、山崎も指摘している。

山崎は生産の倫理としての「硬質の個人主義」の典型をカルヴィニズムの世俗内禁欲に見出し、それが一切の社交を排したと言うが、これも一面的な見方である。カルヴィニズムの厳しい予定説が信徒を絶望的な精神状況に追いやったとしても、だからこそ救いの確証を得るために信仰を共にする共同体の形成は、それこそ「顔の見える」隣人社会として必要不可欠であった。一七世紀新大陸に渡ったピューリタンが形成した共同体は当初たしかに非寛容な社会ではあった。だが、ロジャー・ウィリアムズ以後、諸宗派の混交が進み、政教分離原則の浸透とともに、次第に開かれた社会になっていったことも疑い得ない。カルヴィニズムの諸派、特にピューリタンが、社交とそれに付随する娯楽や感興を自己目的としてこれに耽溺することを被造物崇拝と厳しく排斥したのは事実である。だからといって、一切の社交が消え去ったとは言えないであろう。山崎はカルヴィニズムが時間の浪費を排する点を生産の倫理の特質として強調する。だが、「時は金なり」の教えを体現した人物としてウェーバーもしばしば言及するベンジャミン・フランクリンは、一八世紀啓蒙のパリの社交界に熱狂的に迎えられ、サロンの文化を自ら大いに楽しみ、ついでに「女性好き(womanizer)」としても本領を発揮して、同胞のジョン・アダムズの眉を顰めさせるほどであった。今日でも英米のプロテスタント国とラテン系諸国では、社交のあり方に違いがあるのは確かだが、一方だけが本物の社交で、英米に社交がないとは言えないだろう。

最後にトクヴィルをもう一度引き合いに出すと、「柔らかい個人主義」という表現はトクヴィルの「穏やかな専制(le despotisme doux)」を少し連想させる言葉である。実際、「穏やかな専制」は英語で soft despotism、すなわち「柔らかい専制」と訳されることもある(ただし、山崎の「柔らかい個人主義」は英語版では genteel individualism となっている)。トクヴィルは「個人主義」がもたらす私的世界への埋没が専制への道ならしになるとして、結社活動によってその弊害を相殺する必要を強調した。この点は山崎も注意している。だが、結社があればそれでよいというわけではない。トクヴィルはアメリカにありとあらゆる結社を見出し、「市民的結社(l'association civile)」の旺盛な活動にアメリカのデモクラシーの真骨頂を見たが、同時に、政治的目的を掲げて未知の他者を広く糾合する「政治的結社(l'association politique)」(それは時には政府を攻撃し、社会を乱す)の不可欠性を説き、「市民的結社」を歓迎して「政治的結社」を抑圧する政府に警鐘を鳴らしている。「諸政府は市民的結社に対しては自然な好意をもっている。というのも、これらの結社は市民の精神を公共の問題に向かわせるどころか、それから目を逸らさせるのに役立ち、公共の平安なしには達成できない計画に次々と市民を関与させているうちに、彼らを革命から引き離すであろう」[41]。つまり、結社がたくさんあればそれでよいのではなく、政治的自由を欠いて、同好の士の集まりばかりになるのでは、個人主義の病弊の克服にならないというのである。そして、デモクラシーの平準化、画一化傾向にもかかわらず、否、だからこそ「ごく狭い仲間集団」、「小さな私的社会」が無数に生まれるとし、それはむしろ人々を公共生活からいっそう遠ざける要因になるとも警告している[42]。このようなトクヴィルの観点からすると、「柔らかい個人主義」が「顔の見える隣人社会」をともなって広がったとしても、それだけでは国家の官僚的支配(穏やかな専制)と矛盾しないということになるのではなかろうか。

おわりに

「独立自尊」「主体性」という「哲学としての個人主義」の確立が「国家の独立」「民主国家の建設」の前提でなければならないという同じような出発点から発して、国家目標(「富国強兵」「経済大国」)の達成が「現象としての個人主義」の全面開花をもたらし、そこに新たな(天下国家と切れた)個人主義の弁証が必要になったという点で、明治の終わりから大正期にかけての「教養主義」的個人主義者と昭和末年の「(日本)文化論者」(山崎正和は狭義の日本文化論者とは言えないだろうが)の位置は少し似ている。その後の歴史の展開は相当に様相を異にしているが。

日本では関東大震災以降、世界的には一九二九年の恐慌を経て三〇年代以降、個人主義を称揚するどころか、個人の存立そのものが脅かされる政治状況が進行し、世界戦争の破局へと雪崩を打った歴史が、一九八九年以後繰り返されたわけではない。だが、情報革命と経済のグローバル化の進行の下、「市場個人主義」は旧社会主義国や途上国を含めて世界に拡がり、一国的にも国際的にもこれをコントロールする有効な方策は見えてこない。一九九〇年代末の国際金融危機からリーマンショックへと深刻な経済危機は繰り返され、新たな経済格差も指摘されている。他方、湾岸戦争とイラク戦争を経て、九・一一以後の「対テロ戦争」へと戦争の火種は尽きない。中国の台頭に対して日本の国力の相対的低下は否めず、国内世論における排外主義的ポピュリズムの跋扈は東アジアにおける孤立を増幅するであろう。内外におけるこのように困難な状況を考えると、一九八〇年代の日本経済の絶頂期に、山崎正和がバラ色に描いた「消費社会の美学」に酔いしれるわけにいかないのは確かであろう。

（1）『アメリカのデモクラシー』の中でこの言葉が出てくるのは一八四〇年刊行の第二巻（第二部第二章以下）においてであって、一八三五年刊行の第一巻には出てこない。トクヴィル以前の用例として、よく引かれるのは（エクス）サン＝シモニアン、ピエール・ルルーの論文「個人主義と社会主義について」（Pierre Leroux, "Du l'individualisme et du socialisme," *La Revue Encyclopédique*, octobre-novembre, 1833）である。このテキストは、ルルー再評価を先導したブリューノ・ヴィアールの編纂した主著『平等論』に付されている。Pierre Leroux, *De l'égalité, précédé de l'individualisme et du socialisme*, préface de Bruno Viard（Éditions Slatkine, 1996）.

（2）Steven Lukes, "Individualism"（田中治男訳「個人主義の諸類型」、S・ルークス／J・プラムナッツ『個人主義と自由主義』平凡社、一九八七年）。この論考は *Dictionary of the History of Ideas*（Charles Scribner's Sons, 1974)の"individualism"の項目の全訳である。"individualism"の語の使用例の歴史的検討については、Koenraad W. Swart, "Individualism in the Mid-Nineteenth Century," *Journal of the History of Ideas*, 23 (1962).

(3) フランスの人類学者ルイ・デュモンは、インドのカースト制に典型的な「全体論(holisme)」の社会観の方が人類社会に一般的であって、個人主義は西洋近代においてのみ出現したとして、その生成過程を原始キリスト教から宗教改革、社会契約論、そしてドイツ観念論やロマン主義へとたどっている。依拠する文献もギールケ、トレルチ、テンニース、カッシーラーなどドイツ語文献が多く、戦後日本の西洋政治思想研究に広く共有された見方との照応を感じさせる。ただし、デュモンは人類学者として社会が社会である限り全体論は駆逐しえないことを強調し、西欧における個人主義の徹底はかえってヒトラーを生み出したと主張する点に大きな違いがある。Louis Dumont, *Essais sur l'individualisme: Une perspective anthropologique sur l'idéologie moderne* (Éditions du Seuil, 1983). 渡辺公三・浅野房一訳『個人主義論考——近代イデオロギーについての人類学的展望』(言叢社、一九九三年)。ただし、この訳書は原著にない二章が加えられ、既存の章も加筆されている(特にヒトラーの『我が闘争』を論じている章)。

理論装置も含意もデュモンと大いに異なるが、ラリー・シーデントップも「個人」の発見ないし発明こそ西洋文明を他の文明から分かつものだとして、その思想的起源をなによりもキリスト教の展開(パウロ、教父哲学、修道院、教皇主権と教会法、唯名論、宗教改革)にたどっている。Larry Siedentop, *Inventing the Individual: The Origins of Western Liberalism* (Penguin Books, 2014).

近代の個人主義哲学に対するもっとも透徹した批判は、やはりカトリック思想家、特にジャック・マリタン、エマニュエル・ムニエら、いわゆる「人格主義(personalisme)」の系列に連なる思想家によるものであろう。マリタンは個人(individu)と人格(personnalité)との混同に近代精神の誤謬の根源を見出し、「三人の改革者」、ルター、デカルト、ルソーを指弾する。Jacques Maritain, *Trois réformateurs: Luther, Descartes, Rousseau* (Plon, 1925). 麻生宗由訳『三人の改革者——ルター、デカルト、ルソー』(弥生書房、一九七一年)。

(4) トクヴィル、松本礼二訳『アメリカのデモクラシー』第二巻上(岩波文庫、二〇〇八年)一七五頁。

(5) 同、一七頁以下。

(6) *DA, Édition historico-critique*, éd par Eduardo Nolla (J. Vrin, 1990), t. 2, p. 13, p. 97. Cf. James T. Schleifer, *The Making of Tocqueville's Democracy in America* (University of North Carolina Press, 1980), pp. 252-3. シュライファーによると、"individualisme" の用語の初出は「アメリカ人の哲学の方法」に関わる手稿(一八三七年四月二四日)においてであり、ここでは権威を否定し、信仰の強制を排する精神的自由の主張として、相対的に肯定的、少なくとも価値中立的な意味で「個人主義」を規定しているという。

(7) トクヴィル前掲書、一八一頁。

(8) 同、三〇—三二頁。

(9) Jean-Claude Lamberti, *La notion d'individualisme chez Tocqueville* (PUF, 1970).

(10) Masao Maruyama, "Patterns of Individuation and the Case of Japan: A Conceptual Scheme," in Marius B. Jansen (ed.), *Changing Attitudes toward Modernization* (Princeton University Press, 1965). 松沢弘陽訳「個人析出のさまざまなパターン——近代日本をケースとして」『丸山眞男集』第九巻(岩波書店、一九九六年)。この論文が英語で書かれ、マリウス・ジャンセン編の論集に収載された事情については、その日本語版(細谷千博編訳『日本における近代化の問題』岩波書店、一九六八年)に丸山が加えた「附記」に詳しい。

(11) この点は、丸山自身、トクヴィルに言及して注に述べている。

(12) 丸山はここでフランスについて何も語っていないが、「自立化」優位のイギリス、「民主化」優位のアメリカに対して、フランスでの「個人析出」はどういうパターンになるのであろうか。実証データ抜きの印象論に過ぎない（丸山の議論も日本はともかく英米について十分な証拠が挙げられているわけではない）が、フランス近代の「常態」は「私化」優位というのがトクヴィルの理解であり、現代の歴史家の多くもそう考えるのではないだろうか。ただし、社会的危機の亢進に際して、日本のように「私化」が「原子化」に移行するかというと、必ずしもそう言えないのではないか。むしろ、革命的危機になると普段は表に出ない結社形成（クラブや民衆協会）が活性化し、急進的民主化運動が前面に出るというのがフランス近代政治史の示すところだと言えなくもない（図2）。丸山の図式では、「私化」→「民主化」という対極移動は、縦・横の移動と違って二つの次元での変化が同時に起こらなければならないので、考えにくいというのが理論的含意である（この点、丸山が示唆を得たローレンス・ローウェルの政治的意見における四類型〔「保守」、「自由」、「急進」、「反動」〕の場合も同様である）。いずれにしろ、実証は難しいが、フランスのケースをどう考えるかは興味ある思考実験ではないだろうか。

(13) これに対して、トクヴィルの影響が直接確認できる作品もある。『アメリカのデモクラシー』の地方自治論に想を得て、「政権」の集中（トクヴィルの「政治的集権〔la centralisation gouvernementale〕」）は国家の存立に不可欠だが、「治権」の集中（「行政的集権〔la centralisation administrative〕」）は国民の活力を奪い、自由を損なって有害だと論ずる『分権論』（明治一〇年、『福澤諭吉全集』第四巻、岩波書店、一九五九年所収）である。『分権論』の問題も含めて、トクヴィル―福沢関係については、以下の英文論文で論じたことがある。Reiji Matsumoto, "Tocqueville and Democracy in Japan," in Christine Dunn Henderson (ed.), *Tocqueville's Voyages: The Evolution of His Ideas and Their Journey beyond His Time* (Liberty Fund, 2014), Ch. 15; Id., "Fukuzawa Yukichi and Maruyama Masao: Two 'Liberal' Readings of Tocqueville in Japan," *The Tocqueville Review*, vol. XXXVIII-n. 1, 2017. これらの論文における私の関心は、影響関係を

資料的に実証する点にあるのではなく、両者の思考様式の類似や重なりを検討することにある。影響関係の資料的研究については安西敏三氏の業績が詳細である。安西敏三『福沢諭吉と西欧思想――自然法・功利主義・進化論』(名古屋大学出版会、一九九五年)、同『福澤諭吉と自由主義――個人・自治・国体』(慶應義塾大学出版会、二〇〇七年)。

(14)　明治ナショナリズムの解体から大正期の個人主義言説が生まれる思想状況の同時代的認識として、飯田泰三は生田長江(「大正文学概観」一九二五年、「明治文学概説」一九二六年)と土田杏村(『日本支那現代思想研究』一九二六年)の説を紹介している(飯田泰三『大正知識人の思想風景――「自我」と「社会」の発見とそのゆくえ』法政大学出版局、二〇一七年)。生田長江は「対外的愛国心への反動」として「個人主義的自我主義的近代思想」が勃興したと述べ、土田杏村は「ナショナル・ロマンチシズム」を核とする明治のエートスが解体し、「個人主義的浪漫主義」と「社会的リアリズム」という二方向に分極したとする。どちらも日清日露の戦間期に起点を求め、高山樗牛を先駆者とする。たしかに、ニーチェを紹介した樗牛の論説「文明批評家としての文学者」(『太陽』明治三四年一月)は「個人主義」という語の早い用例であろう。ただし、「彼の説はここに到りて現時の民主平等主義を根本的に否定し、極端にして、而かも最も純粋なる個人主義の本色を発揮し来り」とあるように、ニーチェに即して個人主義を語れば、万人の個性の肯定ではなく英雄主義に傾くのは当然である。ニーチェはベルクソンと並んで大正期以降も引き続き引照されるが、ニーチェ流の超人思想が大正期の個人主義言説の主旋律となったとは思われない。なお、飯田氏の著書は大正期の個人主義言説の背景を理解するのに有益な知見を与えてくれる好著である。

(15)　そもそも「個人主義」以前に「個人」という語が発明されねばならなかった。『学問のすゝめ』の「一身独立」や『文明論之概略』の「智徳の弁」における公と私の対置が示すように、福沢の用語は「我」、「一身」、「私」であって、「個人」ではない。『文明論之概略』には「独一個人の気象」という表現がある

(岩波文庫版、二三八頁)が、(インヂヴィヂユアリチ)と付されているように、これはindividualityの訳語としてひねり出された言葉で、そこから「個人」が切り離されて使われるようになったとは考え難い。『通俗民権論』が論ずるのも「民権」、「人民の権利」であって「個人の権利」ではない。官尊民卑を排して、私人間の民間交際の自立性という年来の主張を改めて述べた「私権論」(『時事新報』論説、明治二〇年一〇月、『福澤諭吉全集』第一一巻、岩波書店、一九六〇年)が擁護するのも「私権」であって、「個人の権利」ではない。晩年の論説に「人権」は出てくる(「何ぞ大に人権問題を論ぜざる」『時事新報』明治三〇年一月、『福澤諭吉全集』第一五巻、岩波書店、一九六一年)が、「個人主義」はもとより「個人」の語も、少なくとも『時事新報』の論説の表題に見る限り、最後まで福沢は用いていない。福沢を離れても、幕末から自由民権期まで、「個人」という言葉は使われていなかったのではないだろうか(因みに、『日本国語大辞典』第二版〔小学館〕はもっとも早い用例として、「人類は永遠に存在すべきも、個人は確かに朽つるものなるか」〔馬場孤蝶『流水日記』一八九四年〕を挙げる)。

柳父章『翻訳語成立事情』(岩波新書、一九八二年)は幕末から明治にかけての各種英華・英和字典に当り、また中村正直のミルや福沢諭吉のギゾーの翻訳を検討して、individualの訳語が「個人」に落ち着くまでの経緯をたどっている。柳父によれば、津田仙などの『英華和訳字典』(一八七九—八一年)がan individual manを「一個人、ヒトリノヒト」と訳し、松島剛訳のスペンサー『平権論』(一八八一—八四年)がindividualを「一個人」としたあたりが到達点で、その後、一が落ちていったということのようである。もちろん、外国語字典の訳語に採用されたからといって、直ちにそれが流通したわけではないし、翻訳書の用例が日本人の日本語表現に広く使われるまでには時間差があろう。なお、individualismeについては、中江兆民の仏学塾が出した『仏和辞林』改訂版(一八九一年)に「個人主義」の訳語が付け加えられていると、柳父は指摘している。

陸羯南の論説「個人的元気の喪茫」(『日本』明治三三年五月二〇日、『陸羯南全集』第六巻(みすず書房、一九七一年)所収)は、明確な主張をもってこの言葉が使われた早い例ではあろう。「国の発達は個人の発達に伴ふものとすれば、個人の利益及び権利を発達せしめざる限りは、国の発達亦た望む可からざること勿論」という見地から、「個人ありて国家なきは真の国にあらざる如く、国家ありて個人なき亦た真の国とい ふ可からず」として、羯南は日清戦争後の国家主義の高まりの中に「個人的元気」が失われていく傾向に警鐘を鳴らす。短文だが、まさに『自由主義如何』を著した「健全なる」国家主義者羯南の面目躍如たる好エッセーというべきであろう。大正期の「個人主義」言説と違って、羯南において個人は国家の中にあって、国家と対抗する価値と意義を与えられている。もう一つ、ここで論ぜられているのは国家と個人の関係であって、社会と個人のそれではないという点も、大正期の「個人」との違いを浮き彫りにする。

そして、「個人」や「個性」の語が読書階級の間に広く浸透したことをうかがわせるのが、漱石の『吾輩は猫である』末尾における苦沙弥先生と独仙君の掛け合い(岩波文庫、四九四頁以下、この部分が雑誌『ホトトギス』に掲載された初出は明治三九年八月)である。「今の世はいかに殿下でも閣下でも、ある程度以上に個人の人格の上にのしかかる事が出来ない世の中です」と切り出し、「個性発展の結果みんな神経衰弱を起して、始末がつかなくなった」と述べる独仙君を受けて、苦沙弥先生は、誰もが個性を主張し、個人が平等に強くなり、かつ平等に弱くなり、将来は親子、夫婦もみんな別れ、自殺が唯一の死に方になると極論する。羯南の論説から隔たること僅か六年、個人と個性に関する言説の様変わりに驚かされる。

(16)　漱石の講演は大正三年一一月二五日、学習院輔仁会で行なわれ、翌年三月の『輔仁会雑誌』に掲載されたのが初出だが、参照したのは『漱石文明論集』(岩波文庫)に収録されたテキストである。他の三著は、単行本としては、大杉栄『社会的個人主義』(新潮社、一九一五年)、相馬御風『個人主義思潮』(天弦堂書房、一九一五年)、そして田中王堂『徹底個人主義』(天佑社、一九一八年)が初版であるが、大杉と王堂のテキストについては、単行本収録外のものも含めて、『大杉栄全集』(ぱる出版、二〇一四—一六年)、『田中王堂著作集』(学術出版会、二〇一〇年)所収のものによった。

(17) Georges Palante, *Sensibilité individualiste* (Felix Alcan, 1909).

(18) *Ibid.*, pp. 113 ff.

(19) *Ibid.*, pp. 124-128. ベルトの論説は Édouard Berth, "Anarchisme individualiste, marxisme orthodox, syndicalisme révolutionnaire," *Mouvement socialiste* du 1er mai, 1905.

パラントが引いているベルトはカトリック信仰に回帰したり、ボルシェヴィズムに接近したりと、政治的にも哲学的にもその後の軌跡は振幅が激しいが、この論文ではソレルの忠実な弟子として、「革命的サンディカリズム」の行動主義の立場から、「伝統的な個人主義的アナーキズム」(バクーニン派)と「正統マルクス主義」(ドイツ社会民主党やジョーレスに率いられたフランス社会党主流派)とを共に合理主義、科学主義、主知主義として批判し、自らの立場(革命的サンディカリズム)を「マルクス主義的アナーキズム」と称し、これをプルードンとマルクスの原点に還るものだと主張している。大杉はベルトの論文を読んでいないと思われるが、もし知っていれば、少なくともパラントの議論よりは自らの立場に近いと感じたのではないだろうか。なお、ベルトの論文のテキストは『社会主義運動』誌を参照し得なかったので、後にソレルの序文を付して刊行された論集、Édouard Berth, *Les Méfaits des intellectuels*, 2e édition (Paris, Marcel Rivière, 1926) の第一章に "Une philosophie de la production" と改題して収録されたものを利用した。この論文集の初版(一九一三年)の時点では、ベルトは師ソレルと共にアクション・フランセーズに接近しており、さらにロシア革命後はボルシェヴィズムに共鳴することになるが、第一論文のテキストは注を付けただけで、本文は『社会主義運動』誌の初出のままだと「前書き」で断わっている。大杉は論説「ベルクソンとソレル」(一九一六年、『大杉栄全集』第三巻所収)においてソレルを論じ、その神話の理論を史的唯物論の主観主義的修正と評価しているものの、革命的サンディカリズムの実践運動に対する影響力は小さいとしている。

(20) 大杉における科学信仰はクロポトキンを祖述する「近代科学の傾向」(『生の闘争』所収、『大杉栄全集』第二巻)に顕著である。

(21) 飛矢崎雅也『大杉榮の思想形成と「個人主義」』(東信堂、二〇〇五年)は「個人主義」をキーワードに大杉の思想形成を論じ、相馬御風との論争などから大杉の「社会的個人主義」に高い評価を与えているが、ただ文壇的個人主義と違うというだけで、大杉の個人主義の内実は見えてこない。それは「社会的個人主義」がスローガンに過ぎず、大した内実をもたないからなのである。大杉栄は確かに自我にこだわり、欧米の流行思想に追随するだけではならぬと言ったかもしれないが、彼自身が本当に自分の頭で考えていたと言えるか、疑問である。社会主義者として同じようなところにいて、後に対立した山川均と比較しても。大杉栄研究としては、やや古い論文だが、鈴木秀治「大正知識人の命運——大杉栄の場合」(『比較文学研究』二八、一九七五年)の方がパラントとの相違を含めて信頼できる仕事である。

(22) 『田中王堂著作集』第三巻、一二頁。

(23) 同、第三巻、二二一—二二三頁。

(24) 同、第三巻所収。

(25) 同、第二巻所収。

(26) 明治思想史における漱石の個人主義の位置づけについては、松本三之介『増補　明治思想史——近代国家の創設から個の覚醒まで』(以文社、二〇一八年)、補論「夏目漱石の個人主義——思想の構造と特質」の周到な考察を参照。

(27) 昭和前期において個人と社会の関係を正面から論じた(ほとんど唯一の?)例外的著作として、若き清水幾太郎が『社会学批判序説』に次いで刊行した『社会と個人——社会学成立史』(刀江書院、一九三五年、『清水幾太郎著作集』第一巻、講談社、一九九二年所収)がある。自然法対有機体説という理論枠組を用いて社会学成立の前提たる社会観の形成を描いた浩瀚な学術書であり、ヨーロッパ思想史について戦後日本の学界に一時期共有された理解を先取りするような著作である。自然法と有機体説との対抗を「個人主義と全体主義」と言い換えることを著者は考えたというが、日本をも含む各国の社会学史に及ぶ後半の構想はまとまった形では陽の目を見なかった。「ファッシズムの波」の急速な高まりの中で、このような内容の著作は到底上梓できなくなったからだと、戦後の新版に付された序文は言う。

(28)『丸山眞男集』第二巻(岩波書店、一九九六年)所収。

(29) ロナルド・ドーア、加藤幹雄訳『二一世紀は個人主義の時代か』(サイマル出版会、一九九一年)六四—六五頁。

(30) Robert N. Bellah et al., *Habits of the Hearts: Individualism and Commitment in American Life* (University of California Press, 1985).

(31) 雑誌『アスティオン』掲載の論文が初出で、単行本としては『柔らかい個人主義の誕生——消費社会の美学』(中央公論社、一九八四年)。本章の引用は中公文庫版(一九八七年)による。山崎には関連する著作がいくつかあるが、本章では『柔らかい個人主義の誕生』の続編ともいうべき『日本文化と個人主義』(中央公論社、一九九〇年)を参照した。なお、後者には、最初の二章だけだが、英訳(Yamazaki Masakazu, *Individualism and the Japanese: An Alternative Approach to Cultural Comparison*, tr. by Barbara Sugihara, Japan Echo Inc., 1994)がある。

(32) これらの指摘の中には、今振り返って、なるほど予見的と言えるものも少なくないが、だからといって、そうした傾向が一方的に広がって今日に至ったとも言えないであろう。新自由主義の主導するグローバル化の進展、なにより冷戦終結による国際環境の激変というその後の歴史状況を踏まえた再考が求められよう。山崎自身、十数年後の再論(「おんりい・いえすたでい'70s〜'80s——透明な停滞期」『日本文化と個人主義』所収)では、米国の衰退、社会主義体制の崩壊、中国の台頭、ヨーロッパ統合の進展といった国際情勢の変化を視野に入れて、自らの議論を顧みている。国家の縮小、企業その他の集団帰属の多様化、労働と余暇の変化、消費文化の多様化といった前著の指摘の多くはその後の現実によって裏書きされたとした上で、それらが生み出す問題点と解決の困難をも指摘し、『柔らかい個人主義の誕生』に比べていくらかグルーミーな展望を示している。

(33) 山崎、前掲『柔らかい個人主義の誕生』一〇八頁。

(34) たとえば、山崎がよく出す例だが、探偵小説の読み方にもいろいろあって、結末まで一気に読んで、迅速に謎解きの結論を得ようとするのは産業社会の効率主義に毒された読み方であり、脱産業社会では時間の消費を惜しまず、細部を楽しんで読むようになるという。余暇が増大し、探偵小説が多くの読者を得るのは脱産業社会の特徴かもしれないが、読み方の違いは個人の趣味、あるいはライフスタイルの問題であろう。

(35) Daniel Bell, *The Coming of Post-Industrial Society: A Venture in Social Forecasting* (Basic Books, 1973). 内田忠夫他訳『脱工業社会の到来——社会予測の一つの試み』上・下(ダイヤモンド社、一九七五年)。山崎は「産業社会」、「脱産業社会」の訳語を選んでいる。本章では両方の訳語を用いているが、意味は同じである。

(36) ただし、公的な言論において直接政治を論じないということと個人として積極的に現実政治に関与することとは両立し得る。山崎は御厨貴らの聞き取りに対して、佐藤内閣以来の政権中枢に対する自身の関わりについて、かなり正直に(むろん後知恵による説明の混入はあるだろうが)語っている(御厨貴・阿川尚之・苅部直・牧原出編『舞台をまわす、舞台がまわる――山崎正和オーラルヒストリー』(中央公論新社、二〇一七年))。そして、山崎の場合、文化政策のフィクサーないしアドヴァイザーとしての活動と言論人として直接政治を論じないという態度とは自覚的に使い分けられているように思われる。

(37) ダニエル・ベル著、林雄二郎訳、講談社学術文庫、一九七六年、原著も一九七六年。

(38) 村上泰亮・公文俊平・佐藤誠三郎『文明としてのイエ社会』(中央公論社、一九七九年)一二八頁。山崎の日本文化論に対するスタンスについては、『日本文化と個人主義』の第一論文「日本文化の世界性」を参照。

(39) 山崎前掲書、一三一頁。

(40) 江戸の遊郭、悪所の文化的意義については、徳川期日本におけるセクシュアリティーの多様なあり方の中にこれを位置づけた、渡辺浩『日本政治思想史――十七〜十九世紀』(東京大学出版会、二〇一〇年)、第十六章「〈性〉の不思議」の鮮やかな説明を参照。

(41) トクヴィル前掲書、第二巻上、二〇七頁。

(42) 同、第二巻下、九六―九七頁。

幕間の補論——翻訳と翻訳文化について

その一　政治思想のガラパゴス的進化について

一

近著『日本政治思想史——十七~十九世紀』(東京大学出版会、二〇一〇年)において渡辺浩氏は、相対的に世界から切り離された環境におかれた徳川期日本の政治思想を「ガラパゴス諸島で独自に進化した奇妙な動物たち」(同書、三頁)にたとえて、その展開を鮮やかなパノラマ図に描き出し、同時に、それが明治維新という「世界史的大事件」(同、四頁)を思想的に準備した所以を解き明かしている。また、先ごろ中京大学で行われた日本政治学会研究大会のある分科会報告で、今野元氏は日本におけるドイツ政治史研究を批判的に回顧し、日本の研究者が本場の研究成果を熱心に吸収はしても、自らの成果を歴史研究として国際学界に問うことなく、日本語で日本人向けに発表してきたことの問題性を指摘した。その結果、学問研究における「ガラパゴス化」が起こっているのではないかというわけである。

「ガラパゴス化」という比喩は携帯電話のような情報機器が日本独自の方式で進化した結果、世界で使える汎用性を失ってしまった例のように、国内市場に特化した適応が国際競争力を失わせる現象を指してビジネスの世界でよく言われるらしい。思想や学問の場合、外国の古典や現代の研究成果が書物を通じて体系的に輸入されると同時に、それらについて日本語で論じる専門集団が形成され、そこに日本独自の展開が生まれる事態といえるであろう。その背景には、外来の思想や学問を書物によって全面的に摂取しながら、それらを生み出した文化を現に生きている人々との接触は極度に限定され、日本人の日本語による議論が盛んに行われるという言語的条件が作用していると思われる。

徳川時代の儒者の多くは漢文訓読という独特の翻訳で中国古典を読んでいたので、「和臭」を排して中国音による直読を唱えた徂徠の流儀が広まったわけではない。徂徠の弟子たちは師の教えに従って本物の漢詩文を書こうと努めただろうが、日常、中国語で議論していたわけではあるまい。『蘭学事始』から適塾の塾生たちまで、蘭学書生の読書修業には頭が下がるが、オランダ語で書いて話す機会は稀だったろう。儒者や蘭学者の教えが世に広まったのは、彼らが(漢文を含む)日本語で書物を著し、日本語で談論したからに違いない。明治以後、摂取と学習の対象が中国古典から西洋近代の学術に切り替わった後も、こうした言語的条件は大きくは変わらなかった。明治の初めには英語採用論もあれば、馬場辰猪や内村鑑三のように英語で日本を語るのに熱心な知識人も出たが、教育制度が固まるにつれてそうした傾向は薄れていく。お雇い外国人に頼ることなく、洋学知識を日本人が日本語で教授するシステムが確立すると、その頂点に立つ指導者の第一義的任務は専攻分野における欧米の最新の研究成果を吸収し、これを日本での研究、教育に生かすことになる。こうして、欧米の学問に学びつつも、日本には日本の、つまりは日本語による研究蓄積が積み上げられた。
もちろん、鎖国の徳川時代と違って、欧米の研究成果は絶えず流入するから、ガラパゴス化が野放図に進行するわけではない。ただ、学界制度の権威主義的構成が特権的留学制度をともなって固定すると、専門分野ごとに「斯学の権威」がある時期に仕入れた学説が絶対的準拠枠となり、一定期間を経て権威の世代交代が起こるまで、その初期設定が更新されないということになりがちである。京極純一氏のいわゆる「三十年の法則」である。これが続くと、小さなガラパゴス化が各分野で始終起こっては、また定期的に外来種の導入によって生態系が攪乱されるというパターンの繰り返しになろう。日本の現実と切り結ぶ学問として、筋道の通った展開は難しくなる。

二

ところが、ガラパゴス化がより本格的に、しかも個別分野を超える全体的連関を失うことなく進行する条件が整った時期があった。一九三〇年前後から一九六〇年頃まで、戦争と占領によって日本の知識社会が相対的に世界から切り離された時代である。そして皮肉なことに、明治以来の洋学知識の蓄積を踏まえて、日本の現実と正面から取り組む学問的姿勢はこの時期に確立したのではなかったか。この時期に特徴的なのは、日本の政治や経済の現実そのものは世界全体の激動とリンクし、否、その重要な一部として展開しながら、これを理解、分析、批判する学問的言説は相対的な情報遮断の中で形成されたことである。もちろん、学問的言説の基礎をなす概念や理論枠組は欧米の学問から得たものであり、この時期の日本の学者や知識人は欧米の同業者と同じ歴史を生きていると感じていたであろう。資本主義の全般的危機と全体主義の台頭、二つの世界戦争と民族自決といった二〇世紀世界の共通の文脈の中で日本を考えることは自然であった。この時期に本格的に導入されたマルクス主義が日本の歴史学と社会科学に基底的な影響を与えたのは、それが二〇世紀世界全体の激動を体系的に分析・把握する視座を提供したからであろう。専門分野に閉じこもらず、日本社会の現実を個別の現象を超えてトータルに論じる姿勢は、マルクス主義者に限らず、この時期の日本の学者、知識人に広く見られる傾向である。同時にまた、マルクス主義と非マルクス主義とを問わず、普遍主義的な理論枠組から日本の現実に迫れば迫るほど、日本社会の独特の様相もまた意識に上る。十五年戦争から敗戦、占領を経て高度成長に至る日本の歴史は二〇世紀世界の共通の条件に規定されると同時に、明治以来の日本の近代化の帰結でもあったからである。普遍的な理論枠組を用い、欧米と比較しつつ、日本の近代の特質、日本の「特殊な道(Sonderweg)」を明らかにすることはこの時期の日本の社会科学や歴史学の共通の問題関心となった。こうした日本の現実との交渉の中で、欧米産の理論や概念ははじめて日本の知識社会に土着し、同時にある種の変容を蒙ることにもなった。典型的な事例を一つ挙げるとすれば、いわゆる「市民社会」論を考えることができる。

「市民社会」という日本語は、元来、ヘーゲル、マルクスが用いたdie bürgerliche Gesellschaftの訳語としてつくられた純然たる学術語であった。高島善哉から内田義彦に至る戦中戦後のスミス学者がその源泉をスコットランド啓蒙のcivil societyの概念に遡って究明し、近代資本主義の倫理的基礎を問うた学問的展開はさらにアカデミックな秘教性を帯びていた。にもかかわらず、この概念は戦後の社会科学や歴史学において広く流通し、西洋近代との対比で日本社会の「遅れ」や「歪み」を計る物差しとして、ある時期まで deus ex machina のような使われ方をした。ヨーロッパ近代の古典テキストについての日本語の研究蓄積の中で彫琢された純学術的な概念がいわゆる戦後啓蒙の言説の中で通俗化し、市民主義・市民運動・市民政治のような新たな言葉と実践を生み出した知的過程は概念史の問題として興味深い。外来の観念が異質な文化の中で独自の展開を遂げた例として、また、学問的議論が現実との交渉の中で政治的言説に発展した例として、思想史的検討に格好の素材を提供するからである。そうした観念の変容が、徳川時代ほどではないにしても日本の知的社会が相対的に世界から孤立した状況におかれた時期に起こったという点で、日本の市民社会論は思想史におけるガラパゴス的進化の典型的事例といえるかもしれない。

さらに興味深いのは、日本で市民社会論が下火になった一九七〇年代になって、突然、本家本元のヨーロッパでこの古典的概念が再発見され、政治思想の中心的関心事となるばかりか、現実に働きかけるさまざまな運動を生み出すという類似の事態が起こったことである。もちろん、東ヨーロッパを震源として瞬く間に世界に広がった今日の市民社会論は、冷戦が終結し、経済と情報の世界化が進行するグローバルな文脈を前提する点で、ガラパゴス的環境の中で形成された日本の議論とは大きく異なっている。その点、日本の市民社会論は「一国市民社会論」の様相を色濃く宿していた。にもかかわらず、古典的な学問的概念の政治化の先例として、日本の実例が現代の市民社会論を考える比較の対象たり得ることも否定できない。* 思想史においても、ガラパゴス的進化は進化の一般理論を考える参考になるのではないか。

三

近代日本の社会科学の発展全体をガラパゴス的と呼ぶのはさすがに大袈裟だとしても、欧米の学問に絶えず範をとりつつ、研究成果をもっぱら日本語で日本の学界向けに提供してきたこれまでのあり方に問題があるのは事実である。グローバル化が知識と情報の面でも進み、言語的にも英語支配の現実が顕著になるとき、日本語の壁に守られていつまでも安閑としてはいられない。人文・社会科学の領域でも、国内需要向けに日本語で書くだけでなく、外国語で発信せよという圧力は日増しに高まり、日本の社会科学の発展をこれまで規定してきた言語的条件は確かに変わりつつある。

そこで、質の高い研究成果を外国語で発表する能力を育て、その機会を増やす必要があるのはいうまでもない。事実、個別の領域、個別のテーマに関して、その期待に応える業績は出ている。だが、その場合には、どうしてもそれぞれの専門分野の時々の(多くの場合、英語圏の学界における)流行のテーマを追い、欧米の学界で流通している言葉で書くことにならざるを得ない。そこに、日本における学問的蓄積との断絶が生じる可能性があり、それが積み重なると、近代日本の中で、確かにかなりの部分は翻訳文化として、しかしそれなりに意味のある発展を遂げてきた人文・社会科学の成果が忘れ去られ、継承されない恐れがある。先に挙げた市民社会論の例でいうと、一九七〇年代の東ヨーロッパに始まる現代の市民社会論は時をおかずに日本に紹介されているが、日本の先例との関連を問う問題意識はほとんどなかったようにみえる。情報の世界化が外国の流行を絶えず追いかける近代日本の病を亢進し、ただそのテンポを速めただけということになっては問題であろう。

近代日本の思想や学問の発展に「ガラパゴス的」と評されるような面は確かにあるかもしれない。だが、ガラパゴス的進化のすべてが無意味なわけではあるまい。ガラパゴス諸島に生息するさまざまな動植物がこの地の環境に適応した結果として、その特異な生物相が現れたとすれば、重要なのは、特異な進化の意味を理論的に解き明かすことである。ただし、近代日本の思想や学問のガラパゴス的進化の理論的解明のためにダーウィンの到来を待つことはできない。それはわれわれ自身がなすべき仕事である。

＊　戦後日本の市民社会論をこのような観点から再評価することには意味があろう。参照、Reiji Matsumoto, "A Historical Reappraisal of Civil Society Discourse in Postwar Japan," in Terrell Carver and Jens Bartelson (eds.), *Globality, Democracy and Civil Society* (Routledge, 2010)。この本は日本政治学会とヨーロッパ政治学会(ECPR)との共同プロジェクトの一環として政治思想分野で行われた共同研究の成果であり、日本側では他に千葉眞、飯田文雄、山田竜作の諸氏が寄稿している。

(『UP』四六三号、二〇一一年五月)

その二　翻訳の功罪――三つの訳語を事例に

はじめに――大きな問題から小さな問題へ

思想史における翻訳の意義を考えることは、扱い方次第で大きな問題にもなれば、小さな問題にもなります。翻訳の問題を通じて思想史や文化史全体を論じることもできるし、個別の訳語や訳し方の技術問題に解消することもできます（小さな問題が無意味でつまらないということでは必ずしもありません）。極端に言えば、思想史の対象そのものが大部分翻訳されたものであるとさえ言えます。とりわけ、政治思想史においては、その基礎概念の多くが古典ギリシャ語、ヘブライ語、古典ラテン語に起源を有し、それらの言語から近代ヨーロッパ諸語に翻訳されたものです。明治以後の日本は、そうした古典的な概念や発想が近代ヨーロッパ（およびアメリカ）の歴史の中で発展させた意味連関の総体をヨーロッパ諸語（主に英語、ドイツ語、フランス語）を通じて学習し、受容したのですから、われわれにとって翻訳の問題は二重、三重に切実です。『日本近代思想大系』（岩波書店）に『翻訳の思想』という論集が入る所以です。現代日本の社会科学者や歴史家は、仮に日本語だけで仕事をしようとしても、西洋起源の発想や概念から離れることはできず、表現言語も明治以後に形成された翻訳文体に頼らざるを得ません。近代日本の思想と文化全体が翻訳の問題抜きに考えられないのです。いや、ことは近代以後に限られません。近代以前の日本思想、少なくとも体系的な政治思想の核心部分は中国古典を漢文訓読という独特の翻訳を通じて日本語に移転したものから成っています。それどころか、日本語にとっての翻訳の問題は、実は外国語の翻訳に限られない。日本語それ自体の変化の加速に促されて、昔の日本語を今の日本語に移す「現代語訳」という珍(?)現象さえ、いまや驚きではありません(『源氏物語』はおろか福沢、漱石まで。ラシーヌやモリエールの現代フランス語訳というのは聞いたことがありません)。という風に考えると、本分科会の報告者、討論者がすべて西洋思想史の専門家だというのは大いに問題でありましょう。

«Traduurre è tradire.»「翻訳するのは裏切ることだ」というイタリア語のしゃれが言うように、厳密に考えると一〇〇パーセント正確な翻訳はありえないのかもしれません。とはいえ、対象によって難易度は大きく違います。実用的な日常言語は措き、ある程度知的内容のある専門的な言語表現に限るとして、科学的専門性が高まり、使用言語が人工言語に近づけば近づくほど、翻訳の困難は減少するでしょう。数学者にとって、日常使う母語が違っても、専門の学問的討論が翻訳の介在によってそれ違うということはまずないでしょう。反対の極は伝えるべきメッセージが表現形式と不可分で、しかも日常言語とのつながりを絶ち得ない言語芸術、文学作品の場合です。とりわけ詩は訳者による創作という面がなくては、異なる言語集団に本当に受け容れられることはありえないのではないでしょうか。中江兆民は『社会契約論』は途中まで漢訳しましたが、「学術理義の書」と違って「文学の書」は原著者以上の筆力なくしては訳せないと弟子の幸徳秋水に語っています。(1)

人文・社会科学の領域は自然科学と文学の中間ということになりましょう。ここでは、文学作品のように、原文を理解した上で訳者の個性を訳文に滲ませるよりは、一般的に了解できる用語と文体で表現すべきでしょうが、自然科学の専門語のように術語を一義的に定義することは多くの場合難しい。ただ言葉を訳すだけでなく、対象を規定し、その背景をなしている文化に踏み込んだ理解がどうしても求められます。この点を突っ込んでいくと、言語と文化の大きく異なる外国語の作品を本当に理解し、翻訳することはできるのか、という深刻な疑問に突き当ります。古来、外国の文化や思想を翻訳を通じて学習し、「日本化」してきたわれわれにとって、この問題はとりわけ切実です。

この困難な状況に対処する方法を両極化して示すと、一つは荻生徂徠の言う「和習(臭)」の徹底的排除、近代以降の西洋研究に置き換えて言えば、渡辺浩氏の言う「John Mountpaddy 先生」の流儀[2]に倣うことです。もう一つは、「廬山の中に居る人、廬山の面目を識らず」と居直って、異質の文化と言語で育った外国人として、日本人だからこそ中国や西洋の文化や思想をよく理解できるという可能性に賭ける[3]ことでしょう。どちらが正しく、有効かは一概に言えません。私の暫定的な考えを言えば、前者は私自身を含めて大多数の日本人にとって不可能なやり方であり、たぶん生産的でもないでしょう。だからといって第二のやり方が成果を挙げる保証もなく、たいていは雲にかかって見えない廬山をあらぬ形に想い描くだけかもしれません。

いずれにしても、こういう大きな問題に答えを与えることはできません。この報告では、とりあえず具体的な訳語の問題に限定し、三つの事例について考えてみます。

三つの事例

(1) トクヴィルが『アメリカのデモクラシー』で一度だけ用いた«le matérialisme honnête»の英訳«virtuous materialism»

『アメリカのデモクラシー』はもちろんフランス語で書かれた本ですが、英語圏で読まれてきた歴史が長く、英語完訳本が、現在、私の知る限り、少なくとも六種類は新刊で入手可能です(同一言語でこれだけ多くの翻訳が同時に流通する例が他にあるでしょうか。思いつくのは『源氏物語』の現代日本語訳くらいです)。もっとも、新訳が相次いだのは近年の現象で、一九六〇年代にメイヤー(J.-P. Mayer)編、ローレンス(G. Lawrence)訳の新訳が出るまでは、一九世紀のヘンリー・リーヴ訳が基本で、これに多少の修正、追補を加えた版がいろいろな形で出ていました(米国では、一八三八年にスペンサー(J. C. Spencer)が(第一巻の)リーヴ訳に序文と註を加えて出版したものが最初で、一八六二年にフランシス・ボーウェンが第二巻も含めてリーヴ訳に手を加えて出版したものが広く読まれ、明治の初めに日本に入ってきたのは大体このボーウェン版のようです)。ただし、米国では一九世紀を通じてタイトルが別だったり、一・二巻を合本にして、章番号も通しで振ったものもあります。リーヴ訳にはトクヴィル自身が不満をもっていたことが知られており、一九世紀の、特に米国で読まれた英語版は、極端に言えば、原本とは別の本と考えた方がいいかもしれません。

というわけで、この本は、英語とフランス語という近い言語の間にも翻訳をめぐる諸問題が存在することを考えさせる格好の素材であり、実際、二〇〇〇年にハーヴィー・マンスフィールドとデルバ・ウィンスロップ（Harvey Mansfield & Delba Winthrop）による新訳がシカゴ大学出版部から刊行された際には、翻訳のあり方をめぐる論争が盛んになされました。六種類もある英語版を全体として検討することなどできませんので、ここでは、トクヴィルが『アメリカのデモクラシー』全巻を通じて一度だけ（第二巻第二部第一一章）使った le matérialisme honnête がリーヴによって virtuous materialism と訳され、このはなはだ不正確な訳語がアメリカではトクヴィルの用語として独り歩きしてきたと疑われる点について考えてみます(4)。

トクヴィルがこの短い章で述べているのは、民主社会にあっては万人が物質的享楽を追求してやまないが、貴族社会において一部の特権身分の人々が時として底知れぬ物欲に駆られ、法外な奢侈に耽るのと異なり、誰もが秩序を尊重し、習俗に逆らうことなく、ささやかな幸福を求めるだけだという主張です。ただし、だから結構というわけではなく、許された享楽だけに心を奪われているうちに、大きな野心を忘れ、他のあらゆる価値や目的を見失うことに警告を発しているのです。

私が平等を非難するのは、それが人々を禁じられた享楽の追求に誘う点ではない。許された享楽の追求に人を完全に没頭させてしまうことなのである。

このようにして、一種実直な物質主義〔une sorte de matérialisme honnête〕が世間に根を張るかもしれず、それは人の魂を腐敗させはしないとしてもこれを柔弱にし、やがては一切の精神のばねを音もなく弛緩させるであろう。（拙訳。岩波文庫、第二巻上、二二九頁）

読めば分かるように、トクヴィルは民主社会に特徴的な（と彼が考える）抑制された物質的利益追求を全面的に肯定しているわけではなく、honnêteという形容詞にはアイロニカルな響きがあります。ところが、これをvirtuousと訳してしまうと、原文から離れて肯定的印象一辺倒になってしまいます[5]。それだけでなく、virtuous materialismという言葉が前後の脈絡から離れて独り歩きし、アメリカ人の自己認識の一部になっているところがあります。一例を、思想史家ジョン・パトリック・ディギンズの影響力のあった本『アメリカ政治の失われた魂[6]』に見ることができます。

この本はポコックやウッドに代表されるアメリカ革命の共和主義的解釈に対して、ハーツ以来の自由主義的解釈を再定義してこれを擁護しようとした論駁の書です。それを「徳(virtue)」という共和主義の根本概念が米国でいかに変容したか、もともと公共的領域における政治的徳性であったものが私的領域に移され、したがって商業社会の自由な利潤追求と矛盾するものでなくなり、さらに一九世紀中葉以降は「徳の女性化(the feminization of virtue)」が進行するという言葉の分析を通じて論証しようとしています。トクヴィルはこの文脈における決定的な転換点がジャクソニアン・デモクラシーにおけるコモン・マンの進出にあったことをvirtuous materialismという表現で見事にとらえたというわけです。アメリカ思想史全体の解釈としてディギンズのこの主張に説得力があるかは別として、トクヴィルの用語への引照は英語訳、それも誤訳の疑い濃厚な訳語に基づくもので、論証になっていません。

(2) «die bürgerliche Gesellschaft»または«civil society»の日本語訳「市民社会」

「市民社会」という言葉は、戦後、ある時期まで日本の歴史や社会科学の用語として広く使われ、な役割を果たしていました。ヘーゲル、マルクスの用語 die bürgerliche Gesellschaft の訳語としてつくられたこの純然たる学術語が、スミス学者によってスコットランド啓蒙の civil society に遡って理解され、戦後、アカデミズムの世界から出て、広く一般に使われるようになった背景には、概念史の問題として複雑な経緯があります。(7) 言葉についての専門的理解が深まり、広がったというだけでなく、敗戦を挟む日本社会の変動を通じて日本と西洋の近代についてのわれわれの認識が大きく変わった、その変容をもたらした認識枠組の中心に「市民社会」の概念があったからです。それ故にまた、この言葉が乱用され、多くの誤解、混乱を招いたことも事実で、その点はすでに多くの指摘があります。けれどもそうした混乱は、われわれがこの言葉のヨーロッパにおける本来の意味や用法を正確に理解しなかったためだと切り捨てるわけにはいきません。ヨーロッパの原語自体一つでなく、英語、フランス語、ドイツ語の間で意味のずれがあり、しかもそれぞれの言語の歴史の中で少なからぬ意味転換を遂げているからです。なにより、「市民社会」という明らかに翻訳語として造語された日本語が、日本社会の現実に働きかけ、作用してきた歴史は無視できません。しかも、驚いたことに、本家本元のヨーロッパで一九七〇年代後半以降、civil society の概念が再発見され、特に東欧の民主化運動において、概念の変容をともないつつ実際に現実を動かすという事態が起こりました。戦後日本における「市民社会」をめぐる言説は、ある程度まで(あくまで「ある程度まで」ですが)、この事態を先取りした先例とみなすことができます。

（3） マックス・ウェーバーの《die Gesinnungsethik》の日本語訳「心情倫理」

ウェーバーが『職業としての政治』の中で、政治の倫理としての die Verantwortungsethik（責任倫理）に対比した die Gesinnungsethik については、近年、「信念倫理」や「信条倫理」という訳語が広まりつつあるようですが、長い間、岩波文庫旧版が採用した「心情倫理」が使われてきました。この訳語が人口に膾炙したせいか（因果関係は逆かもしれません）、政治のヴォキャブラリーとして「心情（的）」とか「心情主義」という言葉がよく使われるようになりました。けれども、ウェーバーのテキストを虚心に読めば、主観的な自己の内なる感情の赴くままに突っ走る（日本語で心情的行動というのはこういう意味でしょう）のと die Gesinnungsethik とは違います。およそ、倫理という以上、何らかの意味で自分を超える規範や理念によって自分を縛るという契機がなければなりません。ウェーバーが繰り返しイエスの山上の垂訓に言及しているように、結果を省みずに絶対的倫理によって自己を律し、無差別に他者に接するのが die Gesinnungsethik の核心です。ウェーバーのテキストには（ザッヘへの献身を裏づける真の情熱 die echte Leidenschaft と正反対の）「不毛な興奮」に駆られて、ロマンティックな感情に酔いしれる手合いを der Gesinnungsethiker と否定的に呼んでいるところもあり、こういう部分は「心情倫理家」と訳したくなるのも分かります。けれども、最終的にヴォルムスの帝国議会におけるルターの有名なセリフを引いて、責任倫理も最後のところでは die Gesinnungsethik と対立せず、相俟って「政治への天職」をもち得る「真の人間」を作り出すというときの Gesinnung はやはり「心情」ではなく「信念」あるいは「良心」でしょう。[8]

「心情倫理」という訳語はウェーバーの意味した原義からすると大きな疑問符がつくのですが、にもかかわらず、日本の精神風土に根づいたある種の行動様式やものの考え方を言い当てているところがあります。政治は結果責任でなければならないのに、日本の政治は心情倫理で動くから困ったものだ、というような言い方は、日本語の命題としては違和感がありませんが、よく考えると、ウェーバーの言う意味での die Gesinnungsethik に忠実に信念に殉じた政治家こそ、古来、日本に稀なのではないでしょうか。この訳語が日本語の意味連関の中で広く使われ、ウェーバーの原義からいかに離れた含意をもつに至ったか、政治学者が広く使っているはずの『政治学事典』(弘文堂)の「政治責任」の項目を見ると驚かされます。(9)

おわりに――再び大きな問題について少し

最後に、もう一度大きな話に少し戻して終わります。

二年ほど前に話題を呼んだ水村美苗氏の『日本語が亡びるとき』(筑摩書房、二〇〇八年)という本があります。英語の世界支配の現実の中で日本語の将来を考えた本ですが、言語の問題だけでなく、日本の近代文学の行く末を案じてもいます。鷗外、漱石、荷風から三島、大江に至るまで、日本の近代文学、特に小説は西洋近代文学の圧倒的な影響の下に成立したものです。西洋の文学作品や文学理論を翻訳・研究を通じて学習し、その学習成果に基づき、また多かれ少なかれ欧米の作品をモデルとして日本語で創作された作品の総体が日本の近代文学です。したがって、鷗外以来、作家たちは自ら創作するだけでなく、外国文学の翻訳に意欲を燃やし、外国文学の専門研究者が小説や詩を書く例も少なくありません。そして、ごく最近に至るまで、日本の近代文学作品は、ほぼ一〇〇パーセント日本語で書かれていました。在日韓国・朝鮮人の作品を大きな例外として、日本文学とは日本人が日本語で書いた作品の総体を意味していました(この定義は、たとえば、インドの文学とは何かという問いの答えと同じではありません)。近年、まだ少数とはいえ、非日本人で日本語で書く作家や日本人で外国に本拠を置いて外国語で書く作家が出てきています。この傾向が広がれば、日本文学の定義は変更を迫られるかもしれません。それはともかく、水村氏は、以上のような日本の近代文学を成立させた独特の言語的条件に注意を喚起しています。幼少時から始めなくとも身につく外国語の読書能力を知識階級が高等教育を通じて相当程度獲得した反面、初等教育から始めなければ意味のない(それゆえ、本気で進めると、母語の運用能力の発達を害する可能性のある)外国語の日常的運用能力の習得は大多数の日本人には不要とされてきた、そうした事態が条件をなしたというのです。このような言語環境の下で、西洋の文学作品や文学理論が翻訳を通じて普及し、その影響の下に日本の現実に根ざした文学作品を日本語で書くことが広く行われるようになった。読む側についても、欧米の文学、思想、文化についてある程度の教養を有する読書階級が形成されただけでなく、そうした知識に乏しく、外国語はできなくとも、日本語の基本的運用能力はほぼ国民全体に行き渡ったおかげで、広範な読者層が確保されたというわけです。こうした言語状況が西洋の思想、文化、制度を全面的に取り入れ、それを日本語で運用し、それについて日本語で論ずることを可能にしたのは確かでしょう。ただし、その反面として、西洋諸語の運用能力を本当に身につけ、外国語で渡り合う能力はごく少数の、ほとんど例外的な人たちにお任せということになりました。その結果、英語支配のグローバル化が進む今になって、こんなに英語ができない日本人でいいのか、という官民あげての大合唱が鳴り響いているのはご承知のとおりです。この声に押されて、英語の本格的学習の強制が本当に国家の政策となり、国民全体に浸透すると、日本の近代文学を生んだ言語環境が失われ、作家の能力と読者の厚みの両面において日本(語)の文学は消えてしまわないか。水村氏はそれを危惧しているように思われます。

水村氏の議論に接して、私は、歴史や社会科学でも同じ問題があると思いました。いや、われわれの分野では、状況はより深刻だと考えざるを得ません。日本の近代文学成立の言語的条件は、われわれの領域、社会科学や人文科学における西洋の学問成果の学習の条件と基本的に変わりません。先に引用した中江兆民の言葉が示すように、近代日本の翻訳の歴史においては、「学術理義の書」が「文学の書」に先行していました。しかし、その後、「原著者以上の筆力有る」訳者が輩出した成果でしょう、西洋近代の文学作品(主に英・仏・独・露語の作品)が次々と翻訳され、大正期以後、『世界文学全集』と銘打つシリーズが何度も出版されたほどです(たぶん、世界中で他にあまり例がないのではないでしょうか)。『世界の社会科学』という企画は聞いたことがありません(『世界の大思想』というのはありました)が、専門領域ごとに欧米の社会・人文諸科学の先端的研究が次々に翻訳、紹介されてきたのは文学の場合と変わりません。ただ、決定的な相違があります。文学の場合には、西洋の作品や理論を学習した上で、それを生かして日本語で創作できるということです。創作であるが故に、どんなにそれが西洋の作品や文学理論の影響を受けていても、作品として質が高ければ、オリジナルな価値を認められ、翻訳、紹介される可能性があります。実際に、日本の近代文学はすぐれた翻訳者に恵まれ、多くの作品が英語、フランス語、ドイツ語、イタリア語、中国語、韓国語などの諸言語に翻訳され、いまや、世界のメジャー文学の一つとして認められていると、水村氏も言っています。

その点、人文・社会科学の領域では、西洋の思想や文化、学問についてどんなに高度な理解に達したとしても、その成果を日本語で発表する限り、まず翻訳してもらえません。可能性があるのは、西洋に学んだ概念や方法を日本の対象に適用して成果を挙げた場合だけでしょう。もちろん、西田幾多郎や丸山眞男など、個別的には近代日本の哲学者や社会科学者の仕事が翻訳され、研究対象になってはきました。マルクス主義やマックス・ウェーバーの受容と影響については、英語、ドイツ語で立派な博士論文や研究書が書かれています。けれども、それらはやはり日本研究の枠内での仕事とみなされ、欧米におけるマルクス主義やウェーバー学それ自体に日本のマルクス主義やウェーバー研究がインパクトを与えたかというと、ほとんど検討もされていません。水村美苗氏が日本の近代文学について論じたのと同じ意味で、近代日本の社会科学全体を「世界のメジャーな社会科学」(?)の一つとして位置づけるのはやはり無理です。他方で、グローバル化は学問の世界にも及びますから、人文・社会科学の領域でも、国内需要だけを当てに日本語で書くのでなく、外国語(主として英語)で書いて、外に向かって発信しろという圧力が頓に強まっています。そして、分野にもよりますが、個別の領域、個別のテーマに関して、質の高い研究成果を外国語で発信する能力の持ち主が増えている(そうでなければ困ります)のは事実です。しかし、その場合には、どうしてもそれぞれの専門分野の時々の(多くの場合、英語圏の学界における)流行のテーマについて、欧米の学界で流通している言葉で書かざるを得ません。そこに日本における学問的蓄積との断絶が生じる可能性があります。それが積み重なると、近代日本の発展の中で、確かにかなりの部分は翻訳文化として、しかしそれなりに意味のある発展を遂げてきた日本の人文・社会科学の成果が忘れ去られ、継承されないという事態が起こるかもしれません。水村氏が日本の近代文学の将来についていだいた懸念は、われわれの領域ではより差し迫った問題ではないでしょうか。

今日、翻訳の問題を考えるとすれば、外国の研究成果をいかに正しく理解し、取り入れるかだけでなく、逆の問題も考慮する必要があると思います。分科会の本来のテーマからの逸脱をお許しください。

（1） 幸徳秋水『兆民先生・兆民先生行状記』（岩波文庫、一九六〇年）三二頁。

（2） 渡辺浩「John Mountpaddy 先生はどこに」『ＵＰ』四三五号、二〇〇九年一月。

（3） 丸山眞男・加藤周一『翻訳と日本の近代』（岩波新書、一九九八年）二七頁。

（4） 以下の議論については、松本礼二『トクヴィルで考える』（みすず書房、二〇一一年）第四章２「What Is Virtuous Materialism?」を参照。

（5） 近年の新訳でどう訳されているかをみると、respectable, honorable, decent といった訳語が採用されており、honest materialism と正直に直訳しているのは、先に挙げたシカゴ版とエドゥアルド・ノヤの批判校訂本をジェームズ・シュライファーが丸ごと訳した最新版 Eduardo Nolla (ed.), James T. Schleifer (tr.), *Democracy in America/De la démocratie en Amérique*, Bilingual Edition, 4 vols. (Liberty Fund, 2010) の二つだけである。

（6） John Patrick Diggins, *The Lost Soul of American Politics: Virtue, Self-Interest, and the Foundations of Liberalism* (Basic Books, 1984).

（7） 以下の議論については本書第Ⅰ部第四章を参照。

（8） 「心情倫理」という訳語の問題性を最初に明確に指摘したのは、私の知る限り、森嶋通夫氏である。森嶋通夫『政治家の条件』(岩波新書、一九九一年)。

（9） 政治責任とは結果責任であるとしたうえで、それと対照される心情責任について、こう記述されている。「心情責任とは意図が悪くない限り、責任が問われない。心情責任は普通家族とか直接的な近所とかあるいは時には小さな工場とかで採用される。結果に対する責任を強く要求するのではなく、むしろ意図や気持ちを尊重し、それにもとづいての成果や効率への期待を尊重しようとする方法である」(『政治学事典』弘文堂、二〇〇〇年、五八九頁)。そう規定したのはウェーバーであるとされ、参考文献に挙げられているのも『職業としての政治』である。「心情責任」という言葉自体、私には理解できないが、この表現が die Gesinnungsethik に由来するものだとして、ウェーバーはこんなことを言っているだろうか。なお、文献に挙げられている英訳（*Political Writings*, ed. by Peter Lassman and Ronald Speirs, Cambridge Univ. Press, 1994) の die Gesinnungsethik に対する訳語は the ethics of conviction であり、今日ではこれが英語圏における一般的な訳語であろう。なお、最初に流布したウェーバーのテキストの英訳、*From Max Weber, Essays in Sociology* (tr. by Hans Gerth and Wright Mills) の訳語は an ethic of ultimate ends であり、フランス語流布本も l'éthique de conviction を採用している。いずれにしろ、かつて流布していた日本語訳「心情倫理」が不適切であることは明らかであろう。

(日本政治学会二〇一〇年度研究大会分科会報告)

その三　翻訳と政治思想
――トクヴィル『アメリカのデモクラシー』の場合――

はじめに

トクヴィルの *De la démocratie en Amérique*（1835-40）を岩波文庫全四冊（『アメリカのデモクラシー』第一巻上・下、二〇〇五年、第二巻上・下、二〇〇八年）に訳出した経験に基づいて、日本語とフランス語の間の翻訳に関わる問題を考えろというのが与えられた課題です（以下の文中、拙訳の引用は書名を挙げず、Ⅰ（Ⅱ）-上（下）の形で示し、頁数を付します）。ただ、本題に入る前に、翻訳の一般論について少々考えを述べさせてください。

デリダ以来、いわゆる現代思想の分野では、翻訳の「不可能性」とか翻訳に伴う「権力作用」についての議論が盛んなようです。そうした議論に触発されて、東アジアにおける近代国家観念の導入を「翻訳の政治学」として問い直す野心的な試み(1)もあります。それまでまったく知らなかった言語世界に触れて、その世界に流通している概念や考えを受け容れることは、単に言葉の学習を超えて思想や文化のあり方を一変させますから、そこにある種の文化的権力作用が働くという事実は別に事新しい発見ではありません。明治以来の日本の思想史を貫く「伝統(土着)派」と「近代(国際)派」の対立の根底にはこの問題が伏在しているでしょう。一般化して言えば、ヨーロッパ近代の社会や文化をつくり出した認識体系が翻訳を通じて世界に広がったことの反面の問題です。その結果、近代初頭に希望をもって言われた「知は力なり」という命題のむしろ陰画こそが、フーコー以来、強調されるようになった。翻訳の問題性が今日あらためて議論される背景にはそういう思想状況があると思います。

だからといって、翻訳をあきらめ、異なる文化との接触を拒絶する蒙昧主義(obscurantisme)に戻ることが不可能であり、無意味であることもはっきりしています。人類の文化や思想の歴史を全体としてみれば、特定の言語によって表現された知的産物の相当部分が、とりわけ文字の発明以来、異なる言語に移転されて人類の共有財産を形成してきたという事実の方が驚くべきことではないでしょうか。思想史や文化史はその意味で翻訳行為なしに考えられません。私自身が貧しい仕事をしている(西洋)政治思想史という領域などは特にそうです。われわれ非西洋世界の言語と文化に育ったものが西洋の政治思想を学ぶには翻訳が避けられないというだけではありません。政治思想の通史で大きな役割を振り当てられている大思想家自身、先行する思想家の著作の多くを翻訳で読んでいるのです。ルソーはプラトンやプルタルコスを翻訳で読んで自分の政治思想をつくり上げたのであり、プーフェンドルフやグロチウスなど前世紀の自然法思想の学習についても、バルベラックによる翻訳に多くを負っていることはロベール・ドラテが実証しています(2)。近代ヨーロッパ思想の源流に位置するルネッサンスの人文主義者はみな翻訳の大家だったのではないでしょうか。

以上は、ヨーロッパの思想や文化それ自体が翻訳の上に成り立っているという事実に注意を喚起するものですが、近代日本が西洋文明を受容した文化変容はそれまでの世界史に例のないほど急速かつ全面的でしたから、翻訳の担った意義と役割も比類なく大きく、考えるべき問題がたくさんあります。この点は日本思想史における文化接触の問題として、専門家がいろいろ議論しており、丸山眞男・加藤周一『翻訳と日本の近代』(岩波新書、一九九八年)のような大家による検討もありますので、ここでは日本の翻訳文化を成り立たせた独特の言語環境について、若干の問題を指摘するにとどめます。

近代日本はヨーロッパ諸国(ジャンルによって異なりますが、主として英独仏の三カ国語)を通じて西洋文明を摂取したわけですが、それらの言語は通用地域において現に話されている生きた言語でありながら、日本では近代ヨーロッパ人にとってのラテン語やギリシャ語のような古典語に当る役割をも果たしました。外国語の習得は異邦人と直に接するコミュニケーション能力の獲得であると同時に、それまで大多数の日本人にとって未知であった西洋の学術文化を学習する手段でもありました。そして、途中を飛ばして結果だけ言えば、後者の面でヨーロッパの主要言語は日本の近代化に大きな役割を果たしましたが、国民全体として外国語の運用能力が本当に身についた訳ではない。「お雇い外国人」の時代が過ぎて、日本人が日本語で洋学知識を教え込む教育制度の確立とともに、専門家が主として書物を通じて西洋の学術文化の成果を吸収し、大多数の人々は日本語でこれを学習するという分業システムが出来上がりました。このシステムは科学技術を効率的に輸入し、これを運用する能力を国民レベルで育てるのに適合的で、急速な近代化に貢献しましたが、その反面、絶えず欧米の流行を追う習性を生み、日本独自の成果を世界に問うという点では問題を残しました。自然科学や実用技術の面では世界に通用する人材と業績が生まれ、なにより世界有数の経済大国になったのは事実ですが、言語の違いがより多く作用する精神文化、人文・社会科学の領域は別です。この領域でも近代日本は欧米の学問を貪欲に吸収し、多くの分野で相当の学問水準を達成しましたが、研究成果は今日なお日本語で国内需要向けに発表されるものが圧倒的多数で、世界に知られるものは少ない。翻訳も入超状態は大きく変わっていません。これには、書物を通じて欧米の先端業績に学びつつ、直接の人的交流は限られ、日本人同士日本語で議論することで学問が発達してきたという言語的条件が作用しています。その結果、専門分野によって違いはありますが、一方で欧米の学問成果に学びつつも日本にしか通用しない理解が広がっているのではないかという疑問が生じ、他方では日本の現実と無縁な欧米産の理論で日本を裁断することへの反発が生まれました（丸山眞男のいわゆる「実感信仰」と「理論信仰」の対立はこの問題に関係しています）。これは国内市場に特化した商品開発の結果、国際競争力が失われる現象を指してビジネスの世界でよく言われる「ガラパゴス化」に似た現象で、その観点から一文[3]を草したことがありますので、参照いただければ幸いです。もっとも思想や学問の「ガラパゴス化」をもたらした言語環境は、グローバル化と英語支配が進む中で急速に失われつつあり、その結果、こんなに英語のできない日本人でいいのか、もっと英語で発信せよという官民挙げての叫びがこだましているのは周知のとおりです。

『アメリカのデモクラシー』――その歴史性と現代性

本題の『アメリカのデモクラシー』の翻訳についてですが、まず言わなければならないのは、この本自体、翻訳という一面を有しているということです。これはフランス人がフランス語で書いた本ですが、直接のテーマはアメリカです。当時(一八三〇年代)のフランスの読者はアメリカの政治や社会について大した知識をもっていたわけではありませんから、アメリカ合衆国の歴史や法制度の記述が、少なくとも一八三五年刊行の第一巻では大きな部分を占めています。当然、アメリカ人が英語で書いた文献、資料に依拠せざるを得ない。著者自身が九カ月ほどとはいえアメリカを現地調査し、アメリカ人自身の書いた一次資料をふんだんに引いて書かれていたからこそ、フランスで最初の信頼できるアメリカ論と評価されたのは確かです。そうした側面は第一巻に付された多くの注に引かれている文献に明らかですし、ある時期以後の版からは削除されますが、初版からしばらくの間は連邦憲法とニューヨーク州憲法のフランス語訳が巻末に付されていました。

日本語への翻訳者としては、英語文献からの引用をトクヴィルの仏文に即して訳すべきか、それとも英語原文から訳出すべきかという問題に当面します。英語原文とトクヴィルの仏文との間にずれがあり、しかも、それが単に資料や情報の次元にとどまらず、理論的考察に関わる場合には、これは深刻な問題になります。それが結構多く、しかも重要な論点に関してあります。一例として、第一巻の中でも論議を呼んだ重要な論点の一つである「多数の暴政」についての議論を考えてみましょう。

「多数の暴政(la tyrannie de la majorité)」という言葉がトクヴィルの造語といえるかは議論の余地がありますが、フランス語でも英語でもこの表現が広く使われるようになったきっかけが『アメリカのデモクラシー』にあったことは確かです。ただし、tyrannie に当る言葉は古代ギリシャ以来、政治学の重要な概念として一貫して使用されており、日本語では「僭主制」あるいは「暴政」と訳されるのが普通です。トクヴィルの独創は、元来一人の「僭主」あるいは「暴君」の無法で暴虐な支配を意味していたこの概念を多数の支配というデモクラシーの原理と結びつけた点にあります。ただし、理論的先駆として独立後の政治的混乱を収めたアメリカ建国の指導者たちの考え方があり、トクヴィルは権威づけの意味もあって、議論の最後にジェファソンの書簡とマディソン執筆の『ザ・フェデラリスト』(五一篇)を引用しています。

アメリカ独立革命は「暴君」ジョージ三世の支配から植民地が離脱し、各邦に人民の意思に基づく共和制政府をうち立てましたが、それでめでたしめでたしとなったわけではなく、独立後の各邦には政治的混乱が広がりました。ジェファソンやマディソンのような独立運動に大きな役割を果たし、独立後は各邦の政府で指導的地位に就いた人たち(その多くは植民地時代からの名望家層の出身でした)はそこに「純粋デモクラシー(pure democracy)」の噴出を見出し、合衆国憲法を制定し連邦政府を組織することでこれを抑えこもうとします。ジョージ三世という「暴君」の支配に代えて自由な共和政体を立てただけではだめで、革命を通じて政治過程が民衆に開かれると、個別利益で動く党派政治が横行して、共和主義が目指す公共善の実現は難しくなる。人民の意思を体現する「立法部の独裁」こそ自由に対する新たな脅威であり、現に、独立後の各邦では多数派が少数派を排除し、政治を混乱させ、統治を難しくしているではないか。一人の暴政を廃してみても、人民の名による多数の暴政がとって代わっただけではないか(トクヴィルはまたアメリカ革命のこの経験をフランス革命期の国民公会の支配、立法部による三権の簒奪と恐怖政治に重ね合わせています)、というわけです。ジャクソニアン・デモクラシーの現実を観察したトクヴィルは、建国の指導者たちの危惧が半世紀後のアメリカを予見していると考え、その問題点を「多数の暴政」という概念に集約したと言えましょう。

ただし、ジェファソンやマディソンが「多数の暴政」という言葉を使っているわけではありません。この言葉はやはり、ジャクソン期のアメリカ政治の現実に触れてトクヴィルが思いついたか、あるいはアメリカ人の対話者から示唆されたものと思われます。ところが、『アメリカのデモクラシー』のテキストでは、マディソンからの引用の中にフランス語で la tyrannie de la majorité と出てくるのです。ここでの『ザ・フェデラリスト』からの引用はトクヴィル自身が翻訳しているのですが、英語原文の“reiterated oppressions of factitious majorities”(岩波文庫の斎藤眞・中野勝郎訳では「党派的な多数が圧制を繰り返し」)を単に la tyrannie de la majorité(「多数の暴政」)と訳しているのです。マディソンは複数で表記し、トクヴィルは単数で使っているという違いが示すように、同じ「多数」といっても、二人の頭の中にあるイメージにはずれがあり、トクヴィルは翻訳を通じてマディソンの論理を自分の概念にひきつけていると言えます。

トクヴィルの「多数の暴政」概念のもう一つの新しさは政治的抑圧の問題を超えて、精神的支配、「多数の全能が思想に及ぼす影響」を論じている点です。トクヴィルは、言論の自由が完全に保障されているアメリカの世論が画一的で、多数の意見が一度固まると反対派は沈黙してしまう事実に驚き、これをデモクラシーの平準化の帰結と見ました。そして「総じてアメリカほど、精神の独立と真の討論の自由がない国を私は知らない」(I-下、一五三頁)という一文が示すように、トクヴィルはヨーロッパとの対比でこれをアメリカ固有の、少なくともアメリカに著しい現象と見ています。これに対して少数者の政治的権利の抑圧の意味での「多数の暴政」は、「現在アメリカで、しばしば暴政が行なわれていると言うつもりはない」(同、一五〇頁)と述べているように、潜在的脅威として論じています。いずれにしても、世論の力の前に少数意見がかき消され、思考が画一的になるという指摘にこそトクヴィルの「多数の暴政」論の独創性、真の新しさがあり、トクヴィルに深く震撼されたジョン・スチュアート・ミルが『自由論』(一八五九年)において、大衆化の時代における思想の自由と意見の多様性にとっての最大の脅威としてこの概念を発展させて以来、「多数の暴政」はこうした精神の自由への脅威として論じられてきました。ただ、そうなると「暴政」という古典的な用語はしっくりしない面があります。トクヴィル自身、「専制(despotisme)」という「暴政」とは概念の異なる言葉をも用いており、日本語では la tyrannie de la majorité は「多数の専制」と訳されることも多く、その方が適切な感じもします。

以上述べたように、トクヴィルの「多数の暴政」論は、「暴政」や「専制」という古典的な用語を用いながら、そこに新しい意味内容が盛られ、またアメリカの観察に基づき、アメリカの著作を参照しつつも絶えずフランスのことを考えているために、議論が重層的になっています。トクヴィル自身、そうした重層性を論理的にも言葉の上でも明確に区別していないため、多様な解釈が成り立ち、翻訳に混乱を招きかねません。

トクヴィルの議論の重層性は読者による受け止め方の違いをも生み出します。フランス語原文で読むフランス人読者と英訳で読むアメリカ人読者との違いだけではありません。トクヴィルの同時代と現代ではどうしても読み方に違いが出てくる。『アメリカのデモクラシー』はトクヴィルが生きていた時代に広く読まれましたが、一九世紀の終わりになるとあまり読まれなくなり、アメリカは少し違いますが、フランス本国でも忘れ去られた時期が長い。それが二〇世紀中葉以降、「アメリカの世紀」の掛け声を背景に復活し、いまや世界中で読まれるようになったといっても言い過ぎではありません。二〇世紀におけるデモクラシーの展開にひきつけて一世紀以上前のテキストが読まれるようになったわけで、トクヴィルがどう読まれてきたかは二〇世紀思想史の問題でもあります。もちろん、ここにはいわゆる「アナクロニズム」の誤謬、現代の問題を過去のテキストの解釈にもち込む危険がともないますが、トクヴィルの場合、そうした現代的読解を無下に斥けるわけにいかない事情があります。トクヴィル自身、デモクラシーを決して完成したものと見ておらず、現在進行中の事態ととらえ、その将来を見通そうとしているからです。彼自身が将来の読者を想定して書いているとすれば、今日の読者がトクヴィル以降のデモクラシーの進展に照らして『アメリカのデモクラシー』のテキストに新たな意味を見出したとしても、それは著者の期待に応えることだとも言えます。

この本の提起したさまざまな問題の中でも、現代デモクラシーにおいてあらためて浮上した論点として、「個人主義(individualisme)」をめぐる議論があります。この言葉もちろんトクヴィルの造語ではありませんが、彼自身が「新しい思想が生んだ最近のことば」(Ⅱ-上、一七五頁)と呼んでいるように、『アメリカのデモクラシー』が早い用例の一つであることは事実です。少なくとも、英語の individualism が広く使われるようになったきっかけがこの本の英訳にあるという説は有力です。アメリカ人が個人の利益を第一にし、何事につけ自分自身でものを考えて権威を認めないという観察はアメリカ滞在の早い時期からみられますが、「個人主義」という言葉そのものは旅行中の記録やアメリカに焦点を当てた第一巻のテキストには出てきません。帰国したトクヴィルは、七月王政のフランス社会にも類似の心性が広がっているのを見出し、同時に、サン＝シモン主義者が批判的に用いていたこの言葉を発見し、これを第二巻におけるキーワードの一つとして採用したのでしょう。

トクヴィルの言う「個人主義」は他者とのつながりを見失って公共的関心を喪失し、家族と友人だけの狭い私生活に閉じこもる傾向を意味し、後の言葉で「私化(privatization)」と言い換える方がはっきりするかもしれません。トクヴィルは民主社会に特徴的な社会心理として個人主義を論じているのですが、後になると、この言葉はより積極的に個人の自由や権利を主張する思想や哲学の意味でも使われます。日本でも、国家主義者による批判が先だと思いますが、これに対する反論としての個人主義擁護論が明治末年から大正期にかけて多く書かれています(田中王堂の『徹底個人主義』や大杉栄の『社会的個人主義』など、そして今でもよく知られている漱石の「私の個人主義」があります)。戦後の日本では、欧米との対比で日本人は集団主義にとらわれ、主体的個人が確立されなかったのが問題だという論調が強かったのですが、一九八〇年代になると、西洋近代をつくった禁欲的生産倫理(ウェーバー、大塚久雄)としての「硬質な個人主義」は高度成長後の消費社会には時代遅れになり、現代に適合的なのは「柔らかい個人主義」(トクヴィルの「穏やかな専制」をちょっと連想させる表現です)で、その伝統は室町時代以来日本にこそあったという山崎正和の議論が話題を呼びました。(4)

個人主義は近代社会を論ずるキータームの一つとなり、肯定的にも否定的にもさまざまに議論されてきたわけで、これは日本だけのことではありません。そのためトクヴィルの原義を離れて多様な意味がそこに盛り込まれ、時代により、国により議論の位相も動いています。アメリカ人もフランス人も個人主義を自分たちの文化的伝統と自認する場合がありますが、両者の個人主義理解は同じではありません。ロバート・ベラーの『心の習慣』[5]という本は、タイトルの *Habits of the Heart* からしてトクヴィルからの借用で、トクヴィルの「個人主義」概念を導きの糸としてアメリカ文化の変容を考察していますが、この本の描き出すアメリカ人の個人主義はトクヴィルの言う意味から微妙にずれているという印象を禁じ得ません。トクヴィル自身は個人主義を民主社会の構造に起因する普遍的現象とみていますが、アメリカでは政治参加や結社活動を通じて社会のつながりが保たれ、個人主義の弊害が目立たないと強調します。そうした伝統を欠くフランスでは公共のことはすべてお役人任せとなりがちで、個人主義は専制への道ならしになりかねないという自国のデモクラシーに対する警鐘に彼の力点はありました。ところが、ベラーの本が出た一九八〇年代になると、アメリカでも「ミーイズム」の蔓延が嘆かれ、さらに二一世紀に入ると、現代のアメリカでは結社の伝統が廃れてトクヴィルが恐れた個人主義の弊害が目立つと論じたロバート・パットナムの『孤独なボウリング』[6]がベストセラーになりました。似たような現象は日本を含めて自由民主主義の諸国でいろいろ報告され、今日、トクヴィルの先見性にあらためて光が当てられることになったのです。

すぐれた古典はいつの時代にも現代的であると言ってしまえばそれまでですが、トクヴィルの場合、あくまで時代の状況に密着し、フランスやアメリカの現実に即して論じながら、現代をも見通す透徹した予見性にはやはり驚かされます。『アメリカのデモクラシー』には日本への言及は一言もありませんが、日本のデモクラシーを考えるヒントさえ、読み方次第で豊かに引き出せます。明治の初年、自由民権運動華やかなりし時代に、この本の第一巻は英訳からの重訳で広く読まれ、日本の思想史に足跡を残した歴史があります。現代日本の読者はその時代と異なるどんな読み方をするでしょうか。

文学と社会科学の間

本書(『日仏翻訳交流の過去と未来』大修館書店、二〇一四年)は第一部「文学の翻訳交流」、第二部「思想・歴史・人文社会科学の翻訳交流」という二部構成になっています。最後に、翻訳におけるジャンルの違いについて、私の考えを少し述べて終わりにしたいと思います。

確かに今日ではフランス語からの翻訳というと、文学作品や美術史など芸術関係の本が多く、歴史はともかく社会科学の作品は少ないという印象があります。フランスに伝統のある社会学と人類学は別ですが、私の専門に近い政治学は特にそうで、英語からの翻訳に質量ともに圧倒されています。

ただし、日本における翻訳の歴史を顧みると、文学作品の優越は新しい現象です。幕末の蕃書調所以来、西洋の著作の翻訳は実用目的に沿ってなされましたから、まず訳されたのは軍事技術や医学、工学など実用に近い科学技術の書で、近代国家の制度設計に必要不可欠な法律学や政治、経済の書がこれに続きます。先に引いた丸山・加藤対談にあるように、明治の初めには実に多様なジャンルの著作が翻訳されていますが、文学作品は一番後回しです。文学作品の翻訳としては森鷗外や二葉亭四迷の仕事が早い例ですが、鷗外は軍医として医学書を訳すばかりか、クラウゼヴィッツの『戦争論』まで訳しており、二葉亭のロシア語学習はロシア事情探索が第一の目的でした。中江兆民は『社会契約論』を途中まで漢訳し、『学問芸術論』も『非開化論』の題で訳出していますが、『新エロイーズ』や『告白』のような文学作品には手をつけていません。そして、弟子の幸徳秋水に語った「学術理義の書と違って文学の書は原著者以上の筆力なくしては訳せない」という意味の言葉が残されています。(7)これに対して、政治思想の書はルソーに限らず早い時期からたくさん訳されており、フランス語の著作でもモンテスキューの『法の精神』や『ローマ人盛衰原因論』はおろか、ジョゼフ・ド・メストルの『主権論』の陸羯南訳まであるのですから驚きです。

今から見ると文学作品の翻訳が少ないのは奇異であっても、考えてみれば当たり前の話で、科学技術や法律制度の書物はそれまで日本になかった知見をもたらすものですから、これを学習することが国家形成の緊急の必要であったのに対して、文芸の領域では日本語で立派な作品が明治以前からありました。馬琴や南北が広く読まれ、西鶴や近松のような一級品もあるとなれば、無理して外国語を学んで異国の文学を読む必要はないわけで、西洋文学が本格的に紹介されるのはやはり社会全体の欧化がある程度進んでからのことです。人材の面でも、二葉亭の言葉ではありませんが、「男子一生の仕事にあらざる」文学に生涯を賭ける人たちを許容する余裕が社会に生まれねばなりません。坪内逍遥がシェークスピアの翻訳を本格的に進めたのは、東京専門学校(後の早稲田大学)に文学科ができて、その教授に就任して以降のことです。

文学作品の翻訳が遅れたのは実用目的に遠かったからだけではありません。先に引いた兆民の言が示唆するように、「学術理義の書」は専門用語や論理の展開さえ会得すれば、少々付け焼刃でもなんとか読めるというところがあります。これに対して、文学作品、特に小説は社会的背景とともに登場人物の行動と心理を具体的に描き、語彙と表現も日常言語から離れられませんから、言語を異にする外国人が理解するには、言葉に習熟するだけでなく、作品を生んだ社会の文化や歴史について深く広く細かい知識が要求されます。翻訳する際にも、普通の読者に理解できる日本語で提供しなければ意味がありません。文学作品の翻訳、紹介が遅れたのにはそれなりの理由があったのです。しかし、遅れた反面、実用目的で拙速に翻訳した嫌いのなくもない政治や法律の書と違って、作品それ自体を深く理解したすぐれた翻訳が出ることにもなりました。鷗外以降、兆民のいわゆる「原著者以上の筆力」をもった訳者が輩出したおかげでしょう、英(米)独仏露を中心に欧米の文学は系統的に紹介、翻訳され、『世界文学全集』と銘打つ、世界にあまり例のないコレクションが何度も刊行されたくらいです。

重要なことは、翻訳を通じて外国文学が実作に影響を与えたことです。言文一致以来の日本における近代文学の成立は外国文学の翻訳抜きに語れません。鷗外、四迷から大岡昇平、村上春樹に至るまで、翻訳を手がけた作家はたくさんいます。外国語に縁のない作家であっても、翻訳を通じて外国文学を読んでおり、紫式部から近松に至る伝統文学の中だけで育った書き手はまずいないでしょう。内容的にも文体の上でも外国語と外国文学の影響を決定的に受けながら、日本語のアイデンティティーが失われず、すぐれた作品が新しい文体で書かれたのが日本の近代文学の特質で、その成功には、翻訳を通じて外国の作品はいくらでも入ってくるけれども、大多数の日本人は外国語で自由に読み書きできるわけではないので、作品自体はあくまで日本語で書かれるという言語的条件が作用しているのではないか。ということを水村美苗氏が『日本語が亡びるとき』(筑摩書房、二〇〇八年)で言っています。そして、グローバル化がより一層進み、英語が日本社会に本当に浸透すると、日本の近代文学を成り立たせた言語環境が失われてしまうのではないかと心配しています。

とても面白い本ですが、これを読んで社会科学も同じだと思ったところと、文学は違うなあと感じた点と両方あります。翻訳を通じて欧米の成果に学びつつ、自分の著作は日本語で日本人に向けて書くという言語的条件は社会科学も同じですが、文学作品は創作だけにすぐれた作品はよい翻訳者を得ていくらでも外国に紹介され、その結果いまや日本文学は「世界のメジャー文学の一つ」と認められていると水村氏は述べています。残念ながら日本の社会科学について同じように言うことは憚られます。つまり、言語環境は同じでありながら、文学の領域は先に述べた「ガラパゴス化」から免れているのです。

『アメリカのデモクラシー』という作品がこれまで政治の書として読まれてきたのは事実です。最初に日本に入ったのは明治の初年、第一巻だけですが、英語から翻訳されたのは自由民権運動の時代ですから、ルソーやスペンサーの著作と並んで政治的文脈において広く読まれました。その後は、日本に限らず、一義的にはアメリカ論として読まれ、二〇世紀のある時期からは現代のデモクラシーの諸問題にひきつけて読み直されたのはすでに指摘したとおりです。ただし、この作品には狭い意味での政治の書にとどまらない多様な側面があります。そもそも専門科学としての政治学成立以前の本であり、歴史や思想の書がジャンルとして文学と明確に区別されるのはもっと後のことです。その証拠に、ギュスターヴ・ランソンの『フランス文学史』(一八九四年)にはちゃんとトクヴィルが登場しています。歴史家としても、一九世紀によく言われた「政論家(publiciste)」の意味でも、トクヴィルは広い意味での文学(littérature あるいは lettres)の担い手と認められていたわけです。文章も専門用語や難しい言い回しはほとんどなく、明晰で読みやすい正統的なフランス語で書かれています。フランス語散文として立派な文章だというのが多くの人の評価でしょう。内容的にも、特に第二巻第一部では文化や思想、学問と芸術を幅広く論じており、それもアメリカを表題に掲げつつ、中身はフランスのことを扱っている場合が少なくありません。「アメリカのデモクラシー」は英語をどのように変えたか」と題する章に至っては、いわゆる「アメリカニズム」の問題、英語に対する米語の違いを主題にしているようにみえて、それはほんのまくらだけで、もっぱらトクヴィルの時代、つまりロマン主義の時代のフランス語の変化を論じています。もっぱら政治や社会学の本としてこの作品を検討してきた英語圏の研究ではこうした文化論は無視されてきましたが、近年めざましいフランスにおけるトクヴィル研究のひとつの特徴は文学畑の研究者が文化論や芸術論に照明を当て、トクヴィルをフランス文学史の中にあらためて位置づけようとしている点にあります。日本でも、文学・芸術畑のフランス研究者はこれまでトクヴィルにあまり関心を払ってこなかったようにみえますが、今後はそうした分野でトクヴィルが広く論ぜられることを願ってやみません。

(1) 與那覇潤『翻訳の政治学――近代東アジア世界の形成と日琉関係の変容』(岩波書店、二〇〇九年)。もっとも、この本における翻訳の政治学をめぐる理論的考察は、「翻訳」概念が伸縮して、やや混乱した印象を与え、翻訳の実際を考える参考にはあまりならない。反面、冊封体制と薩摩支配の二重性に置かれていた琉球の中から「近代国家」日本への同一化がいかにして生まれてきたか、そこに孕まれる多様な問題を伊波普猷をはじめとする琉球知識人の思想に即して論ずる歴史分析は説得的で発見に満ちており、一読に値する。

（2）R・ドラテ、西嶋法友訳『ルソーとその時代の政治学』（九州大学出版会、一九八六年）。

（3）松本礼二「政治思想のガラパゴス的進化について」『UP』四六三号、二〇一一年五月。本書「幕間の補論（その一）」。

（4）山崎正和『柔らかい個人主義の誕生』（中央公論社、一九八四年）。山崎の議論については、本書第Ⅰ部第五章参照。

（5）ロバート・ベラー他、島薗進・中村圭志訳『心の習慣――アメリカ個人主義のゆくえ』（みすず書房、一九九一年、原著は一九八五年）。

（6）ロバート・D・パットナム、柴内康文訳『孤独なボウリング――米国コミュニティの崩壊と再生』（柏書房、二〇〇六年、原著は二〇〇一年）。

（7）幸徳秋水『兆民先生・兆民先生行状記』（岩波文庫、一九六〇年）三二頁。

（西永良成・三浦信孝・坂井セシル編『日仏翻訳交流の過去と未来――来るべき文芸共和国に向けて』〔大修館書店、二〇一四年〕）

第 II 部

丸山眞男を読むために

第六章　丸山眞男と日本の自由主義

ヨーロッパ近代国家はカール・シュミットがいうように、中性国家(Ein neutraler Staat)たることに一つの大きな特色がある。換言すれば、それは真理とか道徳とかの内容的価値に関して中立的立場をとり、そうした価値の選択と判断はもっぱら他の社会的集団(例えば教会)乃至は個人の良心に委ね……思想信仰道徳の問題は「私事」としてその主観的内面性が保証され、公権力は技術的性格を持った法体系の中に吸収されたのである。

ところが日本は明治以後の近代国家の形成過程に於て嘗《かつ》てこのような国家主権の技術的、中立的性格を表明しようとしなかった。その結果、日本の国家主義は内容的価値の実体たることにどこまでも自己の支配根拠を置こうとした。……

……このような「民権」論がやがてそれが最初から随伴した「国権」論のなかに埋没したのは必然であった。かくしてこの抗争を通じて個人自由は遂に良心に媒介されることなく、従って国家権力は自らの形式的妥当性を意識するに至らなかった。……

……今年初頭の詔勅で天皇の神性が否定されるその日まで、日本には信仰の自由はそもそも存立の地盤がなかったのである。信仰のみの問題ではない。国家が「国体」に於て真善美の内容的価値を占有するところには、学問も芸術もそうした価値的実体への依存よりほかに存立しえないことは当然である。

（「超国家主義の論理と心理」、『丸山眞男集』第三巻〔以下、『集』③のように表記〕一九―二二頁）

はじめに

丸山眞男がすぐれた自由主義者《リベラル》であることは疑いない。だが日本のように自由主義《リベラリズム》が文化に深く根ざしていないところでリベラルであるということは、ヨーロッパやアメリカでそうであるのと同じではない。丸山は、ジョン・ロールズのように、彼自身の自由主義理論を定式化しようとはしない。それよりも、彼は思想史家として過去の思想の動きを分析、叙述し、過去の思想家との対話を通じて自分の思想を語るのを好む。しかも、福沢諭吉を大きな例外として、丸山がその日本思想史研究において自由主義の思想家をとりあげることは稀である。冒頭の引用におけるカール・シュミットへの言及が示唆するように、丸山の自由主義理解はその敵に負うところが大きい。これらの点で、丸山はアイザイア・バーリンにいくらか似ているかもしれない。バーリンは、自らは啓蒙の徒であると称しながら、反啓蒙思想の意味と重要性を深く探究し、ジョゼフ・ド・メストルの魅力的な肖像を描いてさえいるからである。

丸山は単純で自己満足的な自由主義者ではない。彼は二〇世紀の人類の政治的経験の中で悲劇的に露呈した西欧自由主義の弱点を鋭く意識している。同時代の西欧の自由主義者の中で丸山がより多く共感を寄せるのは、ハロルド・ラスキやラインホールド・ニーバーのように自らの負う自由主義の伝統への批判を辞さぬ思想家である。丸山は自国の非自由主義的伝統を批判するだけでなく、二〇世紀の世界的危機を自由主義者として生き抜く術を独自のやり方で示したのである。

非自由主義的伝統の批判

丸山の自由主義的思考は彼自身の国の非自由主義的伝統、日本国民の精神を無意識のうちに拘束し、自称自由主義者の多くもその影響を免れ難かった伝統に対する鋭利な批判に顕著である。

自由主義(liberalism)という用語とその中心的関心を伝える言葉が日本の政治的語彙に取り入れられたのは古い。ヨーロッパ自由主義の古典的テキストはいち早く翻訳され(『自由論』一八七三年、『アメリカのデモクラシー』第一巻、一八八一―八二年)、自由民権運動の巻き起こした政治熱の中で広く読まれた。自由民権運動から生まれた日本初の政党は自由党を名乗っている。もっとも、その時、全国レベルの議会は存在していなかったのだが。

しかしながら、一八八九年の明治憲法の下で、自由主義の勢力は日本の政治において一貫して周辺的存在に追いやられてきた。大正期には立憲主義と政党政治がある程度進展したとはいえ、その後の軍国主義と超国家主義の時代に、自由主義的傾向は著しく衰退した。一九三五年における美濃部達吉の受難(天皇機関説事件)は戦前日本における自由主義の脆弱性を悲劇的に示している。権威ある東京帝国大学名誉教授にして貴族院議員であった美濃部の自由主義的な憲法解釈は、少し前までは政府自身が通説と認めていたものだったのである。

かくして、軍国主義の政府と超国家主義の強圧の下、第二次世界大戦の開始時には日本の自由主義は事実上死滅していた。自由主義者の誰一人として天皇制国家の基底価値を批判するものはなく、いかなる自由主義の社会理論も天皇制の政治構造やイデオロギーについて学問的に説得力ある分析を提示しえなかった。ただ一握りのマルクス主義者だけが体制の徹底して批判的な分析を敢行し、その結果、仮借なき迫害にさらされたのである。

日本の思想史における丸山眞男とその仕事の意味は、戦前日本における自由主義者の学問的成果が乏しく、それに比較すればマルクス主義者の実績が良好であったという事実に照らして理解されねばならない。自由主義的なジャーナリストの家に生まれ、東京帝国大学法学部で学んだ丸山は、戦前自由主義の最良の遺産を受け継いでいる。同時に、一九三〇年代の危機の時代に学問的出発をしただけに、彼はマルクス主義の社会批判に大きな影響を受けた。一九四〇年前後に書かれ、戦後書物になった彼の最初の重要な学問的業績は、徳川時代の政治思想の精密な分析であり、この著作は当該分野における後続の研究にとっての準拠枠となった。その方法は、社会・政治思想の展開を社会構造の変化と結びつけて説明しようとする意図において、マルクス主義のイデオロギー批判に倣うものだが、正統マルクス主義からの距離をも示している。著者はイデオロギーの意味をその社会的機能に還元していないし、思想を特定の階級の社会的経済的利害の単なる反映とみなしてもいないからである。この仕事において丸山に方法論的指針を与えたのはマックス・ウェーバー、カール・マンハイム、フランツ・ボルケナウといった人たちであった。

他方、丸山の独創的な徳川政治思想読解には時代の支配的イデオロギーへの抗議の意図が隠されていた。当時の非合理的な日本主義の雰囲気の中で、儒学と国学は近代、すなわち西欧民主主義と自由主義に対抗するイデオロギー的武器として学ばれ、推奨されていたからである。丸山の再解釈はこれに真っ向対立して、徳川儒学史における朱子学的思惟様式の解体に日本の近代化の知的起源を見出し、国学が儒教の道学的リゴリズムから人欲を解放した点に近代的思惟の萌芽を認めた。わけても驚くべきは、彼の語りにおける二人のヒーロー、荻生徂徠と本居宣長の扱いである。当時の一般的読解において、前者はその中国崇拝によって悪名高く、それゆえ日本主義者の憎悪の的となったのに対し、後者は中国的精神(からごころ)の排除と日本神話の再評価を称賛され、国粋主義のゴッドファーザーともてはやされていた。ところが、丸山は徂徠の徹底した朱子学批判を画期的とみなし、特に徂徠が政治と倫理、公と私を明確に分離した点を強調した。彼は倫理と政治を切り離した徂徠における政治の発見をマキアヴェッリの政治学に比してさえいる。宣長については、その日本古典読解の方法が徂徠の古文辞学に負うところを示した上で、丸山は儒教的道学主義の鋭い批判と人間の自然な感情と美意識(もののあはれ)の解放に焦点を合わせ、宣長のショーヴィニズムにはまったく目をつぶっている。

超国家主義批判

一九四五年の敗戦は丸山に日本近代の全行程を再考させ、なにゆえ国民は破局的な戦争に導かれてしまったかを学問的に解明することを迫った。戦後まもなく、雑誌『世界』(一九四六年五月号)に掲載された「超国家主義の論理と心理」はこの深刻な問題に対する一つの答えであり、短文ではあるが鋭利な分析によって大きな反響を呼んだエッセーである。この論文は超国家主義のイデオロギー構造に焦点を合わせ、国民の精神を統制した心理過程を明るみに出した。明治国家は急激な国家形成の中で集権的な統治・行政組織を構築するだけでなく、国民を効果的に統制し、一人一人を天皇の忠良な臣民に仕立て上げるイデオロギー装置を発明した。本章冒頭の引用が示すように、丸山の中心的議論は、日本では国家主権が精神的権威と政治権力の両方を独占し、その結果、国家権力は法律によって国民の行動を外的に統制するにとどまらず、その内面生活に自由に侵入し、人々の精神を事細かに規制したという主張である。それはまさに自由主義者が範疇的に拒否し、挑戦すべき哲学的前提に他ならなかった。

とはいえ、天皇制国家における思想統制はナチス・ドイツやソヴィエト・ロシアのような全体主義体制のそれと同じではない。なんらかの体系的イデオロギーがおしつけられたわけではなく、異端者を収容する強制収容所がつくられることもなかった。にもかかわらず、国家権力による国民の統制は効果的に行われ、世論の同調は容易に得られた。というのも、権力は日本の文化に深く根ざした精神傾向を利用して国民を統制しえたからである。丸山は、福沢を援用して、この精神傾向を「権力の偏重」の所産だと述べ、それは日本社会の人間関係の隅々にまで浸透していると言う。社会全体の階層的構成の中で、誰しもが上に上位者をもち、下には下位者を従えている。この小さな上下関係の一つ一つの中で、誰もが上からの恣意的な権力の行使を受けているが、下に向かって恣意的な権力をふるうことでその代償を得ている。丸山は別の誰かを害することで自分の被害を償う(福沢のいわゆる「西隣に貸したる金を東隣に催促する」が如き)この現象を「抑圧移譲」と名づけ、その極度の病理を戦時中の暴力や虐待——内務班における新兵いじめや捕虜虐待——に見出している。これは多くの日本人が戦時の苦い体験を通じて身に覚えのある心理過程の鋭い分析に他ならなかった。丸山はしかし弱者に対する抑圧の移譲は決して戦時の産物にとどまるものでも軍隊生活に限られるものでもないと主張する。それは日本社会の隅々にまで染みついた悪弊である。というのも、明治国家は「権力の偏重」を封建時代の日本から受け継ぎ、これを天皇の下での国体秩序の中に体系的に植えつけたからである。戦時に頻繁に生じた痛ましい出来事は体質的な病の急性症状に過ぎない。

抑圧移譲のメカニズムは効果的に統制を実現する反面、権力行使についての責任感を失わしめるという代償をともなう。このメカニズムにおいては、誰もが人に支配されているが、同じように他の誰かを支配しており、その結果、人を支配しているという自覚を失ってしまうからである。言い換えれば、抑圧のみならず責任も移譲し得るのである。下位者に命令を下す根拠は命令内容の正統性にあるのではなく、命令者が上の地位にあること、そしてその地位が道徳的政治的価値の究極の源泉たる天皇の権威を負っている点にある。この階層的官僚的秩序においては、誰もがその地位の虜囚であって、独立の人格として己の脚で立つことがない。最高の官位にあるものでさえ例外ではない。丸山は戦時宰相としてかつてない権力をふるった東条英機の議会答弁を引いている。東条は、自分個人は道端の石ころに過ぎず、ただ陛下の威光を受けて光るだけだとへりくだって答えたというのである。天皇その人でさえ皇祖皇宗の神話的伝承の虜囚であって、絶対君主や全体主義国家の指導者からは程遠い存在であった。

これが日本軍国主義の精神的基盤についての丸山の鋭利な分析の核心にある考えであり、その分析は極東軍事裁判の法廷記録の入念な検討に基づく論文「軍国支配者の精神形態」(『集』④)に見事に示されている。ニュルンベルク裁判で裁かれたナチス・ドイツの戦争犯罪人と驚くほど対照的に、東京裁判に引き出された日本の軍国指導者の誰一人として、自らの行為に対する個人的責任を認めなかった。彼らは異口同音に二つのことを言った。第一に、自分は既成事実を追認しただけで、いずれにせよ、その事実は変えようがなかったのであり、第二に政府の一員として別の行動をとる権限をもたなかった、と。政府高官のこの弁明は彼らが部下を統制しえなかったという告白に他ならない。実際、少なからぬ場合、彼らは下僚に操られたロボットに過ぎなかった。既成事実への屈伏と権限への逃避という彼らの二つの弁明は、戦争犯罪の訴追から逃れるための口実というだけでなく、何人も責任をとらない社会構造の中で培われた精神態度の自然な帰結なのである。丸山はこれを「無責任の体系」と名づけ、権威主義的官僚国家の末期的局面においてしばしば表れる病理だと説明している。だが、軍国日本における責任あるリーダーシップの不在を暴く丸山の鋭利な分析は、日本社会の性質そのものに内在する何ものかに触れており、その病理は民主政の下にある現代日本にも時として姿を現すことがある。実際、福島の原発事故に際しての政府と電力業界の対応は混迷を極め、「無責任の体系」という丸山の言葉を想起させるに十分であった。

日本における自由主義的モーメントの再発見

丸山は戦後の知的活動を、日本国民から自由を奪い戦争に駆り立てた軍国主義と超国家主義のイデオロギーに対する批判から始めた。しかしながら、戦後の精神的解放はまた日本における忘れられた自由主義の潜在力の発見をも促した。とりわけ明治初期におけるさまざまな政治思想の広がりに魅せられ、丸山はこの時期の知的光景を明るく描こうと試みている。明治初期のナショナリズムには、後の超国家主義と対照的に、自由主義的要素が豊かに内包されていたというのである。丸山のこの種の著作の中でも注目に値するのは、もちろん福沢研究である。戦後早い時期に彼はいくつかの福沢論を書いており、それらは丸山の思想史研究の中でも傑作中の傑作と評価される。福沢は丸山にとって生涯を通じての精神の師《メトル・ア・パンセ》となった。丸山にとっての福沢はレイモン・アロンにおけるトクヴィルに相当する。

丸山はまた、ジョン・ロックからハロルド・ラスキやバートランド・ラッセルのような同時代人に至るヨーロッパの自由主義者についていくつかエッセーを書いている。先駆的なのは、「ジョン・ロックと近代政治原理」(『集』④)と題するロックの政治理論についての短いが示唆に富む論文である。ロックの『統治二論』はそれまで翻訳されておらず、戦前日本で論ぜられることはほとんどなかった。マキアヴェッリからマックス・ウェーバーまで近代ヨーロッパの重要な政治思想家のほとんどがよく知られていた国で、ヨーロッパ自由主義のこの古典的テキストが無視されてきたのはなぜだろうか。丸山はラッセルの『西洋哲学史』からロックのフィルマー批判を論じている一節を引いている。後者の家父長主義の理論は二〇世紀の文明国では誰も相手にしないほど非合理なものであるが、日本だけは例外だとラッセルは述べている。なぜなら天皇制国家の統治原理はフィルマーの『族父論』のそれに酷似しているからだというのである。この一節を引くことで、丸山は、大日本帝国の崩壊によってはじめて日本国民はロックの政治理論の真の意味を理解し得るようになったと示唆したのである。この論文によって、丸山は後に目覚ましく発展した日本におけるロック研究の起動者の一人ともなった。

丸山と冷戦自由主義者《コールドウォー・リベラルス》

一九四五年以後、丸山の著作は専門的学問の世界を超えてより広い範囲の読者を見出した。実際、彼は「戦後民主主義」のオピニオン・リーダーとして影響力ある知識人の一人となった。自ら望んだか望まなかったかはともかく、彼が「参加する知識人(intellectuel engagé)」の役割を演じたことは確かである。

丸山を巻き込んだ政治とイデオロギーの状況は冷戦の国際的文脈において生じたものであり、その限り同時代のヨーロッパ諸国、特にフランスにおけるそれとある程度似通っていた。フランスの左翼知識人についてのトニー・ジャットの批判的研究(1)は、日本の読者に自国における同種の人々のことを考えさせるであろう。称賛するにせよ非難するにせよ、丸山をジャン＝ポール・サルトルに擬するものもいるかもしれない。

しかしながら、相違もまた大きい。丸山は参与観察者として、その違いを日仏両国の知識人の歴史的比較から説明している(「近代日本の知識人」、『集』⑩)。フランスの知識人は一八世紀以来、公的討議の長い伝統を有するのに対して、日本でこれに比較される学識者は、実際には、国家その他の所属組織に知識と技能を提供する専門家に過ぎない。ただ稀な例外的時期にのみ、彼らは所属組織を離れて共通の知的関心で結びつき、自主独立の個人として知的共同体を形成し、政治と社会について公的な議論を戦わす。戦後の一時期は明治初期と並んで近代日本に稀なそうした時代の一つであり、当時の知識人の議論の焦点は、当然のことながら、直近の過去、「十五年戦争」と敗戦をどう考えるかにあった。日本はアジアにおいて最初の近代国家を形成した後、なにゆえに中国を侵略し破滅的な戦争にまで突き進んだのか。これこそ戦後知識人が自らに問うた深刻な問題であり、彼らは戦争をとどめるための有効な抵抗を何一つなしえなかったことに罪責と後悔の意識を多かれ少なかれいだいていた。この道徳的罪責感の共有こそ、丸山によれば、自由主義者とマルクス主義者を問わず、多くの戦後知識人を再軍備と米国との軍事同盟に反対する運動に加わらせた要因であった。彼は後に、この共通の意識によって結びついた知識人の集団をさして、「悔恨共同体」という言葉をつくり出している。彼自身が主導的な役割を果たした「平和問題談話会」はそうしたグループの典型である。

「平和問題談話会」は保守的な「オールド・リベラリスト」から講壇マルクス主義者まで広範な学者知識人を集め、ユネスコの声明に応えて平和の諸問題を論ずる学識者の集まりとして一九四八年に発足したものである。冷戦の進行にともない、とりわけ朝鮮戦争の勃発以後、談話会は時代の焦眉の政治問題、講和の条件と再軍備の問題をとりあげざるを得なくなった。「片面講和」によって独立を急ぎ、再軍備して米国と同盟を結ぶという政府の外交方針を談話会は批判し、「全面講和」と中立を唱えた。当然のことながら、この対案は批判を招いた。丸山は談話会の指導的理論家として、中立主義と平和主義の理論的基礎を示して批判に応えた。丸山や他の談話会メンバーに向けられた批判の論理は二つあった。一つは自由主義のイデオロギーの立場から、他は現実主義に基づくと主張するものである。

丸山は「ある自由主義者への手紙」(『集』④)と「「現実」主義の陥穽」(『集』⑤)という二つのエッセ

ーによってこれらの批判に応えた。前者において、丸山はすべてをイデオロギーに還元する自称自由主義者の本質主義的思考を批判している。自らを自由主義者と規定したうえで、彼は、イデオロギー的選好から自動的に特定の政治問題についてとるべき態度が引き出されるわけではないと主張する。重要なことは、所与の状況の中でいかなる政策方向が国民の自由を実際に確保し拡大するかを見極めることである。当時の日本の政治状況において、左翼の急進的イデオロギーは自由民主主義にとって真の危険ではない。むしろ、それは左翼に対する政府の抑圧立法によって掘り崩されていると丸山は主張する。事実、政府与党はこの時期国民の自由と権利を制限する一連の政策を実施していた。丸山は時代の政治状況をこのように規定して、自由主義を標榜する政府に自由主義者として反対する立場を明確にしたのである。マッカーシズムに見られるように、アメリカ合衆国においてさえ、自由民主主義の理念は外からではなく内側から脅威にさらされているとも彼は述べている。

平和主義と中立主義に対する「「現実」主義」の批判に対して、丸山は「現実」なるものの可塑性と主観性を強調した。政治においては、安定して変わることのない現実は存在しない。それを見る観察者の見方次第で、現実は異なる様相で現れる。それゆえ、問題は現実か理想かの選択ではなく、現実のどの側面を考慮するかにある。自称現実主義者たちは現実のこの多層性に目を塞ぎ、現実のある側面を客観的で動かしがたいものとみなしている。彼らは常にある一つの現実を所与の既成事実と受けとり、これを変える意図をもたない。言い換えれば、丸山はかつて軍国日本の指導者について批判した既成事実への屈伏と同じ精神態度を、これらの冷戦の現実主義者に見出したのである。

丸山自身の現実に対するアプローチは、平和問題談話会の声明「三たび平和について」のために彼が書いた草稿（『集』⑤）に十全に示されている。これは現実主義的な理論によって平和を基礎づけようとした国際政治学における野心的な論文である。「二つの世界の対立」という当時の常套句の多義性を分析して、丸山は対立にも三つの層があるという。自由民主主義対共産主義のイデオロギー対立、東西両陣営の政治的・軍事的対立、そして米ソ両超大国の対立という三つである。次いで、三つの局面の現実を詳細に検討して、丸山はどの局面においても対立は絶対的でも変更不可能でもなく、対立を避け敵対感情を鎮めようとする努力が双方からなされていると論じている。とりわけ注目に値するのは、東西両陣営とも内部に分極の可能性を蔵しているという指摘である。中国文明の長い歴史的伝統を考慮するならば、共産中国がモスクワの支配に長く服し続けるとは思われない。ヨーロッパの自由主義諸国が永久に米国に依存しているだろうか。両陣営とも実際には一枚岩ではなく、多様性を内に蔵しており、そうした要素はいずれ陣営の結束を緩め、やがては二つの世界の対立を解消する方向に向かうであろう。このように、丸山は冷戦の緊張の絶頂期に、来るべき多極的世界への見通しをもち、将来における平和共存の条件を探ったのである。

もちろん、政府与党は平和問題談話会の提案を斥けた。しかしながら、冷戦の「現実」についての丸山の注意深い検討は、一〇年後の多極的世界を予見して、当時のたいていの現実主義者の分析を超える射程を示している。それは冷戦自由主義に対する自由主義的批判の見事な例である。

丸山はもちろん共産主義とマルクス主義に無批判ではなかった。マルクス主義の思考様式に対する徹底した批判は、『現代政治の思想と行動』所載の長い論文「「スターリン批判」における政治の論理」（『集』⑥）に示されている。

この本の英訳[2]の序文で、編者のアイヴァン・モリスは丸山を「無党派の左翼（an independent member of the left）」と規定し、彼を形容するのに自由主義者《リベラル》の語を用いてはいない。刊行後半世紀を超えたいま、西欧の自由主義者は丸山をリベラルと呼ぶのをためらわないであろう。

（1） Tony Judt, *Past Imperfect: French Intellectuals, 1944-1956* (University of California Press, 1992).

（2） Ivan Morris (ed.), *Thought and Behaviour in Modern Japanese Politics* (Oxford University Press, 1963, Expanded Edition, 1969).

（"Maruyama Masao and Liberalism in Japan," in Eva Atanassow and Alan S. Kahan (eds.), *Liberal Moments: Reading Liberal Texts*, Bloomsbury, 2017）

第七章　丸山眞男と戦後政治学

一

本書〔『政治の世界 他十篇』岩波文庫、二〇一四年〕の著者、丸山眞男は、ある時期以降、自分の専門は日本政治思想史だとして、現代政治分析や政治評論を並べる「夜店」をたたみ、「本店」の思想史関係の仕事に集中すると宣言し、事実、その態度をおおむね貫いた。「夜店」と「本店」という比喩は固有の専門領域かその外かという分野の違いだけでなく、発表媒体や想定読者の相違をも暗示しているから、本書に収録した政治学関係の論考を一括して夜店の展示品とみなすわけにはいかないであろう。それにしても、一九六〇年代以降、政治思想と区別される政治学の理論や現代政治の分析に関わるまとまった論考がなくなったのは事実である。本書に収録した作品も敗戦直後から一九六〇年の「安保闘争」に至る一五年の間に書かれている。

丸山眞男において思想史家の側面と政治学者の側面とを分けることはできるか、区別することにどんな意味があるか、その点はこの解説で論ずる限りでない。ただ、本書のカヴァーする戦後一五年に関する限り、彼の学問において狭義の政治学関係の労作が質量ともに思想史関係のそれに拮抗する重みをもっていたのは事実である。後者について言えば、生涯を通じての関心対象たる福沢研究を別にすると、徂徠研究以来のそれまでの研究方向からの転換を示唆する重要な論文（「日本の思想」一九五七年、「開国」一九五九年、「忠誠と反逆」一九六〇年）は悉くこの時期の終わりに書かれており、それらが示す新たな方向が、米英両国滞在を経て、一九六三年以降の東大法学部講義（『丸山眞男講義録』第四―七巻）や「歴史意識の「古層」」（一九七二年）に結実する「後期丸山思想史学」へと展開するという見取り図を描くことができよう。その裏返しとして、政治学関係の論考がなくなったわけで、学生時代の緑会懸賞論文や助手時代の欧米政治学界事情紹介を除いて、丸山の本格的な政治学論文といえば、やはり戦後一五年の間の著作に限られることになろう。そこには丸山個人の選択だけでなく、戦後日本の政治学がそれなりに発展し、後続の研究者が育ち、「学問分業の原則に従って、安んじて自分の専門領域に帰る」ことが可能になったという客観条件もあったであろう。逆に言うと、そのような条件の整う以前、本書に収録した論考を著した時期の丸山には、戦後日本の政治学を牽引するという役割意識があったということである。以下の解説も、収録作品を丸山個人の知的営為の所産としてみるだけでなく、戦後日本の学問史の一環をなす戦後政治学の成立への寄与という観点からの位置づけを試みたい。

二

巻頭の「科学としての政治学」は、時期的に最初に書かれたというだけでなく、内容的にも本書収録論文全体の方向を指し示している。丸山個人の業績を超えて、戦後日本の政治学に初発の動力を与えた作品という位置づけは今日なお揺るがない。丸山自身「若気の至りで試みた」と述べる戦前日本の政治学に対するこの論文の「「清算主義的」批判」に対しては、蠟山政道が『日本における近代政治学の発達』を著して応え、さらに、成立間もない日本政治学会の『年報政治学』創刊号(一九五〇年)は、この著書を糸口に「日本における政治学の過去と将来」を論ずる座談会を掲載している。司会の丸山以下、蠟山、堀豊彦、岡義武、中村哲、辻清明と参加者は東大法学部関係(または出身)の政治学者に限られるが、当時の日本における政治学の牽引者を集めていることは間違いない。

丸山はこの論文で何を言おうとしたか。一言でいえば、学問としての政治学の有効性を取り戻し、その自立性を確立せよという要請である。日本の政治的現実の学問的解明を回避し、欧米の学説・理論の祖述や欧米モデルの近代国家の歴史と制度の記述・解説に満足した戦前政治学の「不妊性」を厳しく批判した上で、著者は、天皇制国家の呪縛を解かれて学問的自由を得たいま、日本の政治的現実に批判のメスを入れることなくして、政治学の存在理由はないと述べる。「現実科学」(フライヤー)としての政治学の有効性の回復は、同時に、現実からの学問の独立を要請する。丸山は、学問の客観性の名の下に価値判断を排除する「傲岸な実証主義者」を斥け、他方で、認識の要求を党派性に従属せしめる逆の危険にも警鐘を鳴らし、政治学者に認識と対象との相互規定性を自覚せよと迫る。いかなる政治認識も立場の選択や視点の設定なしにありえないのであって、政治学者は自己の価値選択を回避することなく、これを絶えず自覚するところに学問的客観性の条件を見なければならない。ウェーバーの価値自由論やマンハイムの「存在(被)拘束性」の概念が丸山の立論の根拠になっていることは言うまでもない。

この論文の要請する政治学の自立のもう一つの意味は、隣接諸学と区別される政治学の固有性の主張である。丸山は戦前日本政治学における「政治概念論争」を方法論のための方法論として切り捨てる一方、政治現象の固有性を明らかにすることを通じて政治学の自律性を確かめようとする。その意味で、論文「科学としての政治学」は政治学の「独立宣言」の趣を呈する(因みに東大法学部における後続のある政治学者はこれを「政治学の人権宣言」と評したという(『丸山眞男回顧談』下、八八頁))。

三

独立はしかし孤立ではないから、政治学の自立は隣接諸科学と交渉し、その成果に学ぶことなしには達成されない。実際、丸山ほど広く隣接の人文・社会諸学に学び、その成果を吸収した政治学者は少ない。知的刺激の源泉は専門科学の知見に限られない。本書の随所に見られる歴史や文学作品への言及は、丸山の学問がいかに深く幅広い教養に支えられていたかを示していよう。「科学としての政治学」はじめ戦後早い時期の論文からは、丸山が独墺系の国法学、国家学に学びつつ、それらとの対比で自らの政治学を鍛えていった跡が窺えるが、後になるにつれて、社会心理学、文化人類学、精神分析など新たな学問方法を取り入れたアメリカ政治学の影響が顕著である。もちろん、丸山はチャールズ・メリアムなどの著作には早くから接していたが、アメリカ政治学を系統的に学習し、思考の糧にしていったのは戦後のことであろう。特にハロルド・ラスウェルの著作については突っ込んだ検討を行い、『権力と人格』(*Power and Personality*, 1948)の詳細な紹介論文(「ラスウェル『権力と人格』」、日本政治学会『年報政治学一九五〇』一九五〇年、『集』④)を書いている。戦前から知られていたとはいえ、「わが政治学会の共有財産たる事からは遥かに遠い存在であった」ラスウェルの業績が政治学者の常識となる上で大きな役割を果たした論文である。欧米の学界の先端的動向や最新の業績の紹介は、それこそ「科学としての政治学」が批判的に吟味した日本の社会科学の一つの伝統であるが、丸山自身があえてそれを為したのはこの論文くらいであろう。ただ、ラスウェルの論理や用語の斬新さはさすがの丸山にとっても相当に難物であったようで、東京女子大学図書館丸山眞男文庫に残されている大学ノート一冊分の読書メモは、論文執筆の際の苦闘ぶりを物語っている。丸山がラスウェルから新鮮な知的刺激を受ける一方、決して一辺倒にならなかったことは、三者鼎談形式で書かれた「政治学」における「ラス党」の大学院生Bと丸山本人を思わせる叔父の大学教授Aとのやりとりにも表れている。

この「政治学」と七年前に書かれた「政治学入門(第一版)」とでは内容、形式とも一変しており、読者は、この期間に丸山がアメリカ政治学の成果を系統的に学習し、英米における政治学の展開について正確な見取り図を描いていることに強い印象を受けるであろう。実際、篇末の詳細な「文献紹介」を含めて、この作品は二〇世紀における政治学の展開を的確に跡づけており、ベントリに始まる政治過程論とウォーラスを源流とする政治心理学あるいは政治意識論を二大潮流とみなし、どちらについても前世紀のバジョットに淵源があるとする見方など、政治学の展開を狭い意味での学説史を超えてより広い社会認識の歴史的文脈で理解する思想史家の目が光っている。しかも、英米で二〇世紀に大きく展開した「モダン・ポリティックス」にこれだけの理解を示す一方、それに対する留保をさまざまな形で洩らしているという意味でも、この作品は興味深い。三者鼎談というやや破格の語り口は読みやすさを配慮した工夫であろうが、結果的に丸山の視点の二重性、アメリカ政治学に対する敬意と留保の両面を伝えることにもなっている。

なお、鼎談に登場するもう一人の話者、Bの妹Cには、当時の学生の常識的マルクス主義の立場からアメリカ政治学に疑問を呈する役割が与えられ、ここでは軽くあしらわれている印象が強いが、丸山の政治学にとってマルクス主義が重要な対話相手であり、変わらぬ考察対象であったことは間違いない。丸山がマルクス主義の政治観の問題点を正面から論じたのは「「スターリン批判」における政治の論理」(『集』⑥)であるが、世界観としてはこれを究極において拒否しつつ、政治を考える上で有効な経験的命題はマルクス主義からも最大限学び取ろうとする丸山の姿勢は本書でも随所に認められよう。

四

「政治学」には日本の政治学者が日本の政治的現実の学問的分析に取り組んだ成果として『年報政治学一九五三』の特集「戦後日本の政治過程」が挙げられている。「科学としての政治学」が戦前の政治学への批判に立って、政治学に「現実科学」たることを求めて六年、日本政治学会が全体として取り組んで出した一つの回答であり、具体的成果である。丸山は自分は執筆していないから自画自賛でないとしてこの共同研究に言及しているのであるが、企画の中心として第一部を執筆している岡義武は、東大法学部の中でも直接の師である南原繁を別にすれば、丸山がもっとも親しく学び、敬意を表してきた先輩の政治史家、政治学者である。他の執筆者のうち、辻清明は助手時代以来の文字通りの同僚、若い世代から参加した岡義達、京極純一、升味準之輔の三人も広い意味で丸山の影響下に研究生活をスタートさせた戦後第一世代の政治学者と言ってよい。なおこの特集を基にして、後に岡義武編『現代日本の政治過程』(岩波書店、一九五八年)が刊行されており、戦後政治学の最初の共同研究の成果はこの単行本を通じて広く知られるようになった。その際、五年の間の日本政治の変容を受けて、大幅な補充と改稿がなされており、この書物は『年報』の修正・増補版というより「新たに稿を起こしたもの」(岡義武による「序文」の表現)となっている。「政治学」が特に話題にしている京極・升味共同執筆の「政治意識における前進と停滞」も、単行本では升味「政治過程の変貌」(第三部第一章)、京極「政治意識の変容と分化」(第三部第三章)と別々の論文に書き改められている。

丸山自身がより積極的にイニシアティヴをとった戦後政治学の共同作業としては、いうまでもなく平凡社版の『政治学事典』(中村哲・丸山眞男・辻清明編『政治学事典』一九五四年)が挙げられる。丸山は編者の一人として、項目の選定、執筆者の割り当てに深く関わり、自らも「政治」、「政治権力」など中核的な大項目を多く執筆している。事典という性質上、隣接科学の専門家や、政治学者でもより「伝統的」なアプローチに立つ上の世代の人々の協力も仰いでおり、その意味で方法的に一元化されてはいないが、政治学の基本的な概念や捉え方については丸山が先頭を切って切り拓いた戦後政治学の到達点を示すものである。「欧米においても類書がほとんど無い」状況において、「新しい政治学上の諸理念を究明し、その体系的な規模と、新しい国際的観点にたつ問題意識に貫かれている点では、全く先例がない」という「序」に示された編者の自負も自画自賛とは言えまい。

五

戦後政治学という学問の共同作業を離れて、丸山個人の政治学研究において、政治ないし政治学の固有性は結局のところどのように理解されたのであろうか。政治とは何かという問いは本書のいたるところで繰り返し発せられている。それに対する答えも「政治学入門(第一版)」の提示する政治の三契機(倫理、権力、技術)をはじめ、暫定的な形ではいくつか示され、検討されている。『政治学事典』の項目「政治」には、政治をその目的ないし理念によって規定するか、手段によってか、それとも機能によってするかという概念構成の三類型が示されている。だが、結局のところ、「政治とはこれこれである」という明確な定義が下されているとは言えず、本書を通じて読者はこの点では最後まではぐらかされたような印象を受けるかもしれない。「人間の人間に対する統制の組織化」(「人間と政治」)という規定にしても、政治には人間に働きかける固有の回路がないという見方とセットだから、政治的な統制とそうでない統制とを区別する判断基準はやはりはっきりしない。

丸山には、法律や経済と違って政治という人間活動は内容的に規定できず、いかなる種類の社会関係も一定の条件の下で政治的関係に転化するという見方が一貫してあり、そこには、やはり、政治の本質を友敵関係に見出すカール・シュミットの影響が認められることは一般に理解されているとおりであろう。その上で、丸山の政治観に一貫する特徴を言うならば、一つには法律や行政との対比において政治を常に動いているもの、可変的流動的なものととらえる観点と、第二に、やはり究極的には権力の介在に政治の最終的契機を見出す点を挙げ得よう。といって、この二つの観点もとりたてて丸山に独自なわけではない。「可能性の技術」というビスマルクの言葉を繰り返し引き、権力概念の検討に一貫して関心を払っているのも、政治学のきわめてオーソドックスな立場といってよい。

その意味で正統的な政治観に立ちつつも、丸山自身がそこから育った伝統的な国家論や制度論、あるいは規範的政治理論とは面目を一新する斬新なスタイルで政治状況の理論モデルを提示しようと試みたのが「政治の世界」である。

権力の介在を通しての紛争解決(逆に言うと紛争の解決を通じての権力増幅)のプロセスとして政治状況の循環を説明するこの作品は、ラスウェルの用語を取り入れた政治行動論の理論模型として当時の第一線の政治学者に大きな刺激を与え、岡義達「権力の循環と象徴の選択」(『国家学会雑誌』第六六巻一一・一二号、一九五三年六月)、京極純一「リーダーシップと象徴過程」(『思想』三八九号、一九五六年一一月)などいくつかの後続業績を導いた(この文脈におけるこの作品の位置づけについては、京極「日本における政治行動論」(同『政治意識の分析』東京大学出版会、一九六八年、所収)を参照)。これらの作品系列は理論のエレガンスを追求して日本の政治学に独自の達成を示した反面、実証研究に応用可能な操作性を欠いた(京極「日本における政治行動論」の指摘)ため、一九六〇年代以降になると継承者を失い、代わってデヴィッド・イーストンやカール・ドイッチュなどアメリカの政治学者の理論が直接導入されることになる。そして、丸山自身は政治学における一般的抽象的な理論モデルを探求すること(「現実科学」と対照的な意味合いで、ケルゼンの「純粋法学」に擬して構想したという「純粋政治学」の試み)自体に懐疑的になり、やがて彼本来の政治思想史の領域に帰っていくことになる。

しかしながら、「政治の世界」には、そうした学説史上の位置づけを離れて、作品として今日なお読者を惹きつける魅力が十分にある。政治権力の再生産過程をマルクスの資本の循環図式に倣った形で示すのは丸山ならではの発想であろうし、権力の正統化から組織化、そして革命を含む政治変動に説き及ぶ第三章の叙述には、ウェーバーやシュミットを筆頭に、丸山の使い慣れた概念用具が存分に動員され、洋の東西にわたる歴史的事例への言及も豊富である。その意味で、この作品には丸山の政治理論研究のエッセンスが詰まっており、アメリカ政治学の導入はその一面に過ぎない。なにより、高度で先端的な専門的知見を一般の読者に理解可能な形で示す文章表現において、この論考は他の追随を許さない。政治の理論モデルとしては、丸山のように権力概念を中心に据えるアプローチは、やがて、サイバネティックス理論に基づく通信体系モデルにとって代わられるのだが、日本においてその方向を切り拓いた京極純一の前掲「リーダーシップ」論文は、発表当時、専門の政治学者にとってさえ「寛容と忍耐の閾値をテスト」される教材となった(京極、前掲書「あとがき」)らしい。その後の後継業績(「政治の世界」の理論モデルの拡充を直接目指したものとして神島二郎の『政治の世界』(朝日選書、一九七七年)や『磁場の政治学』(岩波書店、一九七二年)、通信体系モデルを拡充し、生態論への接合を図った前田康博の試みなど)にしても、理論の有効性はともかく、読者に対する通信効率を上昇させたとは言い難い。丸山の言う意味での「純粋政治学」を追求した戦後政治学の代表的作品は岡義達『政治』(岩波新書、一九七一年)であるが、理論的完成度の高い反面、観照的スタンスも著しく、この小著の洗練され(過ぎ?)た知的内容は今日政治学者の間でさえ十分に咀嚼されているとは言えない。

これらの後継業績に比べ、丸山の「政治の世界」は理論を裏づける歴史的事例を多く提示し、説明も説得的である。しかも、そうした実例は単なる歴史的知識にとどまらず、丸山と読者とが実際に経験し共有した政治の現実と深く関連するものばかりである。冒頭、カール・シュミットに依拠して「政治化の時代」と現代を規定し、にもかかわらず、現代民主政の最大の問題は大衆の無関心にあると結ぶ構成は、何よりも読者自身が自らを取り巻く政治の現実の意味を考えることを促す。政治学の諸概念や理論モデルはそのための認識用具であって、学習対象としてそれ自体が自己目的なのではない。

六

高度に専門的な知見を分かりやすく語るという「政治の世界」の特徴は、丸山における読者の問題を考えさせる。「科学としての政治学」から始まってここまで、本解説は本書収録の諸作品を丸山がもっぱら専門研究者やそれを志す学生に向けて書いているかのように論じてきた。しかし、丸山は同僚の政治学者や政治学の講義を聴講する学生、大学院生だけを読者に想定して書いていたわけではない。政治を扱う以上、当たり前のことだが、政治に直接関わる為政者、職業政治家や官僚、ジャーナリストに向けたメッセージもまた彼の著作には多く含まれている。「軍国支配者の精神形態」(『集』④)をはじめ、天皇制国家の鋭利な分析は何よりも近代日本を戦争の破局に導いた指導者の責任を問うものであった。そうした「三代目」の官僚政治家との対比で維新の動乱に鍛えられた明治の為政者に権力政治の限界の意識を認めるのも同じ論理の反面である。戦後、冷戦の進行とともに目立ってくる時局的発言は政権の政策の批判を通して為政者を動かすことを意図していたであろう。これらさまざまな論考を通じて、丸山が政治の指導者に要求するのは、一言でいえば「政治の道徳」としてのリアリズムに徹することである。ただし、丸山の言う「政治の道徳」は、「権力と道徳」が鋭く指摘するように、政治を限界づけるものとの緊張においてのみ成り立つ。「可能性の技術」としての政治的能力を磨き、政治を限界づけるものを意識した上で、信念をもって、しかし「責任倫理」に基づいて行動すること、これらがマキアヴェッリとビスマルク、またウェーバーやニーバーを引いて丸山が政治家に要求する行動原理である。およそ政治に積極的に関わる意思をもつ者として、本書からこういった主張を読み取ることは容易であり、丸山自身それを望んでいたであろう。実際、少なくとも戦後のある時期まで、ジャーナリストはもちろん、保革を問わず政党政治家や官僚、そして労働組合や学生運動の活動家の間にも丸山は少なからぬ読者を見出していた。

もちろん、丸山の想定する読者はさらに広い。「科学としての政治学」が力強く宣言するように、政治学が学問として十全に開花するには市民的自由の確立が不可欠であり、その意味で高度に専門的な政治学も一般市民の政治的教養に支えられねばならぬからである。一般市民に語りかける姿勢は、戦後丸山の学問研究の初発から認められる(「三島庶民大学」への協力は戦後ごく初期のことである)が、時の経過は専門的な政治学研究の深化と相乗的にそうした姿勢を一層際立たせることになった。「市民のための政治学」として本書の第四部に収録した作品はその典型であり、ここでは難解な術語や概念を避けて、政治的思考、あるいは政治学的なものの見方の特質を、具体的事例を挙げて平易な言葉で語っている。先に挙げた『政治学事典』の丸山執筆項目から、「政治的無関心」だけを採って第四部に収めたのは、「政治の世界」の末尾との関連を考慮したものであるが、この論考は丸山とアメリカ政治学のある種の傾向との違いを示す意味でも興味深い。戦後アメリカ政治学がデモクラシーを規範的に基礎づける理論としては、ジョゼフ・シュンペーターによるデモクラシーの再定義（Joseph Schumpeter, *Capitalism, Socialism and Democracy*, 1942〔中山伊知郎・東畑精一訳『資本主義・社会主義・民主主義』東洋経済新報社、一九五一年〕）が大きな役割を果たしているが、そこでは大衆の過度の政治化が招く危険への安全弁として政治的無関心にある程度肯定的な言及がなされるからである（この点について、アメリカ内部からのシュンペーター批判として、M. I. Finley, *Democracy: Ancient and Modern*, 1973〔柴田平三郎訳『民主主義――古代と近代』刀水書房、一九九一年〕を参照）。最後の「現代における態度決定」は一九六〇年の日米安全保障条約改定への反対運動が高まり、丸山のそれへの関わりも深まりつつあった時期に書かれており、「市民のための政治学」が政治の認識のみならず政治の実践に対してもつ意味にも触れている。権力行使に直接関わらない一般市民の政治関与のあり方は職業政治家や指導者の政治活動と異なるのが当然であり、丸山は非日常的な政治的高揚よりは日常的な関心の持続の必要を説き、政治への過度の期待を排して「悪さ加減の選択」（福沢諭吉）として政治に関わることを勧める。

いずれにしても、丸山眞男の政治学において、高度に専門的な理論的探究と市民の政治的実践、それを支える政治教育とが、使い分けでも切り離しでもなく、有機的につながり合い補完し合っていることを見失ってはなるまい。非職業政治家の政治活動の意義を在家仏教の比喩で説いた論理（「現代における態度決定」）は知的活動へも適用されて、学問の世界の坊主たる研究者の営む「職業としての学問」は普通人の非職業的な学問活動に支えられねばならぬと丸山は言う（『増補版　現代政治の思想と行動』後記、『集』⑨）。明治の初年、福沢諭吉は万人に「人間普通日用に近き実学」を勧める一方で、「志を高遠にして学術の真面目を達成」すべき学者の使命を説き、学問に即効性や有用性をのみ求める時代の風潮を戒め、「学者小安に安んずるなかれ」と叱咤した。学問知と市民常識との相互補完と有機的結合を求める点でも、丸山は福沢の真正な後継者であった。

もちろん、学問の専門分化の進行において、明治啓蒙の「学問のすゝめ」と戦後日本の「政治学のすゝめ」とでは歴史的段階に違いがあり、その点では丸山の学問論におけるもう一人の師、マックス・ウェーバーの議論を考慮しなければなるまい。にもかかわらず、政治学には専門科学の一つにとどまり得ぬ側面があると丸山は強調する。第一にゲーテの「医学は人間の総体を扱うものであるから、人間の総体でもって」取り組まねばならぬという言葉を引いて、これはそのまま政治学にも当てはまると丸山は言う。したがって、第二に、政治学者にはJ・S・ミル（もしくはT・H・ハクスリー）の言う教養人の資質、「すべてについて何事かを知り、何事かについてはすべてを知る」ことが求められるというのである。この教養人の資質はまた、あらゆる楽器の奏法について何事かを知り、指揮法についてはすべてを知るオーケストラの指揮者のそれにも擬せられる。すなわち政治学者は医者にして指揮者であれと。今日の学問状況を前提にすれば、率直に言って、これは過大な要求であり、本解説の執筆者自身を含めて大方の政治学者にとって、いささか迷惑である。だが、丸山はあえてこれを要求した。そこに丸山眞男の政治学があり、彼の時代がある。

付記　本解説執筆に際し、引用されている文献以外では、大嶽秀夫『戦後政治と政治学』(東京大学出版会、一九九四年)、田口富久治『戦後日本政治学史』(東京大学出版会、二〇〇一年)の二著が裨益するところ大であった。

(丸山眞男『政治の世界　他十篇』(岩波文庫、二〇一四年)「解説」)

第八章　丸山眞男はトクヴィルをどう読んだか
——冷戦自由主義者との対比において——

一

丸山眞男がいつトクヴィルの著作を集中して読んだかは、彼自身が明らかにしている。雑誌『世界』一九五六年一月号（刊行は前年一二月）掲載の「断想」と題するエッセー（『集』⑥）において、丸山はトクヴィルに魅せられた経緯を語っている。この文章は日記からの四つの抜粋を並べた形になっているが、（一九五五年）二月×日の日付をもつ第二項の冒頭、丸山は「ちかごろはもっぱらトクヴィル一辺倒」と述べて、その著作に惹きつけられた所以を語っている。この記述から、彼がトクヴィルを熱心に読んだのは一九五五年前後のことだと推定できる。もちろん、丸山は以前からトクヴィルを知ってはいた。早い時期の著作にもトクヴィルへの言及はいくつかある。だが、それらはすべて福沢への影響に関わる文脈のものである。「断想」においても、最初は福沢との関係をはっきりさせるために読みだしたが、トクヴィルの著作それ自体に魅せられ、当初の目的をおき忘れてしまったと告白している。

丸山はこのエッセーを入院中の病床で書いている。一九五一年以来、彼は肺結核に冒されて入退院を繰り返し、五四年秋には片肺切除・胸郭成形の大手術を受け、術後の静養に努めていた。生命の危機に見舞われたこの時期に、彼はトクヴィルを発見したのである。この時期はまた戦後史の転換点でもあった。スターリンの死(一九五三年春)は変化の始まりを告げた。朝鮮半島で休戦協定が結ばれ、ジュネーヴ会議はインドシナに束の間の平和をもたらした。日本はサンフランシスコ講和条約によって独立を回復していたが、吉田茂首相引退後の政治的混乱は左右社会党の統一と保守合同によって収束し、後に五五年体制と呼ばれる政治システムが動き出した。「戦後は終わった」の掛け声の下、日本経済は急速な成長を始める。一時代の終わりと次の時代の始まりを告げるこれら一連の出来事に思いをめぐらせ、丸山は自らのそれまでの仕事を顧み、新たな方向を模索していたと言えよう。実際、一九五二年から五五年に至る時期、特に五四、五五の二年間は、丸山にとって思索の時期であり、影響力のある優れた著作を量産したそれまでの時期と著しい対照をなしている。沈黙を余儀なくされた主要な原因はもちろん病にあるが、丸山がこの時期ある種の知的転機を迎えていたこともまた事実であり、それは一九五六年以後、健康を回復した後の彼の学問と思想に新たな方向を与えることになった。トクヴィルを集中的に読んだことは、この知的転機と何らかの関連を有するのではないだろうか。

「断想」の短い記述の中で、丸山はトクヴィルの著作や文章を引用していないが、直接念頭においているのが、『アメリカのデモクラシー』でも『アンシャン・レジームと革命』でもなく二月革命の『回想』であることは一読して分かる。

トクヴィルのものを読んで何より感心させられるのは、政治家としての鋭い日常的な感覚と学者としての異常な抽象能力が彼の内部で渾然一体となっていることだ。眼前に渦まく七月王政下の政治的社会的諸潮流に対して自身きわめて明確な好悪と選択を持ちながら、一たび「観察」の平面に立つと、そのような価値判断と実践的意欲とをいわばそっくり棚上げして、薄気味悪いほどの冷徹さで全局面の正確な展望を与える点――歴史的事象の豊饒さとニュアンスに行届いた目をそそぎながら、他方本質的なものを瑣末なものからえり分け、個別的なケースを通じて普遍的な動向を抽出する手際の鮮かさなど、思わず唸り声を上げたくなる個所がいたるところにある。

（『集』⑥一四八頁）

この論評が妥当する文章や発想を『アメリカのデモクラシー』の中に見出すことは可能であろうが、直接には、これはやはり『回想』を念頭においた評価といえよう。時代の政治闘争の中で自らの選択を明確にしながら、トクヴィルはひとたび認識者として政治状況の分析に向かうや、イデオロギー的選好や希望的観測に目を曇らされることなく現実を冷徹に見ることができる。政治家としての情熱と観察者としての「薄気味悪いほどの」冷静さとの共存に驚愕した丸山は、シュプランガーの人間類型論をもちだして、トクヴィルに「認識人」の名を与えている。

戦後政治学の出発点を告げた「科学としての政治学」以来、丸山は政治における有意味な認識は現実政治への実践的関心なしに得られず、だからこそ政治学者は自らの党派性を自覚したうえでこれを最大限抑制しなければならぬことを説いてやまなかった。学問の客観性の名の下に象牙の塔に引きこもる傾向と認識の使命を捨てて党派的実践に走る傾向への二極分解こそ、丸山によれば、日本の政治学の宿痾に他ならなかった。敗戦後、この時期までの丸山の目覚ましい活動は、それ自体、民主主義へのコミットメントと学者としての知的廉直とを両立せんとした点で、この病を克服する一つの試みであったとも言えよう。「平和問題談話会」の声明、「三たび平和について」のために彼が書いた草稿はそうした知的営為の記念碑であった。この論稿は冷戦に抗する実践的意欲を露わにしつつ、現実の冷静な分析を通して平和の可能性を理論的に探求した国際政治学における野心作となっているからである。

丸山自身、後に回想して、「全面講和問題あたりを契機にして」「現実政治の動向の一つにコミット」したと認めているように（鶴見俊輔との対談「普遍的原理の立場」一九六七年、『丸山眞男座談』第七巻、一〇五頁）、「平和問題談話会」における活動は戦後丸山の「政治的実践」の頂点をなしている。もちろん丸山は職業政治家ではなく、「平和問題談話会」も狭義の政治活動を行なったわけではないが、この会に集った知識人たちが冷戦状況の中で世論を二分した論点について一つの立場を選択し、政府に訴え世論に働きかけたのは事実である。そして丸山の学問はそうした選択に理論的基礎を与えた。もちろん「全面講和論」が直接に政府を動かしたわけではなく、その意味で「平和問題談話会」の人々が「敗北」を味わったのは確かであろう。そうした状況の中で、丸山自身は病によって実践的にも学問的にも表舞台からの退却を余儀なくされたのである。同じ結核によって表舞台から身を引き、時代の転換の中で自ら選択した立場の「敗北」を見つめつつあったという点で、この時期の丸山は『回想』執筆時のトクヴィルといくらか似た状況におかれていたと言えなくもない。

以上のような背景を考えると、この時期に丸山がトクヴィルを発見したこと、それも二月革命の『回想』の著者としてのトクヴィルに魅了されたのは偶然とは言えないであろう。流動する日々の現実の中で自らの選択を明らかにしつつ、より長期的な歴史の動向を見極めようとするトクヴィルに、丸山はなにほどか自分自身を重ね合わせるところがあったのではないだろうか。この貴族的精神をもった一九世紀フランスの自由主義者に、丸山はマックス・ウェーバーが政治家に必須とする三つの徳〈情熱〔die Leidenschaft〕、目配り〔das Augenmaß〕、責任倫理〔die Verantwortungsethik〕〉を体現した人格を見出したと言ってもそれほど誇張ではあるまい。

このような読み方からして、丸山が「自由主義者」とか「保守主義者」という政治的レッテルはトクヴィルについてはすべて無意味だと斥けるのは当然である。この点で特徴的なのは、丸山が『現代政治の思想と行動』の「後記」のエピグラフに引いている『回想』の一節である。

ひとが必要欠くべからざる制度と呼んでいるものは、しばしば単に習慣化した制度にすぎないこと、社会体制の領域では可能なものの範囲は、何らかの社会集団のなかに生活しているすべての人間が想像しうるよりもはるかに大きなものであること、を私は信ぜざるをえない。（『集』⑦五一頁）

この文章は欧米でもよく引かれる一節である。丸山の引用に特徴的なのは、これに先立つ部分、トクヴィルが社会主義の拒否を明確に述べている部分を省いていることである。丸山が省略した部分こそ、冷戦自由主義者の多くが好んで引いたところであり、彼らは社会主義に対決する自由民主主義のイデオロギー的先駆をトクヴィルに見出した。対照的に丸山はトクヴィルの歴史的視野の広さに着目し、自ら拒否した社会主義の大義が将来拡がる可能性を排除していない点に注意を促したのである。①

二

丸山はもちろん『回想』だけでなく『アメリカのデモクラシー』や『アンシャン・レジームと革命』も熟読している。だが、後二著への言及や直接の引用はほとんどなく、前者に比べてその影響を具体的に測定するのは難しい。トクヴィルのデモクラシー分析に丸山が驚いたのは確かだが、理論的にそこから何を学んだかを確定することは、福沢の『分権論』のようにトクヴィルから直接示唆を得た著作がないだけに困難なのである。「断想」以後のいくつかの作品に散見される直接、間接のトクヴィルへの言及から推論する他ないのだが、ここでは、先に述べた戦後史の転回と彼自身の思想的転機との関連で、二つの問題を指摘したい。大衆社会論とマッカーシズムの問題である。

一九五五年前後、「戦後は終わった」の声とともに、日本国民の歴史の見方に重要な変化が生じていた。戦後この時期に至るまで、国民の多くは自らの社会の「歪み」や「遅れ」を意識させられ、歴史家や社会学者は西欧における近代社会の「ノーマル」な発展との対比で日本社会の否定的側面を批判的に分析することに忙しかった。このような批判的考察の共通の理論枠組は歴史の二分法、前近代から近代へ、封建制と民主主義、伝統対進歩の対比であった。敗戦後、自己批判が国民全体に広がった雰囲気の中で、こうした傾向は理解し得るものであった。しかしながら、経済が急速に回復し、生活水準が上昇するに従い、この種の思考様式は時代遅れで的外れと感じられ、人々は日本もまた先進国の一つであって、欧米諸国と共通の問題に直面していると意識するようになった。こうした歴史意識の転換を如実に示すのは、社会科学における「大衆社会論」の登場であった。実際、一九五五年前後、日本の論壇で「大衆社会」の概念をめぐる論争が盛り上がり、丸山の影響を受けた若い世代の政治学者の何人かはこれに熱心に参加した。(2) 丸山自身は大衆社会の理論を展開したわけではないが、大衆や大衆デモクラシーへの理論的関心はこの時期の彼の政治学的著作に表れている。もちろん、大衆社会論にはさまざまなタイプがあり、理論的源泉として参照される古典的思想家もバークからオルテガまで多種多様であるが、リースマンからコーンハウザーまで一九五〇年代アメリカ発の広義の大衆社会論においてトクヴィルが引照されることは稀でなかった。丸山自身「断想」の中で「トクヴィルを大衆デモクラシー時代の予言者と見ることには問題がある」と留保しているが、「大衆の時代の予言者」の副題をもつＪ＝Ｐ・メイヤーの先駆的なトクヴィル論(J.-P. Mayer, *Alexis de Tocqueville: Prophet des Massenzeitalters*, 1939)をドイツ語原本で熟読しているのは確かである。西洋近代に対する日本の「後進性」という見方から大衆デモクラシーの問題へという関心の移動は戦後日本の社会科学に共通だが、丸山の場合、トクヴィルの発見がそうした視座の転換に何らかの役割を果たしているのではないだろうか。

トクヴィルの影がより明瞭に認められるのはマッカーシズムの時代のアメリカ社会に対する丸山の懸念についてである。よく知られているように、丸山は日本の超国家主義の鋭い批判によって戦後の論壇にデビューし、ファッシズムの比較研究に関心を広げていった。そして、冷戦の進行とともにアメリカ社会に同調性向と非寛容が増大する傾向を見て、リベラル・デモクラシーの内部からファッシズムに似た運動が生まれる可能性に警鐘を鳴らした。マッカーシズムの時代にトクヴィルを熟読して、アメリカ社会の忌まわしい側面を批判するのに『アメリカのデモクラシー』から示唆を得たのは当然であろう。

丸山がマッカーシーの時代のアメリカを念頭に自由民主主義の体制の内部からファッシズムに類する運動が生まれる危険を論じたのは、「ファシズムの諸問題」（一九五二年）、「ファシズムの現代的状況」（一九五三年）の二作品である。ここで丸山は、「ファシズムは二十世紀における反革命《カウンター・レヴォリューション》の最も尖鋭な最も戦闘的な形態である」と規定した上で、枢軸諸国のファッシズム体制が消滅した戦後の世界では、自由民主主義の総本山アメリカこそがロシア革命とボルシェヴィズムという「二十世紀の革命」に対する反革命の拠点となったとして、「自由の名の下における強制的等質化」の進行に警鐘を鳴らしている。むろん、丸山は「現在のアメリカの支配形態を完全なファシズム体制だとは毫も思いません」と断わっているが、あらゆる批判的言論を共産主義やこれに加担するものとして排撃する動きの拡大に「歴然としたファシズムの傾向」を認めているのは確かである。

もっとも、ここでのアメリカ像が直接にトクヴィルから引き出されているわけではない。「ファシズムの諸問題」が雑誌『ネーション』の新旧二冊（一九四〇年二月一〇日号と一九五二年六月二八日号）の対照から筆を起こしているように、丸山自身、かつて頼みにしていた敵国の自由主義的言論が、いまやアメリカ国内において「恐ろしく不評判な少数意見」と化し、さまざまな圧迫を受けている状況に「アメリカ遂にここに至るか」の嘆を禁じえなかったのである。「ファシズムの諸問題」では、（国際的）革命勢力への恐怖感が実際以上に亢進する（「恐怖にとりつかれた人間は自ら作り出した幻影におびえる」）中で、赤狩りや黒人迫害を扇動する反動団体の活動に「何かしらわけのわからないもの」に対する憎悪と恐怖をばねにファッシズムが成長する可能性を見出し、対外的には、冷戦の国際関係の中で自由主義陣営の中に「ファッショ的な統治方法」をとる政権を抱え込むことを通じてアメリカが国際的な反革命の総本山となっていると指摘している。これに対して「ファッシズムの現代的状況」では、「強制的同質化(Gleichschaltung)」というナチス・ドイツの社会統合を特徴づける概念をキーワードとして一貫して用い、ただし、ナチスのような「手荒」で「「革命」的な」やり方と異なるよりソフトな形で「自由の名の下における」同質化が進む可能性に注意を促している。理論的にも、フランツ・ノイマンはじめ、丸山が自身のファッシズム研究で従来から用いていた文献が利用されており、「ファシズムの諸問題」の注にトクヴィルへの言及があるとはいえ、この段階における丸山のアメリカ理解にトクヴィルの影が大きいとは言えないであろう。一九三〇年代のヨーロッパと日本に劇的に生じたファッシズム現象が戦後のアメリカを舞台に繰り返される恐れはないのか、これが二つのエッセーを貫く中心的な問題関心であった(3)。

ただし、「ファシズムの現代的状況」の最後の節において、ファシズムの強制的同質化が画一的なマスを造り出すプロセスを「現代の高度資本主義の諸条件の下で不可避的に進行している傾向」と述べ、「ファシズムはただその傾向を急激に、また極端にまで押しつめたものにすぎない」ととらえ直している点は注意すべきである。そして、ファッシズムをより広い現代社会の変容という文脈で考え直すこの視点を全面的に展開したのが一九六一年に発表された「現代における政治と人間」である。『増補版　現代政治の思想と行動』の掉尾を飾ることとなるこの論文は、「超国家主義の論理と心理」以来の丸山のファッシズム研究の到達点であると同時に、これを新たな視座に置き直し、戦後丸山の政治学研究に終止符を打つ意味をもった。以後、彼は座談会での発言や断片的なエッセーを除いて現代政治を直接に論ずることはなく、学問的労作としては思想史研究に集中することになる。

ここで、丸山は「強制的同質化」という以前からの問題意識に沿いつつ、その端緒に着目することによって、ナチス・ドイツが極限にまで推し進めた徹底した同質化と異端の迫害も、最初はごく一部の少数者を対象とし、したがって大多数の一般市民の関心の外にある目立たぬ出来事として始まった点に着目する。そして、その目立たぬ出来事の積み重ねがいつしか何人も抵抗し得ない強制的秩序へと至る過程を、ミルトン・メイヤーの『彼らは自由だと思っていた』(Milton Mayer, *They Thought They Were Free*, 1955)の集めた証言を引いて描き出していく。

丸山はここでメイヤーに依拠して、ナチス・ドイツの少数者迫害を大多数の普通の市民が自分たちに無縁のものと見過ごした状況を描き、その集積の結果がホロコーストに至ったと述べながら、これを一九三〇年代ドイツに特殊なものではなく、程度の差はあれ現代大衆社会に広くみられる現象ととらえ返す。冒頭、映画『独裁者』における"What time is it?"というセリフの意味を問うて、現代は「逆さの時代」だというチャップリンの認識は決してナチス・ドイツの時期に限られず、ヒンケルの獅子吼の前に一斉に右手を上げる群衆はワイドスクリーンの前に一斉に首を振る観客(『ニューヨークの王様』)と別ではないというのである。

もちろん、資本主義の全般的危機を背景にイデオロギー対立が極点に達した一九三〇年代ドイツと「豊かな社会」の恩沢の中で「イデオロギーの終末」が叫ばれる一九五〇年代のアメリカとでは、社会や経済のあり方も政治状況も大いに異なる。それを百も承知の上で、丸山はメイヤーとともに、少数の異端に対する迫害が大多数の普通の人々の視界の外で進行する類似の事態を認める。「ちょうど一九五〇年代のアメリカに二つのアメリカがあったと同じように、もっとはるかに鋭く区分された二つのドイツがあった」と。なにゆえに、そうした事態が進行するのか。丸山はナチス・ドイツのさしもの「強制的同質化」も結局はドイツ国民の内面生活には及び得なかったというカール・シュミットの証言などを引きつつ、私的世界への埋没が大勢への順応と表裏の関係にあることを強調する。そして、デモクラシーの平準化がもたらす「狭い個人主義」の蔓延は国家権力の肥大化をもたらすというトクヴィルの警告こそは、ナチス・ドイツやマッカーシズムのアメリカにおける少数派迫害のメカニズムをも予告した「あまりにも早熟な洞察」であったと述べる。すなわち、丸山のファッシズム研究は、「民主的共和政が専制を少数の者にとっては一層重苦しいものにしながら、大多数の者の目からは醜悪な面や低劣な性質を隠してしまうことを警戒しよう」というトクヴィルの警告を二〇世紀の現実の中で再確認するに至ったのである。

ここでもまた丸山のトクヴィル読解は冷戦自由主義者のそれから離れ、デヴィッド・リースマンのような批判的知識人の読み方に近づくのである。

（1）　この時期の著作におけるトクヴィルへの言及として、他に、スターリンのパーソナリティーに関して、「トクヴィルがルイ・ナポレオンに下した「彼は人民に対する抽象的尊敬はもっていたけれども、自由ということにはあまり好意を示さなかった」という評価の方がまだしもスターリンにはふさわしいであろう」（傍点丸山、「「スターリン批判」における政治の論理」、『集』⑥二二二頁。トクヴィルの原文は *Œuvres III*,

Pléiade, p. 901)という文章がある。ルイ・ナポレオン研究者もスターリン研究者も同意するかどうか、いささか疑問だが。また、一九六〇年の「安保闘争」時、あるいは直後の状況的発言にも、マルクスの『ルイ・ボナパルトのブリューメール一八日』とならんでトクヴィルの『回想』が念頭にあると思われる論評が散見される。丸山が流動する政治状況の分析の一つのモデルをトクヴィルに見出したのは確かであろう。

(2) 雑誌『思想』三八九号(一九五六年一一月)の小特集「大衆社会」には京極純一(「リーダーシップと象徴過程」)、松下圭一(「大衆国家の成立とその問題性」)、田口富久治(「「大社会」の形成と政治理論」)という、それぞれ意味は違うが、なんらかの意味で丸山の影響を受けた三人の政治学者が寄稿している。もちろん、この特集のプランに丸山がどこまで関わっていたかはなお検証を要するが、この時期、日本政治学会の『年報政治学』が三年連続で「大衆」、「大衆デモクラシー」、「大衆社会」をキーワードとする特集(「大衆デモクラシーにおける政治指導」一九五五年、「政党・選挙・大衆——西欧デモクラシーにおける戦後段階」一九五六年、「国家体制と階級意識——「大衆社会」への理論的対応」一九五七年)を組んでいることからも、「大衆社会」をめぐる諸問題が政治学者の関心を集めていたことは確かめられる。ただし、大衆社会論といってもさまざまで、トクヴィルに示唆を得たものはほとんどない。その点では、このころ丸山の指導下にトクヴィル研究を始めた小川晃一の初期作品がトクヴィルのデモクラシー論を大衆社会論として解読していることが記憶されるべきであろう(小川晃一「トクヴィルの大衆社会理論」『思想』四〇五号、一九五八年三月、同『トクヴィルの政治思想』木鐸社、一九七五年、所収)。もっとも、小川自身はその後この解釈から距離をおくようになるのであるが。

(3) 丸山がマッカーシズムをどう見たかについては、『超国家主義の論理と心理 他八篇』(岩波文庫、二〇一五年)に付された編者・古矢旬による「解説」を参照。

第九章　書評『忠誠と反逆——転形期日本の精神史的位相』

（丸山眞男著、筑摩書房、一九九二年）

一

本書に収められた八篇の論文はいずれも著者の旧作である。もっとも古いものは一九四九年の初出、いちばん新しい「日本思想史における問答体の系譜」でさえ発表後すでに一五年を超える。それぞれの作品は独立の機会に、相互の関連を意識することなく書かれた。それらを一書にまとめて筑摩書房が刊行したのは、八篇中七篇がもと同書房の刊行物に掲載された事実に由来する著者と出版社との「忠誠《ロイヤルティー》（あるいは版権《ロイヤルティーズ》）」関係の結果であって、著者自身の当初の計画ではない。しかし、主要な論文が対象とする歴史的時代には重なりがあり、問題関心には一貫性がある。前後三〇年にわたる異なる機会に多様な主題に触れて書かれながら、全体としてこれだけのまとまりを示すこと自体、著者の思想史研究がいかに内発的な問題関心に基づいていたかを物語っている。

主要な論文が共通に扱う歴史的時代は幕末維新という「転形期日本」である。幕末維新の転形期とはすなわち日本が西洋の衝撃を受けて国を開き、西洋文明の受容によって新しいアイデンティティー、近代日本を確立した決定的な転換期であった。転形期の日本人が異質な西洋文明といかに接し、これをどのように摂取していったか、一言でいえば文化接触の諸相を、幕末維新を生きた個人（知識人、政治指導者）の思想と行動、また民衆の意識の中に探ること、これが全篇を貫く問題関心をなす。そして、古代律令国家における中国文明と仏教の摂取以来、日本史上例を見ない規模でなされたこの外来文明の受容は、当然のことながら、伝統的思考範疇の意識的転用、また意識されざる伝統の拘束なしにありえなかった。西洋文明の摂取に果たした伝統の役割、これが第二の関心対象である。

二

「幕末における視座の変革」は佐久間象山において宋学の伝統的範疇の読みかえが、いかにして夷狄観から自由な開かれた認識態度を可能にしたかを明らかにする。「開国」は幕末における攘夷思想の克服の鍵を主権国家間の平等と権力均衡からなる国際社会イメージの獲得に求め、儒教の天の観念の転用が「万国公法」の理解を容易にし、戦国時代の大名分国制の記憶が国際間の権力政治の理解に資したとする。著者が変わらぬ敬意と関心を払い続ける福沢諭吉は「福沢・岡倉・内村」だけでなく本書の随所で重要な役割を与えられているが、分析の視点は単純に伝統の批判者と福沢をみなすものには尽きない。相対的に言えば、著者の以前の福沢研究が近代的思惟の真正の担い手たることを強調したのに対して、本書においては、「丁丑公論」や「瘠我慢の説」にみられる、伝統的エートスに内在した非合理ではあっても主体的な精神（士魂）が文明開化の時流の中に消えていく傾向に警鐘を鳴らす福沢像が前面に出ている。さらに時代を下る内村鑑三を含めて、著者が高く評価するのは伝統と近代、日本と西洋、理想と現実の狭間に身をおき、異質な世界観のぶつかり合いそれ自体から意味を引き出した思想家たちである。中江兆民の『三酔人経綸問答』に触れて、「日本思想史における問答体の系譜」を探った論文は、異質な世界観の接触こそ問答体の傑作を生む条件だとして、空海の『三教指帰』やキリシタンの『妙貞問答』を例に挙げる。反面、儒学の正統性が確立した江戸時代は多くの問答体の作品を生んだが、本当の意味の対話は少ないとしている。

三

幕末維新における西洋文明の受容は伝統の意味を厳しく問い、それゆえにこそまたこれを内側から批判した思想家たちの努力なしにあり得なかった。しかし、国民全体としてみれば、内在的批判をくぐらぬ、伝統からの「集団転向」の側面もまた著しい。福沢のいわゆる「旧を信ずるの信をもって新を信ずる」態度である。かつて著者が『日本の思想』において指摘したように、旧来の思想との葛藤なしにどんな新思想をも受容する思想的雑居もまた日本の「伝統」の一つにほかならぬ。それこそが日本の近代化を可能にし、同時に日本の近代を底の浅いものにした。「土着」の側からの絶えざる反発にもかかわらず、どんなに異質な外来思想をも包容してしまう思想受容の独特のパターンを幕末維新を離れて日本思想史の通時的問題として検討する必要がそこに生ずる。「歴史意識の「古層」」は歴史意識という限定された視角からではあるが、この問題に触れている。

本書に収録された諸篇の中でも発表以来もっとも多くの議論を生んだこの論文は、日本人の歴史意識の底に執拗に鳴り響く「持続低音(basso ostinato)」を記紀神話に遡って聴き分ける試みである。規範や道理の立場から歴史を裁くのでもなく、超越的理念の実現を歴史にみるのでもなく、すべてを「時勢」に解消する歴史的相対主義とそこからくる日々の「現在」の絶対化、これが著者の言う日本の歴史意識の特色である。こうした歴史意識の基底範疇を「つぎつぎになりゆくいきほひ」と要約して記紀神話から引き出した手続きには、記紀解釈の問題として専門家の間に批判がある。しかし、著者自身循環論法であることを認めているように、関心の焦点は記紀神話それ自体というより、後代に繰り返し現れる歴史意識の定型の方にある。とすれば、一見他の論文と関心を異にするように見えるこの論文もまた、幕末維新の文化接触の問題に深く関連している。著者は、日本の復古思想が何らかの実体的規範を過去に実在したとみなしてこれへの回帰を目指すどころか、現在からの自由な出発を可能にする逆説を指摘し、「天地の始は今日を始とするの理あり」という『神皇正統記』の命題をそうした歴史意識の表現と解する。この命題は王政復古が日本の近代と西洋化の出発点となり得た事情を見事に説明するであろう。

四

「歴史意識の「古層」」が日本人の歴史感覚を無意識のうちに拘束し続けるある思考様式を通時的に取り出したとすれば、巻頭におかれた「忠誠と反逆」は自我の内面構造の側面から幕末維新の変革を導いたエートスに照明を当てる。この論文は封建的忠誠という複合体に照準を定め、その中に含まれた主体的契機がいかにして維新の変革の原動力となり、同時に明治国家の形成とともにその活力を失っていったかの克明な追究である。著者は「君、君たらずといえども、臣、臣たらざるべからず」という日本独特の君臣関係が、服従を絶対化すればこそかえって「諫争」という臣下の側からする主君に対する積極的な働きかけを生む逆説を強調する。そこまで忠誠が内面化すればこそ、それはある状況の下では原理に基づく反逆のパトスに転化しうるし、逆に伝統的忠誠関係が生き生きとした内実をもつのは「諫争」の精神が生きている限りのことである。

『葉隠』や吉田松陰はじめ、「日本精神」論者の愛好するレパートリーを駆使する著者の立論は、もちろん封建道徳の賛美やそれへの郷愁を示すものではない。松陰の「忠義の逆焰」、「人民の気力」の観点からする福沢の西郷評価、そして「国粋主義者」三宅雪嶺の幸徳秋水擁護論。歴史状況も違えば、およそ立場の異なるこれらの思想家の言説の間に精神的類縁関係を見出す著者の視点は、封建道徳や武士道の内容それ自体を尊崇する論者の観点とは正反対であろう。「本来忠節も存せざるものは終《つ》いに逆意これなく候」という『葉隠』の命題を逆転し、謀反もできない「無気無力」な人民にネーションへの真の忠誠は期待できないとする福沢の問題意識は、封建的忠誠が消滅した大正期以後に登場した革命運動が「反逆を自我から出発させて原理化する」努力を見失い、そのため転向の圧力に抵抗し得なかったと批判する著者自身の姿勢に直結する。

「本来忠節も存せざるものは終いに逆意これなく候」という命題は反逆の資格ないし担い手の問題を提起する。謀反や反逆は内面的忠誠意識を元来有するものだけに可能であり、疎外感と無秩序意識からする反抗は一時の混乱をもたらしても、新たな秩序を形成する方向性をもたない。こうした見方はまた体制を内から支える中間層が同時に変革の担い手になり得るとする社会学的分析によって補強されている。維新の変革の担い手は下級武士と豪農層からなる「ダイナミックな中間層」に求められ、はじめから忠誠の圏外におかれている民衆の騒擾や一揆(ホブズボームのいわゆるprimitive rebelsの問題)は一貫して関心領域から排除されている。この視点は、末尾におかれた「思想史の考え方について」が日本の固有思想の中に無理にも民主的な要素を探し出そうとする民衆史などの試みに否定的に言及しているところにも表れている。論文「忠誠と反逆」は過去の思想的伝統をいかに生かすかという戦後知識人が共通に直面した問題に対する著者の独自の接近法を示すが、ポピュリスト的な伝統の再評価からは明らかに距離をとっている。

五

本書を通読してあらためて強烈に印象づけられるのは、幕末維新の精神史に対する著者の問題意識が敗戦をはさむ戦前戦後という著者自身の生きたもう一つの「転形期」の思想状況と不可分に結びついていることである。「開国」は幕藩体制の「閉じた社会」の解体が「異質なものとの交渉」を社会の底辺にまで及ぼし、「開かれた社会」の合理的行動様式を生み出す経緯を肯定的に描いているが、また、伝統的行動様式の解体に伴うアノミー状況が無規範的な欲望の解放や大勢順応を生み出す消極面も見逃していない。このとき、著者自身も言うように、戦後の「第三の開国」の精神状況が明治の文明開化に二重写しされていることは明瞭である。明治末年以降、イデオロギーと化した「忠君愛国」には封建的忠誠が本来蔵していた内面的緊張も自発性もないという批判は、「皇国の臣民」としての著者自身の体験と不可分であろう。明治初年の国権論が「正義・人道」との緊張の意識を保持し、それゆえ権力の限界の意識を保っていた点を一九三〇年代の大日本帝国のイデオロギーの偽善性と対照させる「近代日本思想史における国家理性の問題」の未完の構想もまた同様である。

このように著者の思想史研究がすべて著者自身の問題意識を根底に据えた「問題史」であるということは、現代の意識を無自覚に過去に投影して恣意的な歴史像を描くこととは全く別である。著者は思想史の当然の前提として、過去の思想をまずその他者性において理解することを繰り返し求め、どこまでも史料に即して語らねばならぬ思想史家の作業を作曲家のそれではなく演奏家のそれに類比する。だが、著者の演奏スタイルは楽譜の書き換えを厳に慎むのは当然としても、古楽器を用い、昔通りの楽器編成によってひたすら「昔の音」の再現を目指すものとは明らかに違っている。過去を過去として理解することが同時に絶えず現在の問題を意識させる点において、本書は戦後日本の知識人の手になる「過去と現在との対話」（E・H・カー）のもっとも見事な例と言えよう。

六

本書の問題意識がそれほどに深く戦後日本の知的状況に碇づけられているとすれば、その知的状況自体が共有されなくなったとき、本書の意味もまた変わってくるのであろうか。本書所収の諸論文が発表当時それぞれに大きな反響を呼んだのと対照的に、本書の刊行それ自体にはこれまでのところ必ずしも鋭い反応がないようにみえるのは、おそらくこの点に関わっている。確かに、今日の(特に若い)読者は著者の問題意識を育んだ戦後の知的雰囲気をもはや実感し得ぬかもしれない。だが著者の指摘する日本思想史の諸問題はこれを過去のものと片づけるにはなおあまりに強くわれわれの意識を拘束していないだろうか。自己を見失うことなく異質な文化や対立する世界観と積極的に接する、真に開かれた精神の獲得は依然として、いや今日ますます、われわれの課題である。それだけではない。著者の精緻な分析と精彩に富む叙述のいくつかは対象の歴史的時代を超え、さらには日本の枠をさえ超えて、新たな思考に読者を誘う。一例を挙げるならば、今日の状況の中で「開国」を読むとき、読者は「閉じた社会」の急激な開放という明治初年の日本の課題が世界の諸所方々、旧社会主義国や第三世界の国々においてまさに現代の課題であることを意識せざるを得ない。思想史上の古典と同様に、本書のようなすぐれた思想史研究もまた、時代と深く切り結ぶことを通じて時代を超える生命を獲得するのである。

(*The Japan Foundation Newsletter*, vol. XXI-n. 4, December 1993)

あとがき

本書は、この二〇年余りの間、私が折に触れて書いた論文、エッセーを集めたものである。初出がはっきりしているものは、それぞれの末尾に書誌情報を記した。その記載がないものを含めて、いくつかの論稿について執筆の由来を説明しておく。

第五章は二〇一〇年五月一〇―一一日にトクヴィル協会(La Société Tocqueville)がフランス・ニースで開催したシンポジウム Tocqueville et l'individualisme contemporain: Comparaison interculturelle において"L'individu et l'individualisme dans le Japon moderne"と題してフランス語で発表したペーパーが基である。ただし、今回、日本語にする際に全面的に書き改めたので、実質上、本書のための書き下ろしといってよい。「補論その二」は日本政治学会二〇一〇年度研究大会(中京大学)における分科会「翻訳と西洋政治思想研究」での報告原稿で、かつてウェブサイトに載ってはいたが、活字としては今回が初出である。第八章は *La Revue Tocqueville/The Tocqueville Review*, vol. XXXVIII-n. 1, 2017 の小特集"Tocqueville, la Chine et le Japon"に掲載された論文"Fukuzawa Yukichi and Maruyama Masao: Two 'Liberal' Readings of Tocqueville in Japan"の丸山に関する部分を拡充したものだが、この論文自体、私自身が企画し、二〇一五年九月に早稲田大学で開催した"Tocqueville and East Asia"と題する小さなシンポジウムにおける報告原稿が基である。第四章は故高畠通敏教授の立教大学ご退職の際の記念論文集への寄稿だが、一九九〇年代末に始まったヨーロッパ政治学会（ＥＣＰＲ）と日本政治学会との共同プロジェクトに参加していくつか書いた英文ペーパーを基にしており、活字になったのは前後したが、英文の最終成果、"A Historical Reappraisal of Civil Society Discourse in Postwar Japan," in Terrell Carver and Jens Bartelson (eds.), *Globality, Democracy and Civil Society* (Routledge, 2010)と一部重なりがある。第一章の知識人論も、フランスの歴史家や社会学者を招いて日仏会館で行なわれたシンポジウム（「社会科学の方法における日仏会議」一九九五年一〇月）における報告原稿が基だから、半分はフランス語の聴衆を意識している。「補論その三」は、二〇一四年四月の日仏会館創立九〇周年記念国際シンポジウム「日仏翻訳交流の過去・現在・未来」への参加を求められながら、体調を崩して参加できず、報告集を刊行する際に事後的に寄稿したものである。

第六章と第九章は英語の読者向けに英語で発表したものの日本語版だが、初出の英文と若干の違いがある。第六章はモンテスキューからロールズに至る自由主義者を解説した教科書的アンソロジー（因みに東アジアの思想家で選ばれているのは丸山と胡適）への寄稿だが、英文には量的な制約からごく一部だが編者によって最終段階でカットされた部分があり、そのため続き具合が不自然になっている。そこで、本書では最初に提出した完全原稿を翻訳して日本語版とした。冒頭に丸山からの引用があるのは全体の編集方針によるものだが、小見出しは英文ではカットされている。第九章の『忠誠と反逆』の書評は、日本語原稿をという国際交流基金からの依頼だったのだが、英語への翻訳を前提する書き方に不慣れだったせいか、翻訳されて出てきた英文に意に満たぬところがあり、私がかなり手を入れ、それを翻訳者がさらに手直しするというやり取りを経て *Newsletter* に掲載されたものである。これに対して、本書第九章は手元に残っていた最初の日本語原稿に最小限の字句の修正を施したものであり、内容に違いはないが、表現は英文の直訳と異なる部分が少なくない。

大半の論文はなんらかの意味で課題作文であり、頼まれもしないのに自分で書いて雑誌にもちこんだ文章は「プロローグ」と「補論その一」だけである。直接の論題はさまざまだが、多くが近代日本（狭くは戦後日本）の思想と学問の在り方を問い、その特徴ないし偏向を同時代の欧米のそれと比較して論ずる内容になっている。このように、自分の専門を超えて日本を扱うに至った理由の一つには、英語圏やフランス語圏の研究者と付き合う中で、日本について書いたり喋ったりすることを求められたことがある。英語やフランス語の読者、それも日本について関心はあっても専門知識をもたない聴衆を意識して書いたものが少なくないことは、本書の内容と質を規定しているであろう。初めから日本語で書いたものも、研究論文というよりは、一般読者向けの概説的、教科書的な文章が大半である。第Ⅱ部の丸山眞男関係のエッセーも、第八章を除いて、何ら新しい論点を提示するものではなく、学生時代から親しんでいた私自身の読み方をまとめたに過ぎない。それだけに、日本の思想や歴史の専門家には物足らぬ印象を残すかもしれないが、私自身にとっては、欧米の同業者に対して日本の思想や学問を説明することは自分自身の学問の在り方を問い直す意味をもった。とりわけ、戦後日本の社会科学の理論枠組やそれが暗黙に前提していた歴史像を今日の視点から見直すことは、私自身がそこから出発した知的世界を歴史的に対象化することに他ならなかった。このような問題関心は、私と同世代の社会科学者には理解してもらえると思うが、私の場合、ある時期以降、欧米の同業者と接する機会が増える中で、日本語で育ち、日本語で仕事をする西洋政治思想研究者という立場にある種の

「居心地の悪さ」を感じたことも作用している。その意味で、「補論」に収めた三つの文章は私自身の仕事を条件づけてきた言語環境の意味を半ば反省し、半ば正当化する意図に出るものである。なお、この三つの文章の内容には明らかに重複があるが、「その一」の初出にあった水村美苗氏の著書に言及した注を削除した以外、調整はしていない。

既刊書および雑誌からの転載をお許しいただいた有斐閣、世織書房、大修館書店、東京大学出版会に御礼申し上げる。学術書の出版事情が厳しさを増すなか、刊行を引き受けていただき、編集に当られた小田野耕明氏には感謝の言葉もない。

二〇一九年四月

松本礼二

人名索引

あ 行

か 行

さ 行

た 行

な 行

は 行

ま 行

や　行

ら　行

わ 行

松本礼二
1946年生まれ．東京大学法学部卒．同大学大学院法学政治学研究科博士課程中途退学
現在——早稲田大学名誉教授
専門——政治思想史
著書——『トクヴィル研究——家族・宗教・国家とデモクラシー』(東京大学出版会，1991年)，『トクヴィルで考える』(みすず書房，2011年)ほか
訳書——トクヴィル『アメリカのデモクラシー』第1巻・第2巻(各上・下，岩波文庫，2005，2008年)ほか

知識人の時代と丸山眞男
——比較20世紀思想史の試み

2019年5月23日　第1刷発行

著　者　松本礼二《まつもとれいじ》

発行者　岡本　厚

発行所　株式会社　岩波書店
〒101-8002　東京都千代田区一ツ橋2-5-5
電話案内　03-5210-4000
https://www.iwanami.co.jp/

印刷・三陽社　カバー・半七印刷　製本・牧製本

ISBN 978-4-00-023900-4　　Printed in Japan